社 会 发 展 译 丛

主　编：李汉林　赵剑英　李　俊　渠敬东
副主编：王　茵　张　彦

中国乡村起飞：
经济改革的制度基础

［美］戴慕珍（Jean C. Oi）／著

李伟东／译

Rural China Takes Off:

Institutional Foundations of Economic Reform

中国社会科学出版社

图字：01-2013-6712号

图书在版编目(CIP)数据

中国乡村起飞：经济改革的制度基础／(美)戴慕珍著；李伟东译．—北京：中国社会科学出版社，2021.11

（社会发展译丛）

书名原文：Rural China Takes Off：Institutional Foundations of Economic Reform

ISBN 978-7-5161-6239-2

Ⅰ.①中⋯ Ⅱ.①戴⋯②李⋯ Ⅲ.①农村经济—经济改革—研究—中国 Ⅳ.①F320.2

中国版本图书馆 CIP 数据核字(2015)第 112396 号

ⓒ 1999 The Regents of the University of California Published by arrangement with University of California Press. All rigths reserved.

中国社会科学出版社享有本书中国大陆地区简体中文版专有权，该权利受法律保护。

出 版 人	赵剑英
责任编辑	王　茵
特约编辑	孙　萍
责任校对	郝阳洋
责任印制	王　超

出　　版	中国社会科学出版社
社　　址	北京鼓楼西大街甲 158 号
邮　　编	100720
网　　址	http://www.csspw.cn
发 行 部	010-84083685
门 市 部	010-84029450
经　　销	新华书店及其他书店

印　　刷	北京明恒达印务有限公司
装　　订	廊坊市广阳区广增装订厂
版　　次	2021 年 11 月第 1 版
印　　次	2021 年 11 月第 1 次印刷

开　　本	710×1000　1/16
印　　张	15
插　　页	2
字　　数	258 千字
定　　价	58.00 元

凡购买中国社会科学出版社图书，如有质量问题请与本社营销中心联系调换

电话：010-84083683

版权所有　侵权必究

《社会发展译丛》编委会

主　　编　李汉林　　赵剑英　　李　俊
　　　　　渠敬东

副 主 编　王　茵　　张　彦

编　　委　折晓叶　　刘白驹　　沈　红
　　　　　葛道顺　　高　勇　　钟宏武

《社会发展译丛》编辑部

主　　任　王　茵
成　　员　夏　侠　　孙　萍　　马　明

总　序

　　党的十八大以来，以习近平同志为核心的党中央团结带领全党全国各族人民，推动党和国家事业发生历史性变革、取得历史性成就，中国特色社会主义进入了新时代，中华民族迎来了从站起来、富起来到强起来的伟大飞跃，迎来了实现中华民族伟大复兴的光明前景。

　　中国共产党坚持和发展中国特色社会主义，创造了中国式现代化道路，创造了人类文明新形态。发展始终是解决国计民生的硬道理，发展创新所带来的经验需要积累，需要科学总结，实现理论与实践的结合。与此同时，面对百年未有之大变局，国际形势剧烈动荡，我们要了解新情况、把握新形势、解决新问题、应对新挑战，必须进一步完善和提升发展理念。

　　"他山之石，可以攻玉"。国际上关于社会发展的经典理论、发展战略、发展模式、发展经验，我们可以有分析、有鉴别地借鉴和参考。国内有关社会发展的系统性研究尚较缺乏，以社会发展为主题编纂的专业丛书比较少见，关于社会发展的经典理论、发展战略、发展模式、发展经验，其引进和介绍尚处于零散和片面的状态。

　　本丛书的宗旨在于系统出版国外有关社会发展的理论、经验、战略、模式的著作，同时发扬经世致用的传统，研究社会发展的机制、动力，以及相应的制度环境和社会条件等结构性要素，从宏观与微观之间的中观层次出发，从发展理论与方法、发展模式、发展战略和发展经验四大主题出发，来完整呈现社会发展中的理论范式和关键议题。

　　需要说明的有：一是，入选本丛书的书目，反映和代表了不同历史时期的研究水平和成果，是其所在时代的经典之作，对于我们理解当时的历史和思想现状以及历史和思想的逻辑如何走到今天，依然具有重要参考价值。二是，鉴于第一条需要说明的情况，我们在翻译过程中，尽量完整呈现原著全貌，书中观点仅为原作者思想，不代表本丛书编委会立场，有待读者研究和评判。

我们衷心地期望，这套译丛的出版能够为中国社会学学科发展，以及为中国社会发展做出一些有益的探索和努力。

是为序。

《社会发展译丛》编委会

2021 年 10 月

目　录

致　谢 ……………………………………………………………… (1)
关于测量单位和音译的说明 ……………………………………… (1)

第一章　导论：中国经济增长的制度基础
　　——一个导论 ………………………………………………… (1)
　　一　国家和发展 ……………………………………………… (2)
　　二　代理问题 ………………………………………………… (5)
　　三　财产权和经济增长 ……………………………………… (8)
　　四　地方政府法团主义 ……………………………………… (9)
　　五　制度改革、激励和变迁 ………………………………… (11)
　　六　研究框架 ………………………………………………… (12)

第二章　重申对税收的财产权利
　　——农村工业化的激励因素 ………………………………… (14)
　　一　分解财产权 ……………………………………………… (15)
　　二　去集体化和收入损失 …………………………………… (16)
　　三　财政改革和剩余收益权 ………………………………… (21)
　　四　可信承诺 ………………………………………………… (37)
　　五　从有限间接征收到直接税收 …………………………… (41)
　　六　地方发展的财政激励 …………………………………… (43)

第三章　发展策略
　　——农村工业的多样性与演进 ……………………………… (45)
　　一　介入性激励 ……………………………………………… (45)

二　1980年代农村工业增长的特点 ……………………… (47)
　　三　集体所有企业发展的逻辑 …………………………… (49)
　　四　1990年代的管理和所有权 …………………………… (62)
　　五　农村企业所有制形式的变迁 ………………………… (71)

第四章　地方政府法团主义
　　——快速经济增长的组织 ……………………………… (73)
　　一　作为基础的毛主义的合法性 ………………………… (73)
　　二　地方法团主义集团 …………………………………… (76)
　　三　毛主义制度适应市场生产 …………………………… (86)
　　四　地方政府法团适应私营企业 ………………………… (95)
　　五　地方政府主导的发展的演进 ………………………… (103)

第五章　委托与代理
　　——中央管制和地方控制 ……………………………… (104)
　　一　权力结构重叠 ………………………………………… (105)
　　二　地方管制的法团特点 ………………………………… (114)
　　三　对中央控制的地方对策 ……………………………… (119)

第六章　从代理者到委托人
　　——不断增长的资源财富与地方控制 ………………… (121)
　　一　预算外资金的管制 …………………………………… (122)
　　二　经济紧缩及中央控制的检验 ………………………… (124)
　　三　侵蚀贷款控制 ………………………………………… (129)
　　四　地方法团利益和共谋 ………………………………… (133)
　　五　资本的非银行来源 …………………………………… (136)
　　六　在变迁的经济语境下中央控制的局限 …………… (142)

第七章　经济改革的政治基础
　　——总结性反思 ………………………………………… (144)
　　一　财产权安全与经济增长 ……………………………… (145)
　　二　经济改革的政治后果 ………………………………… (148)

三　转型体制中的地方政府法团主义与中央控制………………（150）
　　四　尚存的问题…………………………………………………（150）

附录 A　研究和资料………………………………………………（154）
附录 B　中国财政体制的变迁……………………………………（159）
参考文献……………………………………………………………（164）
索　引………………………………………………………………（188）

插图和表格

插 图

图1 农业投资占总投资的比重，1952—1991年 ……………………… (18)
图2 中央和地方预算外收入，1982—1994年 …………………………… (31)
图3 农业和工业税收，1952—1994年 …………………………………… (32)
图4 不同来源的预算外资金，1981—1990年 ………………………… (34)
图5 按所有权分类的农村企业，1978—1990年 ……………………… (49)
图6 按所有权分类的农村企业平均雇佣人数，1978—1990年 ……… (50)
图7 按所有权分类的农村企业产值，1978—1990年 ………………… (51)
图8 农民平均存款，1979—1994年 ……………………………………… (52)

表 格

表1 根据中央和地方收入分成合同保留的收入（部分省市，1992年）…… (25)
表2 主要预算内税收和预算外收入，1994年前 ……………………… (30)
表3 农村企业变化，1985—1995年 ……………………………………… (63)
表4 地方法团政府的三个层次 ………………………………………… (76)
表5 地方法团政府的经济责任 ………………………………………… (80)
表6 地方法团政府三个层级的资源 …………………………………… (83)
表7 华北某县财政局贷款的资金来源，1984—1990年 ……………… (139)
表8 华北某县税务局贷款，1988—1991年 …………………………… (139)
表9 访谈地点、时间和人数 …………………………………………… (154)
表10 分税制，1980年 …………………………………………………… (159)
表11 分税制，1985年 …………………………………………………… (160)
表12 中国财税管理体制演进，1949—1994年 ………………………… (161)
表13 税收分类，1994年 ………………………………………………… (163)

致　　谢

在此书研究和写作过程中得到很多人和机构的帮助，应予感谢，但在简短的致谢中我只能提到他们中很少的一部分。首先，向我哈佛大学的前同事们致以温暖的谢意，尤其是费正清中心的几位，在那里本书开始形成，思想开始提炼，并完成了最初的草稿。他们不但提供了敏锐的评论，还有永可宝贵的团体友情。特别要感谢罗德里克·麦克法夸尔，因其多年给予的支持和睿智建言，而本书标题"中国乡村起飞"即出自他的建议。

很多人曾提供了富有洞察力的建议并提出挑战性问题。傅士卓（Joseph Fewsmith）、陆思礼（Stanley Lubman）、米克尔·奥森伯格（Michel Oksenberg）、葛格瑞·鲁夫（Grogery Ruf）、苏黛瑞（Dorothy Solinger）和崔大伟（David Zweig）对手稿给出了详细的评论。加利福尼亚大学出版社本书初稿的审阅者托马斯·伯恩斯坦（Tomas Bernstein）和乔纳森·昂格尔（Jonathan Unger），以他们机敏的评论激起本人的重新思考和修正——虽然我怀疑这些意见所导致的变化是否能满足他们的期望。葛迪文（Steve Goldstein）耗费了很多时间与本人多次讨论国家和发展的作用，在他离开费正清中心时还提供了珍贵的关于转型体制的书目资料，他的帮助值得赞美。李侃如（Kenneth Lieberthal）的问题促使我重新思考关于地方政府对税收收入的财产权利的论点。我还想感谢鲁梅（Lu Mei），其对中国改革过程的写作提供了很多洞见，并帮助准备了本书附录B中财政体制变化的表格。郭小林（Guo Xiaolin）对1994年改革提供了关键信息。还要感谢巴林顿·摩尔（Barrington Moore）评议了本书手稿最初的一章，并对整合享受大自然与写作之乐卓有识见。

很多机构提供了帮助，其中包括斯坦福大学胡佛研究院。为曾经有过的一年美好时光，我感谢马若孟（Ramon Myers）和国家研究者计划，正是在那里我第一次产生且最终变成地方政府法团主义之基础的想法，并熟悉了道格拉斯·诺斯和其他后来成为我同事的学者：巴里·温格斯特（Barry Weingast）、特里·莫（Terry Moe）和詹姆斯·马奇（James March）。那一年也让我接近罗思高（Scott Rozelle），是他说服我接受委托代理模型对理解中国的用处。还要感谢香港科技大学社会科学部的高效团队。在我结束最初的手稿写作之后，我在此处吸收了中国农村经济中发生的诸多变化的资料。亨利·尚（Henry Chan）、托尼·宗（Tony Chung）和蔡树强（Choi Shu Keung）提供了出色的计算机技术及统计工作、图表工作的技术支持。大学服务中心副主任熊景明，是世界上最"有效率"、最"有办法"的学者之一，她就我的关注带来关键资料。还要感谢哈佛大学的很多学生，感谢他们快活且高效地在此项目的各个阶段从事研究助理的工作，他们包括：劳拉·道奇（Laura Dodge）、马克·亨德森（Mark Henderson）、大卫·莱恩（David Lane）、董秋（Dong Qiu）、丹尼尔·西尔弗（Daniel Silver）、王继伟（Wang Jiwei）和大卫·约德（David Youd）。

为我提供了本书大多数关键资料的人仍要保持匿名：那些我在中国访谈过的组织和个人。这些访谈的细节见附件A。感谢他们和我分享他们的策略、困难以及他们的成功。对那些把我领到家里并给予热情款待的人要表示特别的谢意。我还要感谢中国社会科学院、辽宁社会科学院、山东社会科学院、四川社会科学院、天津社会科学院，以及各种中央的、各省的和地方政府的机构帮助我安排访谈。

我有幸从各种机构获得了资助。我获得的大部分资助来自于中国的学术交流委员会，一些辅助性资助来自于哈佛大学。感谢阿少卡·莫迪（Ashoka Mody）和世界银行的资助以及中国国务院发展研究中心的帮助，它允许我1994年在中国的沿海地区开展调研。

我还要单独提到希拉·莱文（Sheila Levine）、劳拉·杜瑞希（Laura Driussi）和辛迪·富尔顿（Cindy Fulton）以及其他加利福尼亚大学出版社的工作人员。他们在本书出版过程中很耐心和宽容。摄影师杰弗里·阿伦森（Jeffrey Aaronson）提供我本书的封面照片。

无尽的感谢要献给哈佛大学费正清中心图书馆的南希·赫斯特（Nancy Hearst）。她不仅不断提供各种珍贵资料，乐于见到本书从最初的草稿到出版，并在手稿最终校对过程中提供了她无比珍贵的、无微不至的对细节的关注。

最后，无限感谢魏昂德（Andrew Walder），我非常荣幸地承认他仍是我最严苛的批评者和最大的支持者。除了智识上的贡献外，当我出门去中国从事似乎无止无休的、日日月月的田野调查时，他还要既当爸爸又当妈妈。也许更糟糕的是，他还要面对本书最初的多次草稿。本书谨献给他。

关于测量单位和音译的说明

1 亩 = 1/15 公顷 = 1/6 英亩
1 元 = 大约 0.12—0.66 美元[*]

所有中国单位的音译都根据汉语普通话拼音系统。

---

[*] 人民币的价值在 1978 年到 1998 年波动。最高价格是 1979 年的 0.66 美元,最低价格是 1994 年的不足 0.12 美元。

第一章　导论：中国经济增长的制度基础
——一个导论

中国经济奇迹的核心是农村大规模工业化。1980年代中国农村大部分地区经济起飞。1987年农村工业超过农业成为农村总收入的主导来源。① 从1980年到1987年乡镇企业的总产出增加了差不多9倍②，1978年到1990年乡镇企业产出的年增长率超过26%。③ 这些工业占到中国总出口量大约1/4。④ 1978—1990年间，投入村镇两级企业的农村劳动力的比率翻了一番还多，⑤ 1978—1986年新创造工作岗位5700万个，与1952年到1986年全部国有企业雇用的工人总数持平。⑥

如此巨大的增长在任何政治体系里都会很可观。中国经验最值得在分

---

① 《中国统计年鉴1988》，第214页。

② 按照绝对数量计算，农村工业总产值从1980年的490亿元增加到1987年的4740亿元。1988年总产值增加了差不多36%，占农村总产值的50%强，几乎是国民总产值的1/4。弗里德里克·克鲁克（Frederick Crook）："当下的问题"，第12页，《中国乡镇企业年鉴（1978—1987）》在第569页提供了一个关于集体所有的乡镇企业从1978年到1987年有参考价值的统计概述。

③ 张宏宇："中国土地制度转型和农业结构调整：1978年以来中国农业改革与发展评论"，《瞭望周刊》（海外版）1991年10月25日，第47期，第16—17页，中国国外广播信息中心翻译91—241，1991年12月16日，第52—54页。

④ 崔大伟（David Zweig）："出口导向的增长"，第21—22页，亦见"中国乡镇企业发展的深广影响"，《经济导报》1987年10月20日，第34—35页，中国联合出版研究中心翻译87—061，1987年12月31日，第23—25页。

⑤ 该比率在9.5%至23.83%之间。国务院研究室："乡镇和乡镇企业作为国民经济发展的促进力量"，《经济研究》1990年5月20日，第39—46页，中国联合出版研究中心翻译90—066，1990年8月，第34—42页。

⑥ 黄庆德、王成德、何道峰："中国经济发展中的农业和工业关系：经济增长和结构变化"，《世界经济导报》1988年1月11日，第7页，中国联合出版研究中心翻译88—011，1988年3月8日，第26—29页。世界银行估计1980—1986年间农村劳动力非农就业每年增加14%，在此期间，非农劳动力增加了124%，或3000多万人，当然，世界银行的数字只包括非农物质生产部门（即工业、建筑业、交通运输业和商业），排除了服务业。威廉·伯德（William Byrd）和林青松（Qingsong Lin）："中国农村工业：一个导论"，第18页。

析上关注的一点是，此增长发生在没有明显政治变动的背景下。当1980年代末1990年代初苏联和东欧国家发生巨变的时候，中国共产党正在进行导致快速、稳定增长的经济改革。与那些国家相比，中国拒绝采取快速改变经济体系的路径——此路径后来被称为"休克疗法"。[1] 最显著的一点是，中国坚决拒绝了私有化。[2] 今天的私营企业正在繁荣成长，但这是1990年代的产品。中国在1980年代坚持企业国家或集体所有，拒绝完全放开物价或废除配额。但是中国也再次引入了市场机制，并在旧体制边缘开始改革。中央计划只是逐步被放弃，其痕迹至今仍很明显。

最出人意料的是地方党员干部在农村工业化过程中起到的作用。中国农村工业迅速腾飞首先是地方政府企业家精神的结果。地方干部对改革创新的反应意味着什么？这是本书提出的中心问题。本研究试图解释中国制度变革如何——特别是通过改变财政流和财产权利——促进地方干部在社会主义体制下追求工业增长。本书也试图去理解如此增长的政治后果。

一　国家和发展

通过国家干预导致成功的经济发展并不新鲜。对日本和东亚新兴工业化国家（NICs）中国家引导的发展的研究，都强调了政府政策和制度的重要性。[3] 新识见是把地方政府置于发展过程的引领地位，更令人惊异之处在于这些是共产党政府——这些系统曾被认为无法变革。[4]

在中国改革的最初岁月，快速市场转型的信仰者认为地方干部将从舞台上消失，或者伴随着权力分配转移给生产者，他们将变成家庭企业经济的管制者。[5] 盯着改革如何剥夺植根于中央计划和控制体系之中的官员权

---

[1] 此路径与西方经济学家如杰弗瑞·萨克斯（Jeffrey Sachs）等紧密联系，如其所著《波兰跃向市场经济》。

[2] 大型国有企业的私有化问题在中国1997年决定开始此过程前一直是一个激烈争论的题目。如见"毛时代文件批判改革"，《南方早报》1997年7月18日，第10页；"江的国有企业改革策略显现"，《南方早报》1997年7月29日，第9页。

[3] 最早和最著名的是查尔莫斯·约翰逊（Chalmers Johnson）的《通产省和日本奇迹》，他关于亚洲资本主义模式和国家在经济中的角色的更晚近的观点概述于其"资本主义：东亚风格"，其他研究包括丹尼尔·奥奇莫托（Daniel Okimoto）的《通产省和市场之间》；罗伯特·韦德（Robert Wade）的《管制市场》，以及肯特·卡尔德（Kent Calder）的《策略性资本主义》。

[4] 亚诺什·科尔内（Janos Kornai）：《自由经济之路》；扬·维涅斯基（Jan Winiecki）："苏联型经济"；默顿·派克（Merton Peck）和托马斯·理查森（Thomas Richardson）编：《怎么办？》。

[5] 维克多·尼（Victor Nee）："市场转型理论"。

力的那些研究者,① 认为地方干部将会仇视和抵制改革。②

对共产主义体制持成见者可能会认为中国经济繁荣是因为地方干部获得了中饱私囊的优先权。这和无数的干部腐败故事相符。③ 但中国却用持续而惊人的经济增长说明仅用腐败这个因素解释并不充分。

市场的拥趸们会争辩说对中国农村工业成功原因（以及一般来讲新兴工业化国家的成功）的一个更好的解释是对此系统投入的快速增长，比如说中国可获得大量劳动力剩余。④ 一些人认为中国农村工业即便没有国家的介入，单纯依靠市场力量，也会取得今天的成果。⑤ 投入和市场需求当然必须要考虑，但是没有一种解释说清了起飞的时机以及公有制和村办企业相较于私营企业的优势。

另外一些明确反对所谓中国国家主义观点的学者则走到了另一个极端，他们把中国农村改革的成绩全部归于"社会"。这些观察者中的一部分人把变化归于"农民的非组织化能力"⑥；另一部分人归于"社会腾飞"。⑦ 此类结论虽然时髦，但他们无法回答：当个人存款微不足道而市场尚处于发展的幼稚阶段时，农民从何处获得资本和资源以促成中国经济起飞这个核心问题。

鉴于与国家介入相关的失败和问题不仅仅限于列宁主义系统，而且也包括当前的亚洲新兴工业国家，一些人反对后毛泽东时代的中国由国家主导发展之观念也就不奇怪了。确实并非所有的国家干预都是如此，市场经济也有一些国家干预的形式。⑧

(4)

---

① 麦康勉（Barrett McCormick）：《后毛泽东时代中国的政治改革》。
② 如见肖凤霞（Helen Siu）《中国南方的行动者和牺牲者》；理查德·莱瑟姆（Richard Latham）"农村改革的意义"；崔大伟（David Zweig）"反对变迁"。
③ 有关这些干部腐败和投机报告，见"党员、干部辞职加入私营企业"，《九十年代》1993年1月1日，中国国外广播信息中心翻译93—017，1993年3月9日，第1页；"贿赂案件中副部长违法"，中国国外广播信息中心翻译93—117，1993年6月21日，第24页；"官方因非法集资逮捕干部"，《文汇报》（Wen Wei Po）1993年6月17日，中国国外广播信息中心翻译93—115，1993年6月17日；"安徽农村干部因滥用职权被捕"，《中国青年报》1993年4月22日，中国国外广播信息中心翻译93—081，1993年4月29日，第9页。
④ 保罗·克鲁格曼（Paul Krugman）："亚洲奇迹的迷思"。
⑤ 爱德华·斯坦菲尔德（Edward Steinfeld）：《塑造改革》。
⑥ 周晓（Kate Xiao Zhou）：《农民如何改变中国》。
⑦ 裴敏欣（Minxin Pei）：《从改革到革命》；裴的"收购联盟"包括地方政府和农民。
⑧ 关于此议题两个有洞察力的文本，见史翠登（Paul Streeten）"市场和国家"；基雷·阿齐兹·乔杜里（Kiren Aziz Chaudhry）"市场的迷思"。

东欧和俄罗斯的经历表明,制度支持的缺乏导致很多新私营企业在学会游泳之前沉没。正如伊文思曾指出的那样,"恰当的问题不是有'多少'而是'哪种'(国家干预)"①。

可以提出一个不同的解释:中国首先排除了官僚系统可能的反对,同时配置了一群有远见、乐于保护改革利益、受过良好教育的官员,从而有效夯实了改革的基础。中国基层官员对改革大多积极反应的原因在于他们与过去的共产党官员不同。这个假设若行得通,也只能带我们走这么远。中国的改革者确实尝试消除其官僚系统中的冗员以改善和更新其干部力量,但他们的成果有限且多限于政府的高层。② 很多目前领导经济高速发展的地方政府官员是毛泽东时代主导最小化功能经济的同一批人。

或者,有人仍坚持认为因为中国是一个共产主义体制国家,其地方官员拥有如穆雷尔(Murrell)和奥尔森(Olson)所说的"包容性利益",此利益导致比民主体制下官员更强烈的促进经济快速增长的需要。在此情况下,拥有专制权力的人拥有"在其社会中的财产权利……正如公司的拥有者致力于促使其公司尽可能地有价值且高效益"。③ 穆雷尔(Murrell)和奥尔森(Olson)头脑里想到的是斯大林这样的专制者,当他们说"任何对一个社会拥有完全控制力的领导者都拥有一个(对该社会生产力的)包容性"利益时。为使此立论成立,他们需要适用于政治体制的最低层级(即村庄),那里个人统治很普遍。很多村庄的领导人真诚地相信集体所有制的优越性。④ 但是村庄自己并不能决定工业快速增长。因此该理论并没有解释支持阵容——村庄之上的各级地方政府官僚系统——在增长过程中的作为。

另一个解释是中国仍然是一个动员系统。相比于动员地方的积极性,官员们更是被迫遵从行政体系的要求——追求增长以达成中央的目标。独生子女政策的成功揭示了这个动员机制并没从政治领域消失。⑤ 此解释即

---

① 彼得·埃文斯(Peter Evans):《嵌入的自主权》,第10页。
② 见李鸿宇关于官僚制改革的研究,《革命干部到党的技术官僚》;泰雷·怀特(Tyrene White)"政治改革和农村政府"。
③ 彼得·穆雷尔(Peter Murrell)和曼瑟尔·奥尔森(Mancur Olson):"中央计划经济的退化"。
④ 崔大伟在改革早期就发现此情况,见他的"反对变迁"。在访谈中我发现干部也有类似信仰,即便是在改革已经到了较后期时也是如此。
⑤ 泰雷·怀特(Tyrene White):"中国的后革命动员"。

便有说服力，也不能有效理解地方政府身先士卒致力于增长的热情。(6)

二　代理问题

此处无须假设共产党官员的品质——无论是腐败还是被那些引导他们渴望致富自己家乡的崇高意识形态所激励。在共产主义体制中遵从中央指示不能掺假。如同在任何一个官僚等级体制中一样，官员是否遵从是一个代理问题。①

对中国而言，问题不是她的官僚系统是否有能力促进经济增长，而是她是否有激励机制。在毛泽东时代，国家计划和财政体系的约束给地方微弱动机以争取额外税收。地方被要求向上级上交全部或几乎全部税收，上级回报以预算分配作为支出。地方政府对任何剩余税收的使用都要获得上级的批准。相比于自主性增长，地方政府更愿意尝试从上级政府获得尽可能多的以更大份额预算分配出现的官僚系统多余资源。

中国的官僚系统可被动员，语言和行动成为政治态度的标志——这被称为"表现"。这种态度的表达与经济表现相关，按照完成或超额完成经济指标来衡量。②因为农村干部夸张产量，甚至在他们村民很少或没有粮食自给时仍致力于向国家交售谷物方面彼此超越，夸大经济表现的压力导致了"大跃进"时期的大饥荒。③

这并非是中国没有能力培育经济发展，而是意识形态和国家干涉的破坏了它的效果。查尔莫斯·约翰逊（Chalmers Johnson）称共产主义体制为"意识形态计划"，像日本这样发达国家的资本主义为"理性计划"。④他指出使用类似的政策工具，后者培育了市场竞争，而前者受到社会主义意识形态的引导，消灭了市场，培育了一个资源和收入平等分配体系。⑤中

(7)

---

① 见特里·莫（Terry Moe）"新组织经济学"，关于代理理论对历届官僚系统控制有用性问题的讨论。
② 农村和城市在这方面的例子分别见于戴慕珍《当代中国的国家和农民》，魏昂德（Walder）《共产党新传统主义》。
③ 伯恩斯坦："斯大林主义，饥荒和中国农民"；关于饥荒的讨论见贝尼斯特（Banister）《中国人口变迁》。
④ 查尔莫斯·约翰逊（Chalmers Johnson）：《通产省和日本奇迹》。
⑤ 阿普勒鲍姆（Applebaum）和查尔莫斯·约翰逊（Chalmers Johnson）在"把国家放回东亚发展过程"一文中通过进一步区分各体制为"市场意识形态的"和"市场理性主义的"，试图提炼查尔莫斯·约翰逊（Chalmers Johnson）对理性计划和意识形态计划的区分。中国仍旧在"意识形态计划"的象限里。

国有工业政策，但是它无所不包而非选择性的做法妨碍而非促进经济效率。不像日本那样的"理性计划"经济体，国家干涉受到对私人产权和市场承诺的限制，中国在1957年关闭了自由市场，垄断了绝大部分商品和服务的获得和售卖。工厂获得生产原料，根据指令决定哪种产品可以生产、生产多少，用什么价格出售他们的最终产品，产品卖给谁也根据指令进行。

如同东亚新兴工业国家，中国有权力"制定错误价格"，但是定价是为了保障控制通货膨胀，以及在一个社会主义意识形态语境中平等分配产品和服务，不给工厂主在竞争性市场中常有的比较优势。生产不根据成本也不根据销售情况，而是根据国家行政部门的计划。该计划决定需求，限制消费者的选择。

本书考察当改革时代中国地方官员获得了新的激励时，发生了什么。它以一个简单的假设为起点：共产主义体制下的地方官员，如同任何政治系统下的官员一样，在他们认知能力能够评价备选方案和过程信息的情况下，是会对激励和限制做出反应的理性行动者。[1] 他们对改革的反应只能被对他们作为代理人的行为产生影响的具体环境所决定：激励，约束，技术和资源——这些资源对完成改革任务和作为委托人的中央政府所监控的效率负有责任者可获得。这些不能根据过去的表现或意识形态取向预知。官僚系统行为是"纯粹激励对核心官员产生的积极影响或消极影响，以及影响的程度"的结果。[2]

本研究与此前聚焦于中央或者农民的成果区别开来。[3] 他们考察的重心从中央到地方，从农民到那些每日负责完成改革任务的官员。可以确信的是，如果没有中国农民对"敢于出头"、"率先致富"的号召最初热情的反应，改革不会取得如此成功。但是也不能从农民的反应推论到去集体化和农业部门的增长以解释农村工业的兴起。要理解后者，还需要考察地方政府的作用。

改革和发展研究的一个地方层面取向认识到中央政府和它的政治精英

---

[1] 我此处假定有限理性。罗伯特·西蒙：《行政行为》。
[2] 安东尼·唐斯（Anthony Downs）：《官僚体制内部》，第201页。
[3] 一个例外是马克·布兰奇（Marc Blencher）和许慧文（Vivienne Shue）对改革过程中地方政府及其经济的广泛研究。

第一章 导论：中国经济增长的制度基础

在政策制定方面的作用——正是中央政府建立了治理制度。① 中国成功的经济改革过程开始于一个由邓小平领导的很小的政治精英团体在国家层面的政策构造。② 没有上层，或最低限度来自于中央核心成员的允许，发动改革是不可能的。③ 虽然来自中央的启蒙性改革创新是制度变迁的前提，但是正如苏联和其他地方的失败所示，善意的政策并不能保障成功的执行。④ 理解中央领导层中的精英对农村工业政策的支持，这些是有用的，⑤ 但是这些信息不能对这些观念如何转变成农村工业的增长、为什么在农村的不同地区增长采取了特定形式提供一个满意的解释。理解这些需要聚焦于地方层面，聚焦于那些其反应最终决定中国农村工业化政策能否完成的人。

国家主义者的文章把"国家"从"社会"中挽救出来，但是需要注意洛维（Lowi）对以下观点的保留：视"国家"如"一个统一、团结的现实体，可作为某种可测量力量引入理论"。⑥ 当问题中的国家通常被定义为"强"国家时，这点就加倍重要。⑦ 暗含了此标签的假设对于解释发生于前共产主义国家或一个如中国这样的改革中的共产主义体制的政治经济转型过程，作用甚小。⑧ 中国地方层面的官员是官僚系统的成员，是这个"结合良好"的系统的行家；⑨ 他们行动起来如同行政机器的一部分，如同国

(9)

---

① 如罗伯特·贝茨（Robert Bates）《市场的奇迹》，第149页，对其他发展中环境的说明："在一个农耕社会中引致政治冲突的利益是否导致意识形态激起的碰撞，或是否在竞争性的特定利益之间导致私人斗争，最终部分取决于政治制度的结构以及对政治家激励的结构。对农业社会政治变迁的分析也一定会明显包含对国家政治环境的分析。"

② 就精英阶层对塑造中国改革的政治介入研究，见傅士卓（Joseph Fewsmith）《中国改革的两难处境》；亦见谢淑丽（Susan Shirk）《经济改革的政治逻辑》。

③ 作为一个比较性观点，见柯丹青（Daniel Kelliher）《农民权力》。他认为一旦农民家庭承包制度化，领导人就没有选择，只有服从。周（zhou）的《农民如何改变中国》，秉持一个若非激进也极相似的立场。

④ 比较性讨论和例子，见梅里莉·格林德尔（Merilee Grindle）编《政治和政策执行》；及梅里莉·格林德尔（Merilee Grindle）和约翰·托马斯（John W. Thomas）《公共选择和政策变迁》。

⑤ 如见杨大利（Dali Yang）《中国的灾难和改革》第8章。

⑥ 见西奥多·洛维（Theodore Lowi），第891页，载埃里克·诺德林格（Eric Nordlinger）、西奥多·洛维（Theodore Lowi）和塞吉欧·法布里尼（Sergio Fabbrini）"回归国家"；亦见我的《国家与农民》第1章。

⑦ 乔·米格代尔（Joel S. Migdal）：《强社会和弱国家》。

⑧ 对国家和社会间人为区分的有益批评，见蒂莫西·米歇尔（Timothy Mitchell）："国家的限度"。

⑨ 他们不是埃里克·诺德林格（Eric Nordlinger）在《民主国家的自治》中认为的在国家中进出的人。

家的一部分，但是地方政府是有别于中央政府和社会的一个独特实体，有他们自己的日程，也不断增强他们自己的资源。

本研究对经济发展的制度分析是在地方水平上，视地方官员为有别于中央国家的政治和经济行动者。① 研究探寻经济发展的过程，以考察地方官员在其中开展行动的变迁的政治经济语境。研究追问制度性激励如何影响了某种发展策略的施行，地方政府如何计算和最大化他们的利益。研究考察地方政府满足不同利益及与其上级和下级打交道的机制。研究思考地方官员支配下的资源财富的效用、他们做出选择时面对的约束，以及随着时间发生的变迁。

三 财产权和经济增长

诺斯（North）和温格斯特（Weingast）与其他人一起，指出安全的财产权利对经济发展的重要性。② 学院派讨论很大程度上局限于市场经济，聚焦于保护财产和公司与个人——他们在市场经济中拥有和运作各类公司——收入在法律上免受政府横征暴敛的伤害。此规则的重要性揭示了像波兰和苏联这些前共产主义国家在私有化过程中的迫切需要。当然，此处并不存在一个本质的原因：为何只有与政府截然分开的个人或私有公司才能称为企业。类似的，此处也不存在一个本质的原因，为何财产权只有被赋予非政府实体时才能起到正面激励。

私有化不是改革中的共产主义体制通向经济增长的唯一路径，同时，无论如何，在其他地方私有化也不会产生像中国这样的结果。公有公司可能起到与私有公司相似的作用。本研究考察了自1980年代开始赋予地方政府对税收结余的新财产权产生的巨大促进作用。研究假设，在一个提供充分激励以追求增长的体制下，当赋予有组织实体以财产权时增长即会发生。③ 进一步讲，此种财产权若由追求政策变迁的中央国家赋予地方政府而未经由法律保障，本研究提出此种财产权有多安全的问题。财产

---

① 在本研究中，我采用诺斯对制度比较宽泛的定义："一系列规则、服从程序和道德与伦理行为规范，用来约束个体的行为以最大化委托人的财富或效用。"此定义不仅注意到既存的结构，还注意到政策，如采用于中央却执行于地方政府的改革首创性。道格拉斯·诺斯（Douglass North）：《结构和变迁》，第201—202页。

② 道格拉斯·诺斯（Douglass C. North）和巴里·温格斯特（Barry Weingast）："宪法和承诺"。

③ 财产权作为激励因素的理论表述见尤伦·巴泽尔（Yoram Barzel）《财产权利的经济分析》一书。

权可预见和稳固与否——即有时所说的可信承诺——是否足够？考虑到1990年代私营经济的剧烈增长此问题就更令人迷惑。所有证据都显示中国仍缺乏在西方被称作"清晰且安全的"私营企业财产权。本研究期望能提供一些洞见以调和何以缺乏此种保护而集体和私营经济仍高速增长。

四 地方政府法团主义

财产权和激励很关键，但并不足以解释中国农村增长故事。此处仍存在此增长何以在一个依旧保持共产主义体制的国家中完成的问题。鉴于对共产党员干部希望保留他们权力的认识，人们可能预期干部们促进经济增长是以此增长不威胁他们的政治地位为限。本研究考察了何以集体所有的工业企业在改革的初创时期很好地满足了地方官员的政治和经济利益。它同样考察了1990年代令人愈发迷惑的策略转变：地方政府从他们早期策略转向开始支持私营经济，甚至把一些集体所有企业售予私人经营。本研究细致揭示了地方官员的行政权何以促进而非阻碍了初期的集体企业及之后的私营经济的高速增长。

我对以上问题的回答，核心在于改革时代政府和经济的合并，这导致了一系列制度发展，我称之为地方政府法团主义。法团主义这个术语需要详述，因为我使用它与此前的用法不同，而且我自己对此术语的用法也因时间而变化。首先，我不关心作为整体的社会中利益垂直整合时中央国家的作用。此点与该术语的一般用法，如施密特[1]和其他研究中国的学者对此术语的应用不同。[2] 我所说的法团主义由地方政府——尤其是县、乡镇

---

[1] 菲利普·施密特（Philippe Schmitter）定义法团主义为："一个利益代表系统，在其中构成单位组织进一定数量的单一的、强制的、非竞争的、层级秩序的、功能分化的范畴，由国家承认或批准（如果不是创制），在他们不同的范畴中给予一个深思熟虑的代表权垄断，以换取他们在选举领导和表达需要与支持时遵从一定的控制。"见"还是法团主义的世纪吗？"，第93—94页。博士卓在《政党、国家和地方精英》中追随施密特的定义，使用对法团主义一个相似的理解来描述共和国时代的中国。

[2] 其他学者最近开始在施密特的意义上使用法团主义来理解不同的利益集团与中央国家的关系。见陈佩华（Anita Chan）"革命抑或法团主义？"；杨美惠（Mayfair Yang）"国家和社会之间"；李南雄（Peter Nan-shong Lee）"中国工业国家"；以及乔纳森·安格尔（Jonathan Unger）和陈佩华"中国，法团主义"。这些研究提供了一些有用的洞察，问题是此观点下的中央政府是否是法团主义的。因为共同体较小的规模，地方政府更有能力实行控制及提供有效激励以创生法团关系。中央可能制定指导方针，但是地方政府是否拥有权力决定哪些群体被视为合法，以及他们该享有哪种待遇。

和村——而非中央政府组成和协调。

中央政府启动了改革进程，提供激励和充裕的财物以发展经济，但是在中国，地方政府是行动者并决定改革的结果。我对术语法团主义的使用遵从那些作者，他们不认为法团主义应该关联于一个起组织和集中作用的实体，而是提供一个国家和社会关系的形式，在其中社会内的各种局部利益被组织和整合起来以完成更高的目标，即对于作为一个整体的国家和社会而言的稳定和经济增长。① 地方政府法团主义是我试图描述展现了"法团主义"范畴传统用法本质的情境，但是保留了足够的差异以保证一个独立/不同的范畴。定语"地方"和"政府"意在强调这些差异。②

其次，本书中我使用法团主义意在传达"公司"和"法团主义者"两个意义。在我早期的用法中，地方政府法团主义的使用首先在于强调地方政府的运行及政府如公司一样监管经济。③ 这源于1980年代集体所有制企业占据优势地位。增长首先具有公司的性质，这点引导我采用了这个术语。我使用它强调地方政府以这些公司所有人的身份直接干预经济的能力。地方政府运行这些企业如同不同的公司，再分配利润和风险，从而引致农村工业在有限资源基础上的快速增长。地方政府借助与经理董事会起同样作用的官员，采用多种形式经营公司。④

在1990年代，当地方政府的治理形式由相对单纯和更以干部为中心向更广泛采用于私营和集体公司组成的工业经济之混合模式过渡后，地方政府法团主义表现出一个新面向。地方法团政府有能力限制私营部门变成独立的经济阶级的程度表明了一个与其说是法团主义者不如说是自由市场体系的出现，至少是在地方层面如此。地方法团政府的这一特征引导我拓宽最初关注点，强调和吸收术语法团主义的法团主义者意义。我认为中国案例是国家法团主义的一个次范畴。

施密特定义的国家法团主义中的法团主义者集团"是由国家备用和依

---

① 露丝·科利尔（Ruth Berins Collier）和大卫·科利尔（David Collier）："激励对抗约束"。
② 这就是大卫·科利尔（David Collier）和詹姆斯·马松（James E. Mathon）所称的对法团主义这个较宽泛术语的第二类说明。"概念拓展再访问"，乔瓦尼·萨托利（Giovanni Sartori）很可能称之为"旅行"，但是这不是"概念拓展"。参见乔瓦尼·萨托利"比较政治学中的概念误构"。
③ 我早期的用法体现在"财政改革和经济基础"。
④ 我在"中国村庄，股份有限公司"一文中提供了一个此论点的早期版本，其他关于地方政府和经营主体关系的相似分析，可参见威廉·伯德（William Byrd）和林青松（Qingsong Lin）编的《中国农村工业：结构，发展和改革》中的文章。

赖机关创造和保持的，国家在其他的基础上奠定其合法性和有效功能"。①科利尔（Collier）夫妇强调在国家法团主义中，利益联合是"依赖且渗透性的"。②在中国的案例中需要明确的是利益联合是渗透性的、依赖性的。很多法团主义的例子见之于当利益集团已经全部建立、中央政府介入以控制既存机关的历史情境中。③中国地方政府关系的法团主义性质是模糊的，因为地方政府，作为功能型列宁主义国家的一部分，有能力避免形成独立的集团。

私营企业主是最具有政治重要性的集团，历史性地具有市民社会的种子，是更民主的治理体制的先驱。④市场转型理论预言这些"生产商"将从地方官员手中夺取权力。⑤但是当下，这还没有在中国农村发生。本研究将考察地方政府对私营部门的约束，但它也将展示地方法团政府对私营公司的诱导。⑥这种关系的法团主义性质解释了中国的共产党员干部何以能促进一个经济精英阶层的出现，在其他情境下这个阶层将会是独立且充满威胁的。

五 制度改革、激励和变迁

约翰·齐斯曼（John Zysman）认为："追踪市场经济中的现金流以及形塑这个现金流的制度，我们可以了解大量社会资源的用途，理解做出分配决定的人们，理解控制保持和运行的程序。"⑦我利用此进路研究中国财政流变迁对地方政府及在其中服务的人们的影响。⑧

财政流在1980年代被两个制度变迁改变。第一个是去集体化，第二

---

① 施密特："还是法团主义的世纪吗？"，第102—103页。
② 科利尔夫妇："激励和约束"，第978页。
③ 参见阿尔弗雷德·斯泰潘（Alfred Stepan）《国家和社会》，尤其是第一部分。斯泰潘用法团主义来指称"一个为使利益表达结构化而做的特定政策和制度安排的组合……为回报这一特权和垄断，国家声称拥有利用各种机制监控代表群体的权利，比如阻止'狭窄'阶级基础的、冲突性需求的表达。很多人……利用这种法团主义政策来组织利益代表"。（第46页）
④ 对于独立经济精英和民主之间联系的经典表述，参见巴林顿·摩尔（Barrington Moore, Jr.）《专制的社会起源》。
⑤ 这个发展在尼（Nee）的市场转型理论中很明显。"市场转型理论"。
⑥ 关于法团主义作为一个约束与激励的混合体，参见科利尔夫妇"激励对抗约束"。
⑦ 约翰·齐斯曼（John Zysman）：《政府，市场和增长》，第7—8页。
⑧ 转型体制财政控制的宏观研究有很多，包括罗纳德·麦金龙（Ronald McKinnon）：《经济自由主义的秩序和渐进 vs 激进自由化》；理查德·伯德（Richad Bird）和克里斯丁·华立奇（Christine Wallich）："地方财政和经济改革"。

个是财政改革。促使地方干部拥有经济发展的热情直接源于这两个政策。去集体化和向家庭生产方式的回归剥夺了村和乡镇对农业生产收入的控制权。财政改革导致对地方政府的预算约束更严格，同时赋予地方政府权力支配得自于发展的税收结余。财政改革和去集体化在1980年代的结合给予县、乡镇、村各级干部发展经济的动力和机会。

但是经济是否发展依赖于比激励更多的因素。资源财富的独特构型，政治约束，地方领导技术，以及预算约束的权威性决定了在中国不同地方对制度激励的不同反应。结果，没有一个模式可以充分描述改革期间的发展。

最终，一系列激励的成功使用掩饰了其他因素的效果。提供给地方政府快速发展经济的激励在作为中央国家代理人的地方官员的行为中产生了非预料的政治后果。本书的最后一部分分析了农村高速工业化的直接后果，以及地方资源增长对中央政府控制如此成功释放的发展过程能力的影响。

六　研究框架

第二章描述了去集体化和财政改革如何改变了地方税收的分配规则。呈现了允许地方政府从经济发展中征集到的税收结余获利的制度框架。这些新规则创造的利益和激励对农村集体工业的快速发展提供了刺激。此论仅限于县、乡镇和村水平：这些地方最直接卷入了农村工业化。

第三章考虑了各种相关变量，它们决定了不同地方政府对制度改革和内含于其中的激励的反应。本章概述了农村工业发展的地理性和历时性变化，意在揭示地方发展的逻辑。本章思考了影响特定策略选择的因素，不同的政治和经济语境中的变迁如何影响农村工业管理形式和所有形式：从集体企业占统治地位到现在集体、私营和股份制系统更加多样化的混合。

第四章考察了地方法团主义国家的本质。本章细致展现了允许地方政府追求快速增长的各种机制，列举了地方政府用来动员和吸收各种类型农村工业——包括私营部分——以服务自己利益的约束和诱因。本章表述了用来完成中央计划的经济增长的核心策略和工具，也清楚地揭示了地方政府利用当时的社会主义制度完成市场生产。

第五章和第六章思考了地方经济增长对中央国家控制的政治后果。第五章分析了地方监管的性质。应用代理理论，本章思考了立足地方的代理人服务中央和地方利益的程度。第六章思考了当中央政策与地方法团利益冲突时监察系统的效度。本章把1988—1989年紧缩期间中央对地方农村企业增长的控制的效度作为一个案例进行研究。分析的核心在于在现存中央监管体系之外的地方支配资金的不断增长。两章都借助考察地方政府如何规避中央控制和追求自身利益揭示了中央控制的弱化。在结论章，我思考了地方政府法团主义对中国政治未来的一些更大的含义。

第二章　重申对税收的财产权利
——农村工业化的激励因素

和其他政治体制类型一样，中国官僚系统的服从是一个委托—代理问题。[1] 对作为委托人的中央权威的挑战导致一个报偿系统（合约）的创生，以激励作为代理人的地方官员的行动符合委托人利益。[2] 代理理论的文献认为："在一定条件下，委托人对代理人的最佳激励结构为：在激励中后者可以获得他们努力产出结余的一定份额，即给予他们在产出中的直接股份。"[3] 毛主义体制保持高水平增长的失败表明拒绝那些创造结余者索取权的政治经济后果。农民和生产队领导合谋隐藏上交国家的粮食，操纵粮食征购政策以获得收获的更大份额。[4] 农业体系的产出是上交基本的国家征购额之后的微小剩余。地方政府同样完成国家税收额度，但是他们追求更大额度的预算分配而非寻求增加税收。斯各特（James Scott）观察到的"最重要的不是弄到了什么，而是剩下了什么"[5] 对于税收和粮食征购来说都是真理。

---

[1] 委托—代理理论的文献包含在经济学和政治学两个领域。莫（Moe）的"新组织经济学"对早期经济学文献及其与政治科学的关联提供了一个有用的评论。关于代理理论隐含假设的评论，见戴波拉·弗里德曼（Debra Friedman）和迈克尔·赫克托（Michael Hechter）"理性选择理论的贡献"。在利用代理理论理解中国的早期研究中有罗思高（Scott Rozelle）的"村领导的经济行为"和"中国农村经济中的决策"。汤维强（James Tong）的"中央和省的财政关系"一文利用此框架作为背景来定量研究不同的财政分配程序对省和直辖市的地方财政行为的影响。谢淑丽的《经济改革的政治逻辑》利用委托—代理模型的不同变量来理解中国政治体制下的行政控制，把党作为委托人，政府作为代理人。黄亚生（Yasheng Huang）的《通货膨胀与投资控制》更严格地应用代理理论，考察中央的人事和任命体制对控制中央的省级代理人花费投资的效果。本部分我的论点的一个早期版本见于戴慕珍"财政改革，中央指令"。

[2] 采用约瑟夫·斯蒂格利茨（Joseph Stiglitz）在"新帕尔格雷夫"中对委托—代理的定义，第966页。

[3] 莫（Moe）：《新组织经济学》，第763页。

[4] 参见戴慕珍《国家与农民》第6章。

[5] 詹姆斯·斯各特（James Scott）：《农民的道义经济学》。

本章寻求解释农业去集体化和1980年代的财政改革如何重申对剩余的财产权,及为什么这些举措如此激励县、乡镇和村干部热切从事农村工业化。

一 分解财产权

财产权实际上是一个权利束。① 售卖权——文献中称为转让权——是财产权的一个类型。此外,财产权还包括对财产的管理权和财产收益权。财产收益权是对剩余的权利,即支付完必要费用后的剩余收入。但列宁主义体制中,"所有权"不包括这些权利。②

土地和企业被分为国家所有(全民所有)或者是集体所有。前者意味着"所有权属于全体人民",后者把"所有权"限制在一个小群体即"集体"内。实践中,无论是作为整体还是作为更小一点的集体,人民都不拥有这三种财产权利的任何一项。事实上的所有者是土地和企业所在地域内的地方政府。到县这一级,政府在他们的管辖权(由此产生"所有")中拥有国家和集体的企业。县级以下,公社和大队在他们相应的管辖权范围内拥有集体所有的企业。从属于大队的生产队,是农地和农地上产出的法定所有者,同时也是队级企业的所有者。

但是"拥有"这些财产的行政单位也缺乏对其完整权益。首先,地方政府没有权利出售他们管辖或"所有"的财产;其次,他们只有有限的对其财产的管理权,中央计划规定了对这些权利的限制;再次,对剩余的权利不属于所有者而是属于中央国家。无论是生产队还是生产粮食的农民都无权决定粮食的分配,更遑论对剩余的权利了。③ 同样的,地方政府无权拥有本地税收,也无权决定该税收如何使用。省和县政府,如同国有企业一样,上交他们的利润,获得预算分配以支付运转费用。

农业生产的去集体化和1980年代的财政改革从根本上改变了中国农村的财产权分配。下文将首先考察去集体化如何把农产品售卖中所得收入的支配权利从村转移给作为生产者的个体家庭户。后面的部分将详解财政改革如何把赋予地方政府的对税收的新权利下放给乡镇一级。去集体化改

---

① 德姆塞茨(Demsetz):《所有权结构》。
② 对社会主义体制下这些权利的最好论述之一是亚诺什·科尔内(Janos Kornai):《社会主义体制》,尤其是第5章。
③ 我在《农民与国家》中详述了这点。

革对地方资金产生负面影响，财政改革却产生正面影响，重申财产权利最终激励村、乡镇和县政府官员追求农村快速工业化。

二　去集体化和收入损失

1980年代早期之前，中国大部分地区都完成了去集体化，村被称为大队，是公社体制三级管理的第二级。大队收入来源于大队本级的企业，公社给予的有限资金，以及生产队从集体农业产出售卖中上交的一部分收入。农业产出属于大队之下的生产队所有。收入属于生产队，一部分支付给在集体土地上劳动的个体农民，一部分上交给大队和公社。

去集体化和家庭联产承包责任制把结算单位从集体转变为家庭。农地产出的所有权从集体转移给个体生产者。伴随着农业改革，所有权第一次意味着不仅仅是对收入的权利，还包括对剩余的权利以及分配的权利。完成国家基本征购任务后，农民对农地收入有自由支配的权利。这个变化，和农产品征购价格的急速上涨，在1980年代前期共同刺激了粮食生产和农民收入的提高。

但是重申财产权对村（大队）政府有消极的影响，因为它终结了农业作为村收入的来源。没能发展起替代收入来源的村的集体资金所剩无几或一无所有。对农业生产收入的财产权从集体重新分配给了各个家庭。家庭成为基本的生产和结算单位，集体和家庭的关系颠倒了：村集体变得依靠其村民以获得一份农业产出。农民仍要付农业税，把一部分粮食卖给国家，但是他们上交的农业税要给乡镇农业站，上交给上级而不是村。

与乡镇和县不同，村不算一级政府，也不是一个财政结算单位。他们不参与上级任何税收分配份额，也不能从上级那里获得预算分配。村官被认为是地方干部，而非国家干部，从村资金领取工资。村要交税，但是他们对税收收入没有任何权利。如此，去集体化给村造成了严重的财务困境。

只有初级农业经济的村税源有限。他们可以向集体所有的财产收租金，但是在1990年代之前这不包括大部分粮食用地。① 只有果园、鱼塘、林地和村办企业是可以作为收入来源的收费对象。

对很多村而言，其首要的收入来源是特别费，叫作"提留"，由村向

---

① 在1990年代早期，一些村开始拍卖土地给愿意支付最高租金的人。见龚启圣（James Kung）"中国农业中的财产权利"。

村民征收。① 提留按人头征收，通常占收入的一定比例。② 提留征收的官方标准是不能超过农民家庭收入的5%，但是实际上多被超过。例如，某地应该每人征收12—13元，事实上征收了30元。③

农民，尤其是贫困地区的农民，憎恶这些地方征敛当可理解。他们不满的程度在1990年代变得显著，当时一些地方的农民们抗议"增加农民负担"。④ 贵州贫困地区地方官员征收的道路建设税和灌溉税是需要的，但是从已经很贫穷的农民角度来看，税费的任何增加相比于承受能力更大的富裕地区都是更大的负担。⑤

当中央决定把基础设施建设投资负担转移给地方时，村财政危机加剧了。图1显示，即便有中央的垂直支持和对粮食生产的强调，中央的农业投入仍然从1980年代初的占中央总投资的9%降到1988年的3%。⑥ 中央希望地方用农村工业的利润支持农业，"用工补农"。⑦ 但是只有个别地区有条件这么做。

工业发展起来的村对农业确有投入。例如，在高度工业化的无锡，1979—1986年间从农村工业利润中提取了11亿元以支持农业。此数字比中央国家的投资高4倍。⑧

对国家整体而言，地方用来支援农业的利润比例降低了。⑨ 即便集体经济增长了，集体资本对农业的投入占集体固定资产总投资的比例从1982

(22)

---

① 提留包括大概十个名目，其中有：教育基金、道路基金、"五保户"（那些没有人扶养的人）基金、医疗基金等。每个名目的数量由县决定。这些基金是预算外资金。《中国访谈》（以下引用简称CI）8791。

② 对提留的计算方式似乎差别极大。

③ 专项资金不包含在提留之内，但也是经常被征收的项目。虽然技术上来说它们不是提留，农民仍旧一体看待。村里不需要向上级汇报这些收入，但是，财政局曾试图更严格监控这些资金，要求一年两次的会计记录。（CI8791）

④ 例子见武洁芳（Sheryl WuDunn）的"中国向农民征税播种不满"，《纽约时报》1993年5月19日；及安东尼·布拉斯（Anthony Blass）、卡尔·凯文·欧布里恩（Carl Kevin O'Brien）和李连江（Lianjiang Li）的"村民和大众抵抗"。

⑤ 武洁芳生动地描述了苦难造成的例子，"当中国向前跃进，穷人滑向后面"，《纽约时报》1993年5月23日，第E3页。

⑥ 《中国农业年鉴1989》，第9页。

⑦ "引导农村"，第20—25页。

⑧ "农村工业给农业增长提供基础"，《中国日报》1987年8月5日，第1页，见中国联合出版研究中心翻译87—045，1987年9月9日，第42页。

⑨ 《中国统计年鉴1987》，第205页；《中国统计年鉴1988》，第287页。

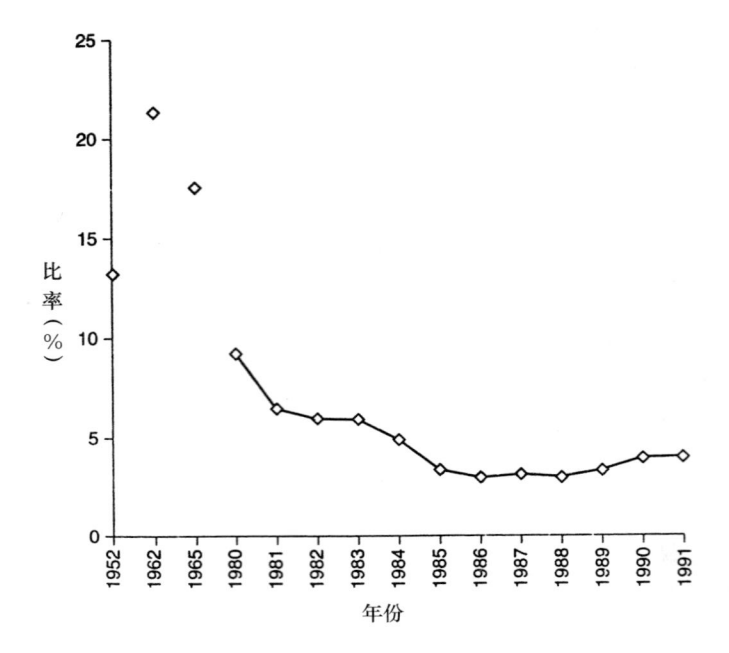

图 1 农业投资占总投资的比重，1952—1991 年

资料来源：《中国乡镇企业年鉴1992》，第158 页。

年接近40%降到1988年不足10%。① 相比于国家政策的强调，农业经营资金的使用下降尤为剧烈。1988年用于农业的资金数目比1979年下降了70%。分解这些数据，学者发现从1979年到1983年，当公社仍在的时候，对农业的年度投入平均略多于33亿元。但是从1984年到1988年，公社解散，乡镇企业开始快速发展，此类投入只有平均每年15亿元。②

对于集体只有很少收入的贫穷农村地区，地方融资的转移是毁灭性的。这些地区要么等待有限的中央投资，要么等待把通过义务工和各种乡镇及村级收费加于地方人口的农业基础设施维护成本解除。③ 财政收入的这个根本性缺乏是不断增加的"农民负担"的根源，此负担作为农民不满的原因已经引起了大量的媒体报道。在集体常常用工业利润替农民支付了

---

① "引导农村"。
② 同上。
③ 朴之水（Albert Park）及其他人表明了财政改革的消极影响和陕西省贫困地区农村资源的转移。（《分配的后果》）

此类负担的富裕地区，这种问题很少出现。①

（一）乡村工业和税收权

去集体化对村财政流带来负面影响，但此制度变迁是理解渴望生存与发展的村干部何以寻求发展村工业的关键。为何村对自办企业的权利促使追求工业发展成为一个有吸引力的策略不难理解。需要解释的是当这些集体所有企业承包给个人管理——在去集体化过程中这些企业都承包出去时，它们如何仍保持对村资融资的魅力。答案在承包制度的细节和实际运作中。

（二）企业承包

承包概念既适用于集体土地承包给个体农户，也适用于集体所有企业承包给个体农户，但是两种承包类型中包含的权利不同。在企业承包合同中，承包者向国家交税、向作为企业所有者的村缴纳承包费，大概还有管理费或附加费。表面上看，这与土地承包类似：为获得土地的使用权，农民要缴税、完成国家粮食征购额。这种相似无疑使一些人得出结论：当集体所有企业承包后，出现一个半私有化的所有权形式。实际上，支配企业承包者和村的权利与限制比表面上表现的要模糊得多。

1. 管理权和收益权分离

承包意味着管理权和收益权，后者是决定利润分配的权利。从集体承包土地后，农民拥有这两项权利。只有出卖或流转土地权仍保留给村。但当农民承包企业时，只有日常管理权转移到承包者手中，对剩余即利润和收入分配的核心权利仍保留在村当局。② 保留这些权利使村当局有能力限制管理自主和企业利润的使用。③ 有关用工、投资和生产线这些关键决策一定要获得村批准。承包者更像是一个集体——也就是村——的雇员。

约翰逊认为"行政指导"是日本1960—1970年代增长策略的重要组成部分，当时日本经济迅速发展。日本政府通过优先提供投入诱导独立公司遵循特定增长策略。在中国，村保持拥有企业所有权使村不仅能够影响而且有能力直接干预这些企业的内部事务，即便它们已经被承包给个人管理。

---

① 大多数农民负责义务劳动，但是他们可以付钱解脱他们的义务。工业化村村集体经常用提款支付。
② 转让权（即出卖权）仍保留在村。
③ 黄佩华（Christine Wong）提出了一个相似的观点。见《理解农村工业增长》。

(25) 村官控制企业财政收入既非直接也非间接。未被提取的利润是严格管制的。规则规定保留的利润如何使用。严格的规范规定大部分利润用于再投资，限制了工人福利和奖金可用的数目。一些管制规定税后50%的利润要投入工厂扩大生产，只有20%可以用来发奖金和福利。① 与工厂管理人员的访谈揭示出一些地区70%的保留利润要进行再投资。② 地方管制更进一步规定保留30%的利润给集体以资助农业和给村发福利（见第三章）。③

那些承包管理企业的人依赖村官。承包时有竞标，但是地方官员决定谁会获得承包权。信用、声誉和忠诚与承诺高额回报一样重要。出了好点子和运作工厂高效的工厂管理者获得高额奖金，其中一些人变得相当有权力（和富裕）。这些管理者的利益与他们企业的经济表现息息相关，但是缺乏对剩余财政收入的权利妨碍了他们凭借自己的资源基础成为独立的精英。地方官仍处于操纵变迁和发展的支配地位。

2. 报酬和租金

承包者的报酬按下列租金安排的哪一种形式决定都有效：（1）固定租金；（2）按照利润比例浮动比率；（3）承包责任制。④

(26) 固定租金是改革初期广泛使用的一种形式，当时地方官员对他们企业的营利能力没有什么观念。村简单规定一个利润目标，允许承包者保留所有超额利润。但是当改革稳固后，村意识到他们的一些企业在私营管理者手中有多么成功，村官开发了更复杂的方式来获取收益。

一些政府采取了浮动租金或比例机制，当所有的利润达到一个固定的数目后按照固定的比率在所有者即村和承包者之间进行分配。⑤ 例如，

---

① 全国范围内，1985年利润再投资的平均比例为46.3%，1986年达到49.8%，参见《中国农业年鉴1987》，第205页。工厂是否遵循地方政府的指导是另外一个议题。对利润非法使用的解释，见"107个中小型企业调查显示不适当使用利润影响了企业的潜力"，《江西日报》1987年12月20日，中国联合出版研究中心翻译88—005，1988年2月18日，第21—22页。

② CI72388。

③ 这些有时给村有时给乡镇。在天津南郊，村工业付钱给乡镇，后者把这些资金在所属的所有村子里分配。地方官员认为这保证了更公平的分配。该地区的乡镇还照顾那些没有人扶养的人。

④ 确切办法根据不同村和不同事件变化。关于改革初期过程的考察可参见托马斯·伯恩斯坦（Thomas Bernstein）"地方政府权威"，文章提供了山东一个县和安徽一个县的细节；关于珠三角地区村庄的对比研究，可参见格勒汉姆·约翰逊（Graham Johnson）"公社经济的命运"。

⑤ 对村办企业，企业管理委员会设定一个比率并决定超额利润的比例；在乡镇层面，这由经济委员会完成。

1985年前，沈阳附近一个村按照固定租金发包了他们的一个企业，不管利润如何。1985年，当利润上升后，村采用了浮动租金。规定的比率是7∶3或8∶2，村得大份。当期望利润特别高时，使用后一个比率分成。①

其他村采用承包责任制。从技术上讲，企业承包给管理者和工人——工厂作为一个集合体。因为很难与集体的每个成员打交道，工厂管理者和他的高层团队，作为首要承包人和集体的法定代表。这些人首要责任是完成村规定的定额。这实质上是一个工作责任制，村庄则获得控制利润分配和做主要决定的能力。

在承包责任制下没有预定的报酬。如果工厂完成了预定的目标，工厂管理者和他的团队则获得村的奖金鼓励。给工厂管理者的奖金是有限的，但是数目有很大差异。1980年代后期，山东一些村控制工厂管理者的工资不能高过挣得最多的工人的20%。② 同期，山东的另一些村工厂管理者/承包人被允许获得工人平均工资3—4倍的收入③。在1980年代后期，天津附近的大邱庄的工厂管理者每年挣到10000—20000元。④

无视承包的确切含义，租金取决于再谈判。承包可随时被宣布为无效；与西方法治环境下的合约不同，承包没有保障。承包者有时无法律救济可寻，虽然理论上他们受法律保护。这对那些变得出乎意料盈利的企业尤其适用。⑤ 但是即便承包仍然有效，地方当局仍有专门渠道掌控企业财政收入：因为对剩余收入的权利仍为村保有。

正是这个村政府对非税财政收入的持续掌控，使得集体所有公司比私营公司更有吸引力。因为村不被允许截留任何国家税收，私营公司就很少有财政用途。村当局可以（无疑一些村正是这么做的）采取掠夺性寻租行为，但是这可能对增长有破坏性影响。

三 财政改革和剩余收益权

同村一样，乡镇也有强烈激励以发展他们自己的集体企业。县一级乐

---

① CI 72986。
② CI 6488。
③ CI 72388。
④ 这确实比一些人有资格获得的80000元少。村领导决定把利润多用来发展和补贴更好，尤其是他们感到管理者获得的可能远超过了他们的需要。（CI 11888）
⑤ 例如，见戴慕珍"中国农村干部的商业化"；亦见崔大伟等"法律，合同和经济现代化"。

于促进在村、乡镇两级的发展。但是乡镇和县的激励集中于财政改革，不是非集体化。改革赋予县和乡镇政府——不像村政府——新的税收权。1980年代的财政改革创造了新的税收剩余，并把对此剩余的权利赋予到乡镇一级的地方政府。

（一）创造剩余

简单讲，剩余就是经济结余。这个结余的潜在利益使得它成为组织分层控制中一个有效的工具。正如那些研究公共官僚系统的学者指出的：

> 这里不存在通常意义上的剩余。典型的行政机构从上层政府获得预算，然后把所有预算用于支持对非付费顾客的服务。无论代理人表现如何及其随时间如何变化，结果并不反映在一个机构首脑获得的经济结余，这个有效监管雇员行为的主要激励措施运行失效。计划给予雇员一定的利润分成作为他们努力的部分补偿的激励措施也被排除在外。①

在大多数公共行政系统中存在的最接近剩余的是"闲置资源"。②

以上描述为一个美国政治学学生所写，但是它准确描绘了1980年代财政改革之前中国的情况。闲置资源，如果存在的话，是地方政府能够从其预算分配中节约的财政收入数目。为发展，地方政府向上级政府游说以获得更多预算。

1980年代的财政改革剧烈改变了对地方政府的激励措施。首先，中央政府不再保障上级预算分配能满足地方经费。中国改变了从上到下财政收入的垂直分配（条）体制，实行地方首先要依靠水平财政流（块）的体制，即他们要依靠自己创收。民谚"分锅吃饭"表达了1980年代财政改革的影响，相对应的毛泽东时代情况被表述为"吃大锅饭"。

其次，更像一个经济组织而非公共行政机构那样行事，中国开始赋予地方政府对其创造的任何经济剩余以明确权利的方式激励它的代理人。与一些观察者的主张相反，这个结余不简单是更多的"组织闲置资源"，它

---

① 莫（Moe）：《新组织经济学》，第763页。
② 同上。有关对闲置资源的作用的最初讨论，见理查德·赛尔特（Richard Cyert）和詹姆斯·马奇（James March）《公司行为理论》；亦见威廉姆·尼斯坎南（William Niskanen）"官僚和政客"。

是剩余。① 1980 年代财政改革消灭了地方政府的组织闲置资源，但是赋予他们对剩余的权利。虽然这些权利被赋予地方政府，不是个人，财产权利的再分配给予地方加速经济发展的正面激励，这不仅变成了一个官僚系统生存必需的策略，而且也是发展的有效策略。

（二）定义剩余

现在请允许我转向 1980 年代分税体制的细节以解释何以剩余创造于乡镇及以上政府，并描述不同层级的地方政府拥有的对这些剩余的财产权。② 术语分税制是技术性的（一些读者可以略过此部分），但是这个体制细节的重要性在于他们揭示了何以地方政府发现某种发展策略比其他策略更有吸引力。不同的财政收入类型待遇不同。按照其定义，一些财政收入要与中央分享，其他的则落入剩余的范畴。

1. 分税合约

分税是一个低至乡镇一级的地方政府都有责任征收国家确定的税收，并将其一定份额上缴上级政府的过程。那些不断增收税收的政府被允许保留其增加值的大部分。地方征收的越多，它能保有的也越多。分税规定见诸中央国家和每个省份的财政合约中，也见诸每个省与其管辖的地区，每个地区与其管辖的县，每个县与其管辖的乡镇的财政合约中。③ 合约的条文各种各样。一些地区采用一个统一的比率，比如 70∶30；收税那级政府保留 70%，30% 上交给他们的上级。另一些情况下，一级政府支付上级政府一个固定数目的额度，但是，一旦这个额度完成了，负责收税的这一级政府就会保有全部或大部分超额部分的财税收入。无论分税体制实质上如何，增收的税收保障了地方保有的财税收入的增加。

分税制假定地方政府能获得足够的财政收入来保障其支出，并有与上

---

① 参见谢淑丽《经济改革的政治逻辑》，第 160 页。
② 作为 1994 年财政改革的结果出现的差异将在本章后面单独讨论。
③ 当 1980 年第一次对分税分成进行制度化时，只有到县级及以上的政府部门才有资格参与。直至 1980 年代中期，乡镇征收税款，但是他们没有权利保留。在乡镇层面建立财政所的努力始于 1983 年。全国财政工作会议建议各地区选择两个县进行乡镇财政所试点。所有的税收都上缴给县，然后县继续按照旧体制分配预算给各乡镇支出。只是在 1985 年 4 月，国务院批准了财政部的一个指示——"关于乡镇财政管理实验模式的指示"，才开始财政体制向乡镇延伸。官方报道说到 1986 年年底，91.4% 的乡镇建立了财政所，为财政分成铺平了道路。财政部财税体制改革司：《财税改革十年》，第 14—15 页，第 205—206 页。我的田野工作揭示，到 1996 年一些乡镇仍旧没有财税分成。

级分享的财政剩余。没有财政剩余的地方无须与上级分享财政税收。与其他社会主义经济体制如苏联尝试的财政体制不同，中国体制通过构筑一个财税"安全网"阻隔了贫困地区对改革的潜在抵制。①

在每一级政府中，都会有一些地方支付成本，一些地方不支付，一些地方获得补助。每一地方的地位取决于复杂的计算，包括：（1）固定支出；（2）固定收入；（3）固定上缴；（4）固定补助。固定支出是上级政府需要提供给下级政府的"最低必须预算"。最低必须预算的组成取决于政府间的激烈谈判，但是在最低限度上，固定支出包括地方在职②国家干部的基本工资，包括教育、医疗、交通和住房等基本服务资金。每项支出多少取决于过去的支出额度，按照规定根据人口小有增加。固定支出也包括"发展需要"，如某财政局官员所说，这是一个没有固定名目的范畴，包括农业、水利和林业的支出，也包括"发展农村商品经济"这么模糊的范畴，致力于开矿、育种、禽畜养殖及其他活动的农村企业都包含在内。一旦固定支出确定，数字就与固定收入挂钩，后者即为地方确定的征税额度。

一个地方政府只有其固定收入高于其固定支出，才向上级完成一个固定上缴。如果支出和收入一致，地方政府就不必向上级缴纳财政税收，也不能获得补助。如果固定收入少于固定支出，差额即是为该地区提供的"固定补助"。③ 这成为地方政府的基本生存线或者社会安全网。

从省到乡镇的每一级政府都有一些单位无法开发足够的财政收入以平衡支出。④ 1991年，全国35个省、自治区和直辖市中，14个获得了中央的财政转移支付。⑤ 表1描述了27个省和直辖市1992年的分税制，并指出哪些单位获得了财政补助。地方层面的景象与此类似。例如，整个1980年代直到1990年代初，山东一个辖有6个县和1个市的地区，只有1个县

---

① 关于俄罗斯，见巴尔（Bahl）和华莱士（Wallace）"俄罗斯财税分成"；乔恩·克雷格（Jon Craig）和乔治·柯彼茨（George Kopits）"政府间财政关系"；以及乔治·马丁内茨—巴斯克斯（Jorge Martinez-Vazquez）"支出分配"。

② 一些工作在基层政府的干部不被看作国家干部；如此他们就不从国家预算领取工资，而是从预算外资金中获得收入。

③ 财政部：《财税改革十年》，第13页，解释了如果地方设定的收入低于支出，一个规定的比例会被用来决定多少地方的其他收入将要保留；当地方设定的收入和中央地方分成的收入一起仍不能满足其支出时，中央将给予地方一笔固定的津贴。一旦这个津贴确定就五年不变。

④ 根据中国财政部的报告，黄佩华说明在1989年地方政府被减免总数达447亿元的应上缴中央预算，同时获得中央补贴563亿元。（《中央—地方关系》，第698页）

⑤ 阿噶瓦拉（Agarwala）：《中国》，第68页。

和市向地区上缴了财税收入，在这个县里，17 个乡镇中只有 7 个乡镇向县上缴了财税收入。①

一个明显的问题在于是否补贴助长了"铁饭碗"心态的延续。受到补助的地方政府是否有发展动力？证据显示，当地方预算约束因为补助的存在而弱化时，财政收入增长的压力依然强大。一个北方县城的生产和收入统计显示，在财政合同有效的 10 年中，所有受到补助的乡镇都致力于经济发展和提高收入。而且，当上缴财税乡镇的产值高于领取财政补贴乡镇时，领取补贴的乡镇增长速度要远高于上缴财税的乡镇。② 在一个覆盖全国 25 个县的数据中提到贫困地区一个更快财税增长的类似模式，包括一些贫困省份的县城。③

表 1　根据中央和地方收入分成合同保留的收入（部分省市，1992 年）

	基本份额（%）	有增长的基本份额		国家固定额度（亿元）	有增长的固定额度		固定奖金额（亿元）
		基本保留比例（%）	合同约定的年度增长比例（%）		国家起初数目（亿元）	合同约定的年度增长率（%）	
山西	87.6						
安徽	77.5						
河南		80.0	5.0				
河北		70.0	4.5				
北京		50.0	4.0				
哈尔滨		45.0	5.0				
江苏		41.0	5.0				
宁波		27.9	5.3				
上海				105.0			
黑龙江				3.0			

---

① CI 8791。

② 这些发现得自于对一个县城 17 个乡镇 1984—1993 年税收和产值数据的回归分析。结果高度显著（在 0.1 置信水平下）。我要感谢香港科技大学的 Tong Chung，他帮助我完成得出此一结果的统计工作。

③ 引自朴之水（Park）等《分配的后果》，第 761 页。朴之水等人在陕西发现了类似趋势。较贫困县人均财政增长超过不贫困的县。他们发现那些获得最多津贴的县人均财政增长最快（第 758 页）。

续表

	基本份额（%）	有增长的基本份额		国家固定额度（亿元）	有增长的固定额度		固定奖金额（亿元）
		基本保留比例（%）	合同约定的年度增长比例（%）		国家起初数目（亿元）	合同约定的年度增长率（%）	
山东				2.0			
广东（包括广州）					14.1	9.0	
湖南					8.0	7.0	
内蒙古							18.4
新疆							15.3
西藏							9.0
贵州							7.4
云南							6.7
青海							6.6
广西							6.1
宁夏							5.3
海南							1.4
甘肃							1.3
陕西（包括西安）							1.2
吉林							1.1
福建							0.5
江西							0.5

资料来源：改编自黄佩华、克里斯托弗·黑迪（Christopher Heady）和胡永泰（Wing T. Woo）的《中国财政管理和经济改革》，第89页。

(34) 　　这些数据并不惊人。补助很少够支付基本开支。在一些确实贫困的地区，这些补助甚至都不能平衡必须支出。[①] 在大多数地区没有闲置资源来改善服务或用于行政机构膨胀。[②] 固定补助主要用于支付行政机构岗位的规定数目，没有经费给超支花费。[③] 而且，上述中国北方县城的乡镇有额

---

① 朴之水（Albert Park）等：《分配的后果》。
② 例外发生在少数被分类为"贫困"的地区，如郭小林在"地方财产权利的多样性"中研究的那些地区；西南地区云南的地方官员发现津贴足够有吸引力以促使向上级隐瞒乡镇企业的数量。
③ 关于地方政府的增长，见怀特"政治改革和农村政府"和"行政机构以下"。

外保险和激励，知道他们可以超过保留固定支出额度的额外财税收入，并继续获得固定补助。上述县城的 17 个乡镇中 10 个领取固定补助的乡镇在合同期一定时期被允许保留这些补助，即便是他们的征税值——固定收入——已经超过了合同数目。①

2. 税收

在 1980 年代的税收分配框架下，地方需要征缴的国家规定税收有两个主要范畴：收入税和工商税。附件 B 提供了一个税收的完整列表并表明税收在 1980 年（表 10）和 1985 年体制下如何分配。

（1）收入税

在毛时代，国有工业没有营利动力。工厂被要求把所有利润上缴国家。作为回报，国家支付所有的工资和其他预算的开支。在政府从国有企业获得的收益中这些利润比税收大。② 1980 年代的利改税为国家提供了财政收入，同时也给国有企业变得更具效率和营利性提供了动力。

企业所得税即是为此目的设计的机制。事实上它是利润税。税率是八级渐进制：从利润 1000 元以下的 10% 到利润 20 万元以上的 55%。1985 年这个所得税扩展到乡镇和村所有的企业，代替了工商所得税。③

地方政府被要求征收其辖区内所有企业的所得税。对这部分财税收入的权利取决于企业所属政府的层级。企业被分成中央所属和地方所属。中央所属企业包括所有银行和邮局以及其他企业。这些企业的所有所得税都上缴中央。地方所属企业的所有所得税留归地方政府。

（2）工商税

地方政府征收的第二个税收种类被宽泛地称为"流转税"或"工商税"。此类税收首先包括产品税、增值税和营业税。④ 每种税都基于生产、收入或销售，与利润无关。他们还构成总财税收入的大部分。这些税向私营企业、集体企业和国有企业征收，包括乡镇和村所有企业。⑤ 中央和地方分享这些税种的财政收入。

---

① CI8791。

② 世界银行的报告声称截至 1983 年，大概 60% 的政府收入是来自于国有企业的利润返还。《中国》，第 2 页。

③ 王晓旭编：《纳税实用手册》，第 49 页。

④ 这些税种演化的细节见财政部财税体制改革司《财税改革十年》。

⑤ 在 1985 年体制下，县级国有企业的所得税是分成上缴的，但是不包括从乡镇企业、村企业和私营企业获得的所得税。随着 1988 年总收入分成体制的变化，这种区别失去了意义。

在 1980 年代之前，工业财政收入的首要源泉是县级国有或集体所有企业。自从后毛泽东时代的改革开始后，县级工业仍旧是县级收入和税收的基础，即便是在那些发展农村工业相对成功的县也是如此，但是随着农村企业的增长，县级企业对总财政收入的贡献比例下降了。① 统计数据汇总显示：从乡镇和村企业征收的流转/工商税占增加额的主要部分。1978—1987 年，这些从乡镇和村企业征收来的税从 20 亿元略增加到 170 亿元；仅 1988 年，从这些企业获得的财税收入就增加了 40.7%。② 1990 年这些税收总计 344 亿元，到 1995 年升至 2058 亿元——几乎增长了 5 倍。③

（三）剩余最大化

鉴于地方政府财政自足的压力和在新财政体制下的财税增收的动力，一些人可能预言这些政府会进行掠夺式征税。④ 但我的田野调查明确反映出一些中国地方政府在评估和征收国家税收时相当大度。其中，一个例子是一些县在要签订新的财政合同时允许他们的较贫困乡镇保留增收的财税。另一个例子是地方政府赋予地方企业慷慨的税收减免。

当农村集体企业的税收贡献增长已经相当可观时，地方政府并没有从其企业中获得最大化的税收。一个原因可能要归于逃税，但这不是征税员被蒙骗这么表面的问题。税收征收和评估是由对地方企业极其熟悉的当地征税员完成。⑤ 证据显示最小化而非最大化税收是地方政策有意低估受到优待企业税收的结果。

国家管制允许乡镇和村企业享有税收优惠。符合一定标准的工厂，如服务农业或雇用残疾人的企业都享有特别待遇。⑥ 例如，村办残疾人企业享有免税地位。⑦ 新办企业在经营的第一年免交所得税。老工厂投入新生产线也有资格免除一年所得税。但一些地方政府突破管制把这些优待拓展为 2—3 年。

一些地区全面减税成为标准做法；一些省特别慷慨。在浙江，如果一个企业的税率根据国家的规定超过了 30%，超过部分征税额减半。在广东

---

① 参见黄佩华《中央—地方关系》；及巴里·诺顿（Barry Naughton）"国家垄断的意义"。
② 农村企业早期发展的详细统计数据见《中国乡镇企业年鉴 1978—1987》。
③ 农业部乡镇企业计划财务处：《1995 年全国乡镇》，第 2—8 页。
④ 如见马格雷·李维（Magret Levi）《规则和收入》。
⑤ 这将在第六章考察。
⑥ 革命老区的企业也在此范畴内。
⑦ 关于官方免税名单，见《中国乡镇企业年鉴 1978—1987》，第 270 页。

省，如果税率超过20%，超过部分也减半。① 此外，县官员允许地方企业享有特别的减税。如，1987年天津的一个县征税5930万元，但是减税额达到2665万元，几乎占一半。② 1987年在全国范围内，乡镇和村企业207亿元的收入中，有17.4%，即36亿元，没有征税。③

国家没有给予地方官员确定税率的权力。但是，正如世界银行的一个研究所示，"省级政府不能改变名义税率，也不能重新确定法定税基。但是，他们评估和征收税收几乎完全自主，同时作为下级的县政府可以且确实不经中央允许减免税收。可以公平地说：国家层面/中央层面以下的政府可以实质性改变企业有效税率的水平和模式"④。

我在县一级的访谈显示，县级官员可以且确实操控税基以间接降低企业应缴税额。此策略对所得税尤其有效。地方官员可以重新定义一些项目如工厂成本，在评估所得税前即扣除，要记得这是对利润征税，不是对总收入征税。另一些例子中，通过协商，企业贷款在计算所得税之前即从税基中扣除。⑤ 对工商税的操控余地较小，但是有时这些税也有扣除和豁免。

地方政府允许企业及其分支机构减税多少取决于可以征收多少财政收入。地方政府不能对征税过于宽容。维持税收减免和税收需求之间平衡的分界线必须清晰。地方条件不同，地方官员征税的水平也不同。天津的一个县是中国最能创收的村之一，给予可征收税额的减免几乎达到一半。相比之下，鉴于征到足够的财政收入以满足最低支出需要的巨大困难，穷县没有多少余地减免其企业。这可以解释为何穷省征税努力要超过富省。⑥ 地方政府最终必须完成他们根据分税合同确定的税收额度。但是在经济增长和剩余存在的情况下，地方政府会按照最低限度而非最高限度来征税。

1. 预算内和预算外收入

若试图理解为何地方政府给予税收减免，必须认识到这些政府有不同

---

① 何献（He Xian）："我国"。
② CI8888。
③ 《中国乡镇企业年鉴1978—1987》，第270页。关于全国范围内的减税和免税，见董元（Yuan Dong）"中央政府和地方政府财政关系问题及其解决之道"，《中国经济问题》1992年2月20日，第1期，中国联合出版研究中心翻译92—305，1992年6月2日，第35—40页。
④ 世界银行：《中国》，第84页。
⑤ 1990年对集体所有企业的此一安排废除，但是对国有企业仍旧保留。
⑥ 朴之水（Albert Park）等《分配的后果》提供了他们所发现的陕西贫困县收入不断增长的原因。

种类的财政收入。此即分税这个技术术语具有重要意义的原因所在。财政收入分为两个主要的范畴:预算内收入和预算外收入。上文所说的税种——所得税和工商税——属于预算内资金的范畴。但是除了国家财政税收——他们是要与上级分享的税种,也有一些财政收入不与上级分享,即预算外资金。这包括在地方税范畴下的税种(见表2)和所有属于分税收入的资金——包括各种费、附加税、截留利润和其他地方政府在国家税之外向其企业和其他经济部分征收的财政收入。地方政府有权利截留这些财政收入。表2说明了这两种财政收入的主要来源。

表2　　　　主要预算内税收和预算外收入,1994年前

预算内税收	预算外收入
所得税	地方税
工商税	农业—家畜饲养税
流转税	特种农业和林业产品税
产品税	财产税
增值税	土地使用税
营业税	牲畜销售税
	牲畜屠宰税
	集体和个人企业销售税
	集体和个人企业所得税
	印花税
	市政建设税
	其他
	非税收入
	承包利润
	额度内
	超额
	管理费
	特别费用
	贷款和资源贡献
	企业保留利润

预算内税收和预算外财政收入的区别在毛时代就存在,但是预算外资金很少,[①]而且是在上级的控制下。这些资金对地方政府的吸引力反映在其1980年代预算外资金的增长上。1978—1987年报道的平均年度预算外

---

① 参见黄佩华《财政改革和地方工业化》,第205页。

资金增加水平在 21.67%。①

与预算内财政收入相比，这些预算外财政收入的增速和重要性变得相当明显。1978 年，预算外资金 347 亿元，或占预算内资金（1121 亿元）的 31%。1987 年，预算外资金占预算内资金的 89.66%。② 虽然这不是这些资金真实可见的增长，但是随着时间的推移地方政府占据了更大的份额却是事实（见图 2）。地方预算外资金的增长是地方政府发展那些不但能够提供最大的财政收入，而且能提供最大的预算外资金的经济部门和活动的策略性规划的结果。

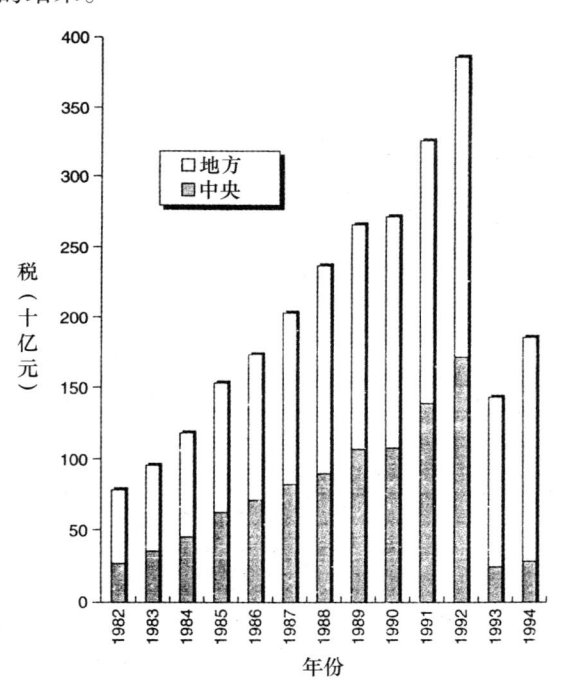

图 2　中央和地方预算外收入，1982—1994 年

资料来源：《中国统计年鉴 1996》，第 236 页。

---

① 此速率超过了同期国民生产总值 10.6% 的增长速度，国民收入 8.9% 的增长速度，及国家预算内收入的 8.1% 的增长速度。财政部：《财税改革十年》，第 322 页。塔姆·翁·基特（Tam On Kit）的"中国财政政策问题"估计 1978—1988 年全国范围内预算外财政收入有 6 倍增长。一个中国资料指出，1990 年预算外资金 2750 亿元，比 1985 年增长 79.7%。该渠道还报道说预算外收入的平均年度增长超过同期预算内收入的平均年度增长。项怀诚编：《九十年代财政》，第 296 页。

② 财政部：《财税改革十年》，第 323 页。

(41)　下文将通过列举县、乡镇和村预算外资金来源揭示地方增长一般模式背后的经济逻辑。税收财政收入和预算外财政收入的来源都聚集于工业和商业。如图3所示，当工商税稳定快速增长时，农业税仍相对平稳。1980年代农村经济的构成不出意外地明显从以农业为主转移到以工商业为主。

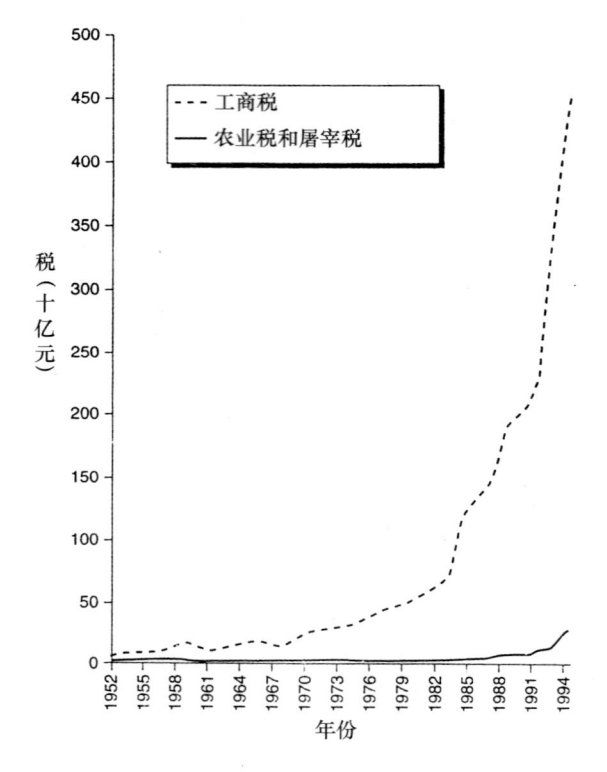

图 3　农业和工业税收，1952—1994 年

资料来源：《中国统计年鉴1991》，第213页；《中国统计年鉴1996》，第228页。

(42)　对这些地方的及非税财政收入的权利是解释为何地方政府不以掠夺的方式征收国家税的核心，这种掠夺方式在分税制做出财政约束时曾被认为会出现。地方政府通过最小化需要分享的财政收入，即国家税收，来最大化其剩余。

这在乡镇和村层面特别明显，那里集体所有企业以非税上缴的形式支付地方资金的绝大部分。① 从最小化而非最大化乡镇和村企业的税收中县政府几乎一无所得。但是县在 1980 年代似乎满足于采取长远眼光以促进其乡镇和村范围内企业的增长而非短期内从既存企业中获得最大量的税收。读者诸君一定还记得县级官员的评价不仅仅依据其征收的税收数目，还要根据其整个县域内的繁荣和增长。此外，县也有其自己的预算外资金来源。

2. 县级剩余

属于县资金的剩余包括官方批准的"预算外收入"和定义为"地方的"税收。

（1）预算外资金

县级预算外资金总量由不同部分构成，这包括：

①属于地方财政部门的财政收入；

②公共机构和管理机关未计入预算内资金的收入；

③国有企业及其下属部门的各种专项资金；

④地方所属企业的收入及中央部门未计入预算内资金的收入。②

如图 4 所示，预算外资金的大部分由企业留存资金构成。③ 全国范围内，企业留存资金从 1978 年到 1987 年增加了大概 19 倍。④ 其中最重要的部分是利润、折旧、福利和奖金。这些资金的增长得力于留利和利改税改革，同时各种责任制也规定了企业财政结余的再利用。1985 年的一个规定允许一些行业和企业提高他们的折旧率。因为折旧可以被计入成本，这个变化也因为压低利润而降低了所得税。

地方政府第二大财富来源是县财政局监管的独立机关和管理机构的各种预算外财政收入。乡镇企业管理局从乡镇企业征收的各种费即是这些预算外资金的一例。另一个机关拥有的预算外收入是个体工商业主管理费，由个体和私营企业主在领取经营许可时支付。⑤ 此费由县工商局

---

① 所有税后财政收入都属于剩余范畴。
② 这些范畴由税务手册规定，参见王晓旭编《纳税实用手册》，第 27 页。
③ 1990 年世界银行的一个报道称政府的预算外收入不过占全部预算外资金的 3%；代理部门截留了 17%，企业截留了大约 80%。《中国》，第 85—86 页。
④ 财政部：《财税改革十年》，第 322 页。
⑤ 税率因行业而异：商业税率是总销售额的 0.05%，运输行业是总营业额的 1.5%。一个因私营企业才逐渐发展起来的华北县城 1989 年此类费一共征收了 70 万元；1990 年该数字达到大约 100 万元。（CI 81291）

和个体户协会联合收取。① 后者还收取会费，这全归协会所有且增速猛烈。② 1990 年某县这项费用几乎达到 100 万元。③ 预算外资金的另一个来源是县内各局所属商业企业的利润。例如，乡镇企业管理局成立了一个物资供应公司，该公司的税后财政收入就落入预算外收入范围。

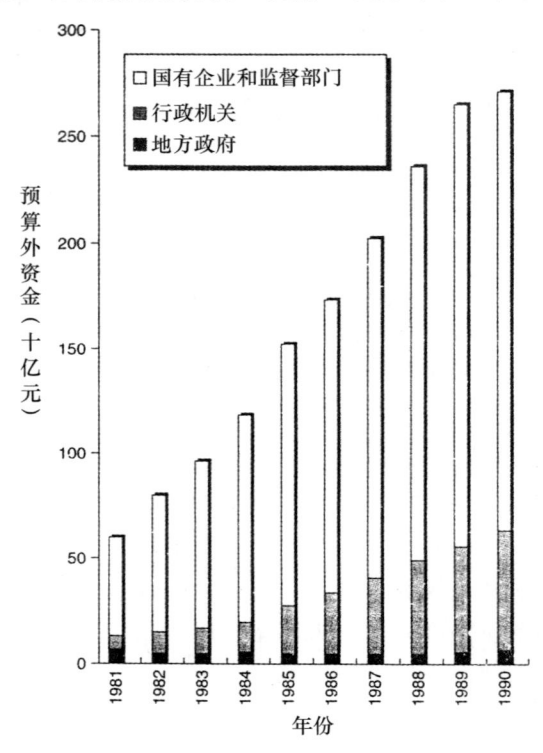

图 4　不同来源的预算外资金，1981—1990 年

资料来源：改编自黄佩华、克里斯托弗·黑迪（Christopher Heady）和胡永泰（Wing T. Woo）的《中国财政管理和经济改革》，第 236—237 页。

（2）地方税

地方税是由国家规定只属于地方的税种。表 2 列出了县级财税局官员

---

① 扣除上缴地区的部分以后各收 50%。（CI 81291）
② 此费在 1984 年制度化。1985—1986 年废除，然后再次制度化。1991 年每年 6 元，用来支付协会成员的福利和救济。
③ CI 81291。

在1980年代后期列举的地方税项目。被定义为"地方税"的财政收入的增长凸显了结余形塑地方增长的效力。预算外资金的猛增主要源于允许征收地方税造成的原创性增长，并非给预算外范畴补充了新的项目。

当确定税种时，绝大多数被分类为地方税的项目都是财政收入微不足道的来源——这可以解释为何中央最初赋予地方对这些税种的权利。从私营企业获得的税收财政收入是一个好例子，它增长剧烈。某县私营部门的税收从1980年代初期几乎为零增加到1984年占县总税收的17.6%，到1990年已经占到1/4。① 鉴于这些税收的重要性，1990年该县给每个下属乡镇都确定了私营企业的增长额度也就不奇怪了。

3. 乡镇剩余

改革前，乡镇层面的结余若非根本没有，也很少。乡镇在去集体化前被称为公社，除了一些从大队、小队收取的费和农业税之外，一般几乎没有财政来源。有一些公社层面的企业，但是乡镇从这些产业中只获得有限的收入。一些公社工厂也确实并不向公社上缴利润；可能是因为这些利润过于微小，它们都留给了工厂。② 绝大多数工厂的收入用来支付包括工人粮食配额在内的费用。③

但是在1980年代后期，一些乡镇预算外收入的总数超过了预算内收入。乡镇的结余来源包括村庄向其村民征收提留的一部分，以及各种乡镇向村庄征收的费（统筹）。但是，乡镇预算外收入的首要来源是集体所有乡镇企业。

非税预算外收费的数目和从集体所有企业征收的特别附加税因地不同；但是此数目如此之过分以致媒体警告"乡镇企业不应该被当做可以随意取钱的'小提款机'"。④

（1）基本征收

乡镇所有企业向乡镇政府和政府内负责乡镇企业发展的特殊管理机

---

① 统计数据（1991年）由县税务局提供，这不包括农业税。

② 在一个乡镇，工厂开始向公社上缴利润是在1976年，当时上缴40%。他们还要上缴占总利润20%的所得税。到1988年城市企业八级分类法生效，如果企业利润高于10万元，企业要上缴比例为53%；如果利润超过20万元，比例是55%。（CI 22688）

③ 关于集体农业工体制的细节，参见戴慕珍《国家与农民》。

④ "乡镇企业也要进行改革"，《经济参考》1988年11月18日，第1页，中国联合出版研究中心翻译88—005，1988年2月18日，第20—21页。黄佩华：《理解农村工业增长》，第23页，也涉及此问题。

构——乡镇经济委员两者同时支付非税收费（见第四章）。

乡镇政府在包括所得税在内的任何租或税征收之前，提取一定比例的所有乡镇企业毛收入。国家规定的比例是10%，但是一些情况下此数字达到20%。① 所有的乡镇都提取此款项。② 此外，大多数乡镇政府还提取其企业税后利润一部分。

乡镇经济委员会获得乡镇所属企业创造非税款项的大部分。首先，此委员会对销售总量征收管理费。③ 其次，它从每个乡镇企业征收承包费（租金）。承包者（工厂管理者）支付的租金是确定的且有合同规定，与前述村企业承包方式相似。全部的税后利润、额定利润，以及超额利润待遇不同，而且每种利润都要提取一定的比例。国家规定乡镇政府提取的税后利润不高于20%，但是，同样的，此数字在实际操作中要高一些。④

（2）特别附加税

除了基本管理费和承包利润（租金）外，乡镇政府和村当局一样，还创制各种特别收费以填补地方收入的亏空。正是因为这些收费，企业被称为地方政府的"取款机"。各种经济委员会的领导承认当他们需要额外的资金时，他们从富裕的企业提取利润。一个例子显示，在1986—1988年，当需要额外资金时，一个乡镇的经济委员会提取了300万元。⑤ 虽然我访谈的一些人否认从事此类行为，但他们都听说过这种事例，并且知道哪些地方采取这种做法。

这些征敛的地方差异和临时的性质导致难以确定乡镇政府及其经济委员会提取的数量。一个全国范围内的研究显示了支付给乡镇政府的数目的

---

① 这是一个山东乡镇的例子。（CI 72188）
② 一些地方在税前征收一个额外数目，"补农补副基金"（帮助农业和帮助副业基金）。副业包括养猪等活动。上海郊区此费用为10%。该地区还有针对企业工人的第三次收费，也进入"补农补副基金"。何献（音译）："我国"。
③ 此费用各地不同。比如，在四川一些地区，占总收入的1%。该地区资金由税务所向村和乡镇企业征收。乡镇收钱，然后会把其中一部分给经济委员会。（CI 81786）但是，山东济南附近的一个县乡镇经济委员会征收总销售额的1%作为管理费，但只对乡镇所有的企业征收，然后上缴给乡镇和县政府不同的比例。（CI 53188）1993年此县税率降到0.3%—0.7%之间，其中40%乡镇保有，30%上缴县里，20%上缴地区，10%上缴省里。（CI 62296）在另一个山东青岛附近的县乡镇政府征收企业利润的20%，然后给乡镇经济委员会一定比例作为管理费。（CI 72388）天津静海县，可能因为此地有高度工业化的大邱庄，经济委员会只拿走销售额的0.6%作为管理费。
④ 此处即便在一个县域内也存在地区差异。
⑤ CI 71988。

地区性重大差异。① 提取多少也取决于其他资金来源的可获得性。第六章将显示当银行信贷紧缩时，如 1988—1989 年那样，这些乡镇内部的收费就很普遍。

四 可信承诺

作为一个对地方政府的激励，创造一个结余然后扣留它可能并不足以刺激国家代理人追求经济发展。严格来说，毛时代也有结余。毛时代的大部分时期支出和财政收入相联系，事实存在某种形式的税收分享。②

为确保结余能促进地区经济增长，此处还需要有来自于委托人即中央政府给予其在地方层面的代理人的可信承诺，确信中央政府不会违背合约。代理人必须合理保证他们会：（1）获得对最小的结余的权利；（2）对结余的使用有自主权；并且（3）在一个可预见且足够长的时期内有能力征收此结余，所以他们有能力争取对其不断增强的努力的奖励。（对这些条件随时间变化的简述见表 12）

毛时代的财政政策疏于对地方政府在所有事项上提供这种承诺。如表 12 所示，地方政府对从增加的财政收入中受益只有很小的信心。1980 年代以前的财税合约有效期只有一年。③ 对中央的份额没有明确的限制，这使得地方可保留的结余变得不确定。使用这些保留给地方的有限财政剩余还需要上级的批准。

上文表明了改革时代结余是如何被创造、定义及随着财政收入的增长结余也被允许扩展而无预设的限制。后 1980 年代中央国家决定把财政收入分为：（1）明确规定给中央的收入；（2）规定给地方的收入；及

---

① 本研究把向乡镇政府支付税后利润者分为三种：（1）那些把企业利润的绝大部分支付给乡镇的地区；（2）只给乡镇很少一部分利润的地区；（3）除了管理费外，几乎不给乡镇利润的地区。数量与乡镇政府介入地区投资和生产发展的程度相关。不幸的是，研究并没有告诉我们哪种征收财税的办法最普遍。但是，需要注意的是，河北、江苏、浙江的例子显示，一个"小"数目大概是税后利润的 30%；一个"大"比例，北京地区上缴的是 56.99%，同时的上海地区平均是 71.6%。何献："我国"。

② 米克尔·奥森伯格（Michel Oksenberg）和汤维强（James Tong）："中央—省财政关系的演进"。

③ 一个例外是 1977—1980 年间江苏试点的固定税率责任制。此制度也包括有效的激励，但是在 1982—1983 年前并没有成为大多数省的标准做法。

(3) 分享的收入，① 这有效地限制了中央的份额，且确定了地方可以主张其结余的点。下文将考察国家如何完成最后两个要求以彰显可信承诺。

（一）使用权和干部奖金

如果剩余的创造者没有权利决定它的用途，无论其数目多大，结余的吸引力都会下降。在毛时代，预算外资金不仅数量不足，而且地方政府没有上级的批准就没有权利使用保留在地方的资金。相比之下，1980年代的财政改革赋予地方政府使用其结余的自主权。地方政府不再就结余的使用上报详细预算或在花钱前等待批准。②

这个改革允许结余在两个层面作为发展的激励因素。在专业层面上，增加的财政收入使得干部有能力弱化财政收入分享创造的严格预算约束，拥有了提高管理效率必须的资源。③ 在个人层面，地方政府资金增加的财政收入直接转化成对地方官员有诱惑力（且合法）的经济奖励。地方政府把结余用作奖金。干部的奖金与结余规模挂钩赋予地方干部与经济发展直接的利害关系。

干部奖金取决于特定任务和目标的达成。④ 每一个上级政府都对下级设定目标额度。⑤ 完成目标是干部评价制度的核心。1980年代，县级评价机关（干部考评办公室）确定奖金的额度。⑥ 每年乡镇和其企业完成任务情况要按照目标数目（计划数）测定；这些单位的官员根据其完成或超额完成目标情况获得不同奖金。例如，如果一个农业银行的支行超额完成储蓄增长的额度，地区级银行会对此确认并奖励其官员奖金。⑦ 奖金的数目不同。在1980年代后期，一个乡镇工商管理所干部的奖金是个体企业主

---

① 从技术层面来说，收入分成四个范畴。分享的数目包括"分配收入"和中央和地方政府之间分配的"调节收入"。财政部：《财政改革十年》，第195页。

② 稍后，随着预算外收入的增长，监管支出的企图再起，但是预算只是呈报地方税务所。批准的主要标准是支出不能落入禁止的项目。见第六章的讨论。

③ 就贫困地区在财政改革后财政收入不足引起的财政危机的描述，见朴之水（Albert Park）等《分配的后果》。

④ 白素珊（Susan Whiting）深入考察了干部奖金制度，见其"制度变迁的微观基础"。

⑤ CI 8891。

⑥ 在某县，各单位分成三类或三等，第一等是最高头衔。相同等级的企业获得相同等级的奖金。财政局分配给各单位奖金总额，各单位具体决定其成员间的分配。干部考评办公室也决定奖励工资，给那些获得先进单位等级和称号的各单位年底发放。

⑦ 1990年一个县储蓄增长的额度是1600万元。1991年，另有1760万元追加。（CI 8991）

管理费（个体管理费）的5%。① 受雇在赶集的日子帮助收费的人收取收入的一部分，例如，一个地方这个数字占所收取管理费的13%。② 乡镇财政所的所长可获得两份奖金，一份基于规定的收取额度是否完成，一份基于花费是否在计划规定的限度内。1987年，征税官每个月基本工资是1038元，算上所有的奖金其工资是2400元。③

虽然村不属于这个分税体制，村官的工资也同样受到他们经济表现影响。事实上，他们的工资和奖金与集体总收入直接挂钩。华北一个成功的村党支部书记1995年每月得到900元基本工资，或每年10800元。这对农村来说已经非常好了，但这只是其收入的一部分。他的奖金比工资的一半要多，或高于其每年合计16000元的总收入的1/3。④

带来金钱奖励的成功经济增长也有政治后果。毛泽东时代之后，政治先进性与企业技能相连。地方干部需要管理经济良好，为其企业发现机会，创收财政支持地方基础设施建设。即便是村党支部书记，也可在发展村产业和致富工作中表现醒目。大邱庄党支部书记禹作敏可能是最著名的一个。

（二）固定合同

中央国家声明财政承包合同五年有效而非此前的一年有效，这大大提高了国家承诺的信用。这个五年规定与俄罗斯1990年代早期政策形成强烈对比，那里据说财政分成合同每三个月就失效，比率有时也有追溯效力。这种不确定性使得地方政府了解多少财政收入其可以保留及多少财政收入他们必须上缴的能力陷于瘫痪。⑤

当然，中国对其地方政府就结余权利的承诺并没有在1980年后杜绝财政政策的变化。1980年后财政改革的历史标示了大量不同制度和财政政

---

① 不同经济部门间此数字不同：商业是销售额的0.5%；食品和饮料工业是1.5%；服务行业是2%。（CI 23688）
② 县决定此比例。（CI 23688）
③ 因为希望对企业的帮助最终会产生更多的财政收入，地方财税所超出收税本职工作去帮助企业发展。例如，当一个砖厂缺乏资金时，税务所提供了5000元一年期无息贷款以购买维持其继续运转需要的煤炭。（CI 24688）
④ 对于最底层的村官来说，奖金似乎构成其总收入的较小部分。例如，该村会计每月的基本工资是700元，加上奖金，他的总收入是每年9000元。村里低收入干部的年收入在4000—5000元之间。虽然这些钱比起村书记来说相当低，他们仍然很慷慨。（CI 23696）
⑤ 罗伊·伯尔（Roy Bahl）和萨里·华莱士（Sally Wallace）："俄罗斯财政分成"。

策的变化（见表12）。① 但是结果却与俄罗斯不同。地方政府对结余的权利在法律意义上并不"安全"——无论是在俄罗斯还是在中国——中国对财产权的重申同样依赖政策变迁。不同在于中国有可信承诺的理性保障。在中国不安全感因为财政承包合同的更长期限获得了缓冲。此外，确实发生的政策变化也没有破坏地方政府对地方固定份额的权利。

中国后1980年代政策变迁只调整了地方政府可以保留的数目，财政收入整体分配得以延续。有两种办法确定财政收入分成比例。第一种规定财政收入为中央的，地方的，或分享的。② 第二种办法是一个要简单得多的总财政收入分成机制，它规定一个百分比（固定比例）或固定的数目要上缴中央，剩余的归地方。③

---

① 对财政改革的攻击无数。如奥森伯格（Oksenberg）和汤维强提出，"从1968—1979年的12年间有六种财税体制，每一种实行1—3年，存废快速继替：1968年（总量集中），1969—1970年（总收入分成），1971—1973年（总额转移），1974—1975年（财政收入扣除支出），1976—1978年（总收入分成），1979年（超计划收入分成）"。"中央—省财政关系的演进"，第31页。对1960年代之前的早期阶段最全面的研究之一，是奥德利·唐尼索恩（Audrey Donnithorne）的《中国经济体制》。该文献对后来的财税改革有拓展讨论。奥森伯格和汤维强的研究是对1984年前财税体制改革演进最有价值的评论之一。世界银行的《中国》对1985年后的体制给予了详细的讨论。亦见汤维强"财税改革，精英逆转"；黄佩华《财政改革和地方工业化》和《中央—地方关系》。还有奥德利·唐尼索恩（Audrey Donnithorne）的《中央—省经济关系》。关于上海税收地位的研究，见林恩·怀特三世（Lynn White III）的《上海是上海的吗？》其他的研究还包括王绍光的"地区的崛起"；及佩内洛普·普莱姆（Penelope Prime）的"税收改革"。谢淑丽的《经济改革的政治逻辑》讨论了中央和省级领导人关于税收改革的讨价还价。各种税种类型和税收体制变迁的细节亦见于黄佩华、克里斯托弗·黑迪（Christopher Heady）和胡永泰（Wing T. Woo）的《财政管理和经济改革》。对1994年税务改革的讨论，见郑在浩（Jae Ho Chung）的"中央挑战各省"，及郭小林编辑和翻译的"中央—地方关系再调整"。

② 1980年和1985年财政体制是这种类型的例子，确定了地方和中央分配财政收入的数目，规定了中央税和地方税。1980年体制规定根据企业所属的政府层级确定地方和中央的税收收入。1985年改革更明确了哪种财政收入可以被分配，规定了地方和中央的税种类型。此体制在一些试点地区只被选择性执行。奥森伯格和汤维强把这归于企业利改税缺乏进步。"中央—省财政关系的演进"，第2页。正如下文要讨论的，1994年改革是对此类型体制的回归。

③ 奥森伯格和汤维强的研究"中央—省财政关系的演进"显示出，1970年代早期有效的总金额体制仍旧具有潜在的激励作用。但是，此体制为支持更严格的总收入分成政策而被废除。总金额体制最终以有限的形式再现于广东和福建等省，但是没能熬过1980年代早期。在这种安排下，并非某些资金被规定为地方的然后作为剩余的一部分，而是上缴给中央一个比例。剩余采取的是分给地方政府份额的形式。因为财政收入被考虑在内，这种总金额体制提供了更清晰的剩余。广东的快速经济发展经常被归功于此总金额体制。关于广东经济成就的一个广泛研究，见傅高义（Ezra Vogel）《向前一步》。相比之下，固定税率体制给予中央和地方政府固定比例的总税收。在总金额体制下，无论未来的财政收入是否增长，中央都要规定一个财政收入的预设数目，任何增长则由地方政府享有。在两种体制下，非税收入都不在中央的控制下。

例如，当江苏的分享总财政收入的试点模式在 1983 年由国家确定后，分享比例保持固定，地方持续受益，即便他们被要求与中央分享更多的税源。当 1980 年代后期固定数目体制在所有的省份确定后，地方政府甚至对增加财政收入给予了更大的激励，因为完成固定多年的一个额度后，他们被允许保有所有的——或绝大部分的——财政收入。

五 从有限间接征收到直接税收

可以说，中央赋予地方政府一个结余的承诺是可信的，它同时也寻求纠正不断增长的地方结余与中央在总财政收入中不断下降的份额的不平衡。无论如何，因为存在可能熄灭对增长的热情的危险，1980 年代促生了结余，国家在对待预算外资金问题上采取了被动的立场。国家给自己制定了一些措施，从地方结余中抽取一个份额，但是它更依靠对这些大部分保留于地方层面资金的行政管制。国家只是在 1994 年采取了更直接的措施。

（一）对结余的附加税

在改革开始的一些年，中央政府试图通过卖国库券等间接手段聚拢预算外资金和其他"社会闲置"资金。[①] 1983 年，国家规定各种附加税，包括"国家能源交通重点建设基金"和"自筹基本建设基金"。[②] 这些基金表面上是保护国家资源、交通和其他关键项目，但是两者事实上都是面对地方政府的预算外资金。后一个基金直接评估预算外资金支持的建设项目。奖金税和工资调节税提取一部分不断增长的企业保留财政收入的相同机制。

这些税和附加税有固定税率，但是它们实行起来却不一致。例如，国家能源交通重点建设基金税应该是预算外财政收入的 15%。但是，据某县级财政官员说，县通过确定一个额度来代替固定税率。如果额度完成了，比例原则就不维持了。额度体制的唯一好处是给予县和乡镇一些对谁应该交税的自由裁量权。富裕单位可能被要求多交点，其他被挑选出来的单位被允许保留多一点资金用于发展。

对预算外财政收入基本收费之外，中央国家通过从地方借贷的方式试图从这些财政收入中抽取更大的份额。在某县，1990 年中央以中央借款形

(53)

[①] 财政部：《财税改革十年》，第 328 页。
[②] 这些税也被用于其他目的，例如，控制从预算外资金资助的资本投资。

式拿走 90 万元，比 1988 年征收额度增加了 40 万元。① 地方官员对这种"借款"的归还相当悲观。② 最近一些年，最少是在一些地区，中央政府甚至不再假装这种借款会被归还。向中央支付的这笔款项不再被称为"借款"，而是"捐献"。

(54)
（二）1994 年财政改革

1994 年税制改革释放出预算外资金控制策略变化的信号。这些改革开启了降低这些资金的更直接策略：以税的形式从地方征收更多。它体现在这些改革措施上：重新分类收入，以及声称更多的范畴为中央政府的财产权以让更多的财政收入归属财政收入分成（见表 13）。这包括对预算外财政收入的关键部分——企业保留利润的重新分类。

即便如此，1994 年财政改革也不是其他后 1980 年代政策的主要起点。很多财政承包合同特征继续存在，在地方层面上，乡镇的旧承包合同一如既往。那些在旧体制下获得补贴的单位继续如此。③ 在很多方面，1994 年改革是回到 1985 年区分中央和地方财政收入的办法。此次分野不是简单依据谁拥有一个企业，而是同时依据对特定税收的财产权。根据 1994 年的变化，中央被赋予对像邮局和银行这样的中央企业税收的独占权，以及对一个新设立的消费税的独占权，对曾是地方政府重要利源的产品，如啤酒、白酒和香烟征收重税。此外，新规矩规定 75% 的增值税归中央，只给地方保留 25%。为保障足额征收，对增值税和消费税都设定额度。

1994 年税收分配导致地方对中央支付款项数目的可观增长。在一个县，财政和税务官员揭示，1994 年他们给中央多缴税 956 万元。在 4400 万元预算内财政收入中，他们上缴了接近 1150 万元税。这还不算该县每年借给中央的 44 万元。1995 年，征收了预算内财政收入 5400 万元以上，该县交给中央近 2050 万元。④

(55)
但是这些数字只是提供了财政分成的部分图景。当确定这个制度时，中央保证地方最低基本财政收入。它以 1993 年财政收入为基础，这也是该年

---

① CI 19696。

② 原则上，这些贷款为中央级项目的建设投放。也有一定额度作为整体给予各省。然后各地区根据各县各自的建设项目的数量按比例在各县分配此额度。（CI 8791）

③ 在国家层面上，补贴体制正经历变化。它包括一个中央政府在征税后财税转移和返还的复杂模式。见郭小林编辑和翻译"中央—地方关系再调整"。

④ 除非另有注明，本部分依据 CI 19696。

所有地方都最大限度地提高其财政收入的原因。如果中央要求的数量留给地方的数目少于这个保证数字，中央就会把差额部分返回地方。上文提到的县每年保证的财政收入以 4900 万元为基础。在这个数字之上，县也被允诺所有超过基本财政收入部分的 30%。这超过了中央可能提供给地方的任何财政补贴。老做法也坚持允许地方政府保留固定的预算补贴以应付最低支出。1994 年该县被允许留 1020 万元，1995 年被允许留 1870 万元。如同在此前的体制下一样，这种分配被用于计算一个地方政府是否有权获得任何津贴。

此讨论最重要的目的在于尽管向中央的支付不断增长，1994 年体制与此前体制一样，留给地方政府一个明确定义的结余，对此他们有排他性权利。如附件 B 的表 13 所示，销售税、地方企业所得税、个人所得税、房产税、城市维护建设税、屠宰税、农业动物养殖税和特种农产品税，与其他非税财政收入仍属于地方政府。[①] 在上文引用的例子中，在新体制下该县支付给中央的显著增加，但是 1994 年它仍保有 2900 万元作为非税预算外资金，1995 年有 5000 万元作为非税预算外资金。

一些地方政府仍留有可观的结余，但是 1994 年改革对于地方财政有重要影响，导致对发展策略的重新思考。地方政府向中央支付更多财政收入的义务引起一些地方巨大的问题，他们要面对应付基本开支的困难，这包括基本工资。但是一些地方政府采取应对措施以确保地方财政收入增长。与本章上文的论点一致，即剩余的确定直接影响到哪些产业变成增长的目标，精明的地方官迅速调整了他们的策略以最大化那些仍归地方政府所有的财政收入。在 1980 年代强烈追求农村工业发展策略之后，某县从 1994 年起开始发展商品农业。这种改变的一个原因是绝大多数对农产品的税收都属于地方税范畴。在此县，特种农产品税一年内增长了 40%。[②]

(56)

六 地方发展的财政激励

俄罗斯和东欧国家的经验引导一些人认为在转型的列宁主义体制下，企业必须首先去政治化——党和官员必须从工厂清除出去——然后经济增长才能出现。[③] 这些措施对于俄罗斯和东欧国家可能必要，中国案例则显

[①] 郭小林编辑和翻译的"中央—地方关系再调整"对 1994 年改革提供了一个有价值的讨论。
[②] CI 23696。
[③] 傅伊科（Boycko）、施莱费尔（Shleifer）和维什尼（Vishny）：《俄罗斯私有化》。

示公有公司没有私有化也能迅速发展。关键变量不是所有制形式，而是管理这些公司的官员的激励结构。本章展示了中国地方官员的政治利益并没有与地方经济利益冲突，而是成为其制度性关联。

莫（Moe）指出在组织中，"只有到了管理机构作为一个整体运行其无效率导致以高于最低成本生产，预算超过生产的真正成本，闲置资源才可获得。无效率性越大，闲置资源越多"①。当中国消除了其地方政府曾依赖的组织性限制资源，它改变了官员的行动语境。去私有化和财政改革收紧了地方政府的预算约束，创造了财政增收的需要。同时，他们给予地方政府和每级政府的官员积极的激励以从有利可图的收入资源中获益——经济剩余得自于地方发展。中央政府如此成功地创造了一个情境，此处生存和进步的方式是发展地方经济，两者都能使地方政府资金膨胀，并获得奖金报酬。地方官员几乎没有理由阻碍改革。激励提供了替代腐败的合法选项。结余的诱惑提供了在乡镇和村层面引导发展的机会。

(57) 为使激励保有吸引力，中央政府需要最小化而不是最大化它对从发展过程中创生的财政收入的索取权。与东欧和俄罗斯的机制相比，中国在改革的前15年允许地方结余增长到最大份额，即使是以拒绝中央国家最大化其财税收入为代价。地方政府被允许从地方经济发展中不成比例地受益。阿姆斯登（Amsden）坚持新兴工业国家的成功在于他们没有获得价格权利。② 一个可以提到的例子是：中国改革成功地促成了地方经济发展，因为其中央政府没有获得税收权利。

这种激励也有相当的代价。对于中央政府来说，最明显的是地方结余不合比例的规模——激增的预算外资金。这剥夺了中央的财政收入，给中央财政造成重负，最终导致一系列新财政政策。下一章将展示这个策略还对中央和地方的权力平衡有深远的政治影响。在转向此议题之前，我将首先考察地方政府如何试图增加财政收入，政治代价和资源约束如何影响地方官员在决定农村发展模式和时机选择时的经济计算。官员被给予了强烈的激励以追求经济增长，但是地方政治和经济语境决定了这些激励可以发挥作用的程度。

---

① 莫（Moe）：《新组织经济学》，第763页。
② 关于新兴工业国家"弄错价格"，见爱丽丝·阿姆斯登（Alice Amsden）"政府干预理论"。

第三章 发展策略
——农村工业的多样性与演进

中国农村所有部分都受到嵌入于去集体化和财政改革的激励的影响，但是却只有一部分农村成功发展了农村工业。一些地方被工业增长及与其相伴的繁荣抛弃在外。那些成功完成工业化的地区采用了多种多样的所有权形式。一些县、乡镇和村主要依靠集体所有企业，另一些地方则青睐私人所有。

1980年代在绝大多数乡镇和村，集体所有企业占统治地位，虽然在像温州①和福建②的一些地方，私营企业很流行。③ 在1990年代初期，趋势开始逆转。集体发展模式开始萎缩，私营公司在数量、规模和产值上都开始增长。如何解释这个增长的多样性和模式？

一 介入性激励

刚性财政收入是农村工业发展必要但非充分条件。介入性激励和约束决定了地方政府能追求刚性财政收入的程度及其可采取的策略类型。地方官员是寻求最大化利益的理性行动者，但却是有限理性。④ 他们受限于信息、技巧和他们可用来影响其选择的资源。在中国，这些官员的行动还受限于政治约束。与纯粹的管理者或企业家不同，中国的地方官员是同时具有管理和政治责任的经济行动者。中国经济发展的逻辑显示，当这些官员

---

① 关于温州的私营企业，参见白素珊（Susan Whiting）"所有制恶形式的地区演化"，以及她的论文"制度变迁的宏观基础"；刘亚玲的"始于基层的改革"；以及克里斯汀·帕里斯（Kristen Parris）的"地方首创性与国家改革"。

② 关于福建的私营企业，参见陈志柔（Chih-jou Jay Chen）的"地方制度"和王达伟（David Wank）的"社会网络和财产权利"。

③ 自相当早期，小范围的私营企业也存在于其他地区，如四川和湖南的一些地区。

④ 西蒙（Simon）：《行政行为》。

试图平衡多重且有时相互冲突的行动议程时,经济和政治利益会交叉。

在中国,政治仍旧介入塑造经济发展,即便是毛时代典型的运动和激进政策,自 1978 年起已经极大缓和。资源可能限制地方发展程度,但政治约束使得地方政府无法采用某些发展进路,即便他们拥有必须的经济资源。

与其自己种粮食,很多村民和农民更愿意买粮,集中他们有限的资源发展工业。但是政治使得这种发展策略不可行。无论是地方政府还是农民个人都没有很多选择。① 即便是后毛时代较宽松的气氛下,中央的配额仍旧强迫地方保持最低限度的粮食生产。② 无视地方政府成功发展农村工业,中央要求保持粮食生产。即使是中国最工业化的村之一的天津大邱庄也不能例外:1980 年代中期拥有 120 多个村级企业,大邱庄有能力给所有村民提供工业岗位——也包括附近村庄的村民,也有能力提供足够的收入在市场上购买村民需要的粮食,代替村民自己种粮。③

政治同样支配了农村企业的所有权形式,并决定私人企业和集体企业中谁可获得更快增长。理论上,无论是哪种所有制形式都可以完成刚性财政收入。但是实践中集体企业受到优待,而私营企业却轻则被忽视,重则被排除在外。哪种所有制形式可以更高效利用资源或者更适应市场生产并非问题所在。如罗伯特·贝茨指出的,如果威胁到权力阶层的政治利益,有效的发展方法也不管用。④

中国的发展策略考虑到既有的资源、机会和成本,最低限度满足⑤了竞争的利益,表现出折中解决问题的思路。1980 年代大多数时间,政治和

---

① 假定地方政府会不断放弃种植粮食,中央规定要求各省负责他们自己的粮食供应,地方完成对国家的强制性粮食征购额度。一些农户可以用现金支付他们的农业税,但是作为总体他们必须完成粮食征购任务。如果农民没有种植任何粮食,他必须要到市场上去买来粮食卖给国家。为进一步保证农民确实向国家交售粮食,一些地区关闭了所有粮食自由交易市场直至国家完成收购。

② 从 1960 年代中期到文化大革命结束的 1976 年,农村地方共同体及个体农民的经济行为都在严格的控制之下,对发展策略等几乎没有选择余地。中央政府命令每个人都要"以粮为纲"以完成社会主义的任务。粮食生产是强制的,无视一个地方追求副业生产或经济作物种植是否会更有营利能力。那些被逮住试图从事副业生产或小规模工业的人被称为"走资本主义路线"。向国家交售粮食不仅仅是经济行为,它也是表现政治可靠的手段。关于生产和销售粮食的需要如何塑造了农村政治的细节,见戴慕珍《国家与农民》。

③ CI 11988。

④ 罗伯特·贝茨(Robert Bates):"宏观政治经济学"。

⑤ 此术语指有限理性的个体行为适应模式。参见詹姆斯·马奇(James March)和赫伯特·西蒙(Herbert Simon)《组织》。

经济约束导致集中于集体所有的农村工业,即乡镇和村所有企业的发展策略普遍流行。① 不管这是否是经济效率最高的发展进路,它在既有资源和实践限制下最具政治和经济可接受性。只是渐渐地,随着经济和政治条件变化,出现了向私营企业的明显转移。

第二章展示了为何财政激励促进中国地方官员以寻求经济发展作为增加地方财政收入的手段。本章把分析向前深入一步,继续在地方语境中考察这些激励,前者将决定哪种策略会使相关利益最优化。本章试图理解政治约束如何影响中国农村工业化,解释农村工业化模式在不同时空中的多样性。下文将展示,中国农村发展模式是一个能动机制,它顾及了在改革进程中政治和经济利益重要性的变化,同时也顾及了在此时期资源禀赋发生变化的地方官员对改革成本的再评估。农村工业所有权形式的多样性和演进即伴随着这些变化发生。

二 1980 年代农村工业增长的特点

没有一个单一模式可以准确描述中国农村经济变迁过程。农村工业化地区普遍享受到高收入和高水平的生活。② 一些保留在农业中的个体农民还过得去,一些经营经济作物的农民生活得很好,但是其他人仍旧生活在中国当局确定的贫困线之下:1700 万人生活赤贫。③ 中西部 12 个省中,1993 年农业仍旧是农村的主要产出,其农村纯收入比全国农村平均收入低 922 元。④

(一) 农村工业分布不均衡

农村工业普及和高产出主要集中在东部沿海省份。以工业占农村总产出的比例为标志地区差异巨大。东部地区 1994 年非农业产值占农村总产值超过 80%,中部地区是 15.5%,西部地区 19.5%。就业方面的差异虽不如此悬殊,但也很明显。1994 年,东部沿海地区非农劳动力占农村总劳动力的 35%,中部地区只有 23.5%,西部地区占 17.9%。⑤

---

① 伯德和林的《中国农村工业:结构、发展和改革》是依据调查资料对农村企业提供的最全面的研究之一。亦见黄佩华"理解农村工业增长";戴慕珍"集体的命运";崔大伟"农村工业";及约翰·黄(John Wong)、马戎(Rong Ma)与杨木(Mu Yang)编《中国乡镇企业家》。
② 见罗思高(Rozelle)"农村工业化",及阿奇泽尔·雷曼·卡恩(Azizur Rahman Khan)等"家庭收入及其分配"。
③ 数据引用自何康"我国"和王强"2000 年中西部"。
④ 这 12 个省是:甘肃、贵州、陕西、宁夏、云南、河南、四川、山西、新疆、湖北、湖南和江西。(王强:"2000 年中西部")
⑤ 何康:"我国",第 14 页。

(二) 多样的所有权

在成功工业化地区可见各种所有权形式。事实上，一般而言，"乡镇企业"这一术语的字面意思是乡镇所有的企业，被理解为包括地方政府在乡镇和村层面的企业，也包括私人所有的企业，无论是独资还是合伙。①

1980 年代中国农村工业化快速发展，大多发生在地方政府在乡镇和村层面所有的企业中。此事实有时被遗忘。大概因为毛时代国家在管理经济发展中的糟糕表现，或因为对共产党官员可能是改革反对者的印象，一些评论者掩饰或忽视政府的作用，给人留下所有这些工业化企业都是私人所有的印象。②

如图 5 所示，1983 年后私营企业的数量大大超过乡镇和村企业。但是，如果考虑到在不同所有制形式下每个企业平均雇佣劳动力的数量（见图 6）和每种企业的产值（见图 7），乡镇企业和村企业占据优势是显而易见的。他们在 1980 年代的绝大多数时间是中国农村最大也最有经济影响的企业，尽管他们数量较少。

其他采用传统经济眼光评论者，认为只有私有化才能引致如此巨大增长，试图通过断言集体所有的企业是准私有或秘密私有来解释中国预料外的增长。③ 见到在温州和福建一些地方④出现一些乡镇和村企业使用集体标签，只为了自我保护和经济利益的"假集体"，就把所有农村企业都看作"非国有企业"⑤ 或（在一个例子中）使用这些来表示"资本主义革命"⑥，这歪曲了这些企业的特征，错认了中国农村工业化过程中的核心行动者。而且，需要承认即便是在温州和福建，私营企业的成功也与地方当局的密切培育相关。这些地方当局在"红色保护伞"下保护了他们的私营企业——这意味着，允许私营企业被称为"集体的"。地方当局的准确作用各个不同，一些比别人起到了更加积极的作用；政府支持对集体企业和私营企业两者的发展都很关键。

---

① 这些不同类型的企业被称为"农村企业的四个车轮"。

② 例如，周的《农民如何改变中国》否定了国家的作用，坚称这些企业之存在要完全归功于"非组织化农民的革命力量"。对此观点的精彩评论见崔大伟"农村人民"。

③ 例如见维克多·尼（Victor Nee）和苏思金（Sijin Su）"制度变迁"。

④ 刘的"从底层开始的改革"对温州的研究；及陈的"地方制度"对福建的研究。

⑤ 有时候这以偶然或简略的方式完成。例如，见约翰·麦克米兰（John McMillan）和巴里·诺顿（Barry Naughton）"如何改革计划经济"。在另一些例子中，比如裴敏欣的《从改革到革命》中，这种分类强调一个基本的论点：这些企业本质上是一样的，即不归中央政府所有。

⑥ 裴敏欣：《从改革到革命》，尤其是第三章。

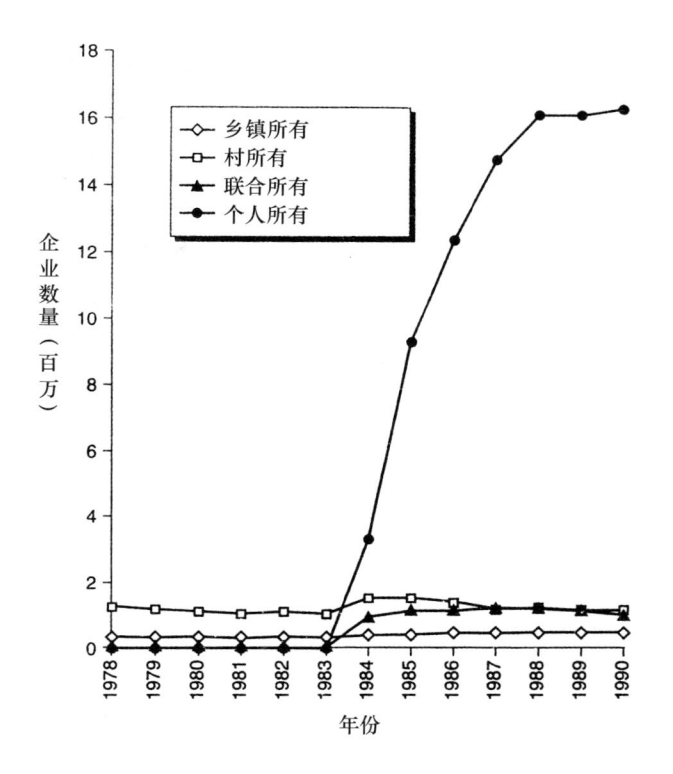

图 5　按所有权分类的农村企业，1978—1990 年

资料来源：《中国乡镇企业年鉴1991》，第 137 页。

　　两种所有制形式下的企业——集体和私人——接近资源的渠道不同，他们与掌管生产投入官员的关系也不同。1990 年代，一些集体所有企业开始建立新管理机制，公有和私营企业间的诸多模糊处开始出现，但是毫无疑问，当农村工业化开始起飞时——即 1980 年代的绝大部分时期——它们逻辑上必然是不同的主体。

三　集体所有企业发展的逻辑

　　问题在于集体所有企业为何首先发展起来。答案遵循经济和政治两个逻辑。经济观点与亚历山大（Alexander）的观察一致：当风险和成本对私营个体而言过大时，国家介入以发展工业。① 国家是否需要介入取决于特

---

① 亚历山大·格申克龙（Alexander Gerschenkron）：《历史视野下的经济落后》。

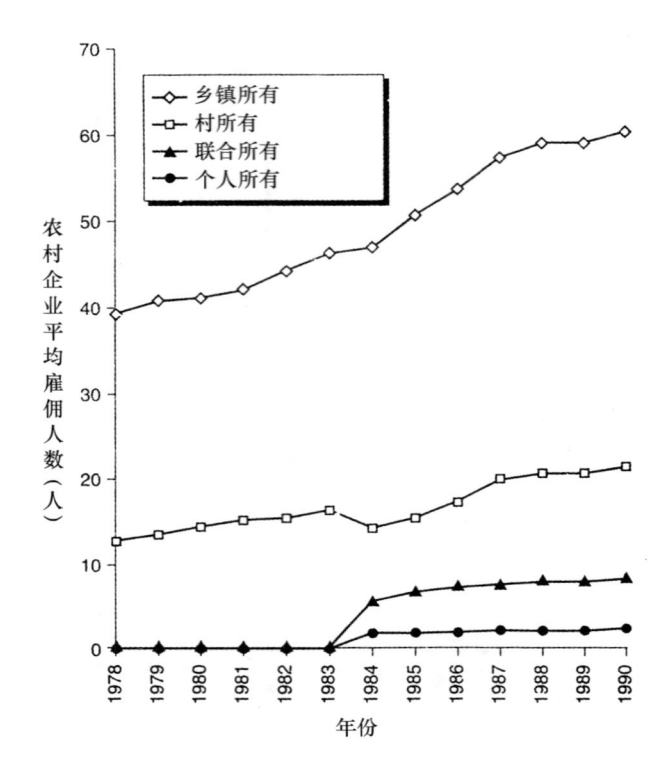

图6 按所有权分类的农村企业平均雇佣人数，1978—1990年

资料来源：《中国乡镇企业年鉴1991》，第137—138页。

定的资源构型及各种政治行动者承担企业风险的意愿。但是在中国，对资源的接近也依赖政治语境，因行动者不同，它或促进或阻碍成功发展。下文将展示1980年代大多数时期大部分地区集体企业占据优势映射出私营部门经济和政治劣势。

政治观点集中在地方官员的利益上。认为成功的经济发展策略并不威胁到已经确立的经济利益，只是说出了采取此策略案例的一部分事实。撰写关于非洲发展的贝茨（Bates）观察到："政府介入市场创造了一个形成庇护网络或政治机器的能力。通过被控制的市场，公共官员能够组织一个忠心拥护者的集团，他们拥有对官员的利益有价值的商品——现在稀缺由政府政策控制。"[①] 此描述恰当地刻画了当中央分配体制提供给他们权威的

---

① 贝茨（Bates）：《宏观政治经济学》，第52页。

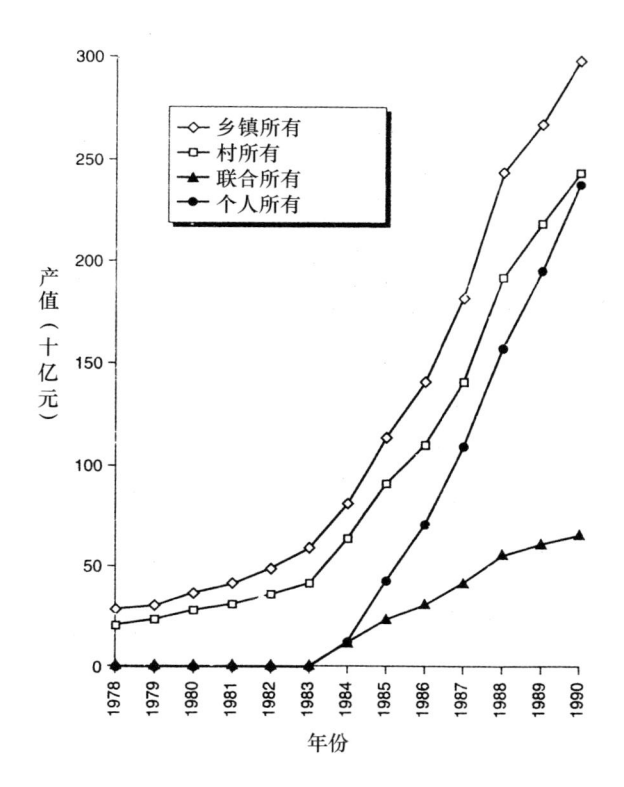

图 7　按所有权分类的农村企业产值，1978—1990 年
资料来源：《中国乡镇企业年鉴 1991》，第 139 页。

私人化时，毛时代地方官员面对的处境。① 在后毛时代这个描述依然适用，乡镇和村企业允许地方官员保持对经济的控制，并利用这个控制保持他们的庇护网络和个人化的权威体制。

（一）1980 年代的资源形塑

在改革刚刚起步的 1980 年代早期到中期，热衷于寻找其他收入来源的农民，发现充满希望的农村工业。一些农民变成了小企业主，大多数成为农村企业的劳动力。但是在工业化的早期，私营部门起飞无论是合适的政治或合适的经济条件都不具备。相比之下，集体所有企业具有接近资源的优势，也受到地方当局的优待。

---

① 关于中国政治的庇护性质，参见戴慕珍"共产主义与庇护主义"，以及《国家与农民》；魏昂德《共产党的新传统主义》。

1. 有限的私人资源

不管有多少农民想要开办农村企业，农业去集体化之后的资源型构使得多数人不可能拥有开办一个极小规模的企业所需要的投入。在 30 年的集体生产之后，一些农民只拥有最低的农业技术，尤其是种植经济作物。他们无疑不具备技术和资源以发展能够雇用家庭成员之外的劳动力的企业。这不仅需要市场信息、关系和技术，也需要一定的资本。鉴于在大集体时代生产队员的低现金收入，1980 年代早期只有少数农民有一些资金。图 8 显示农民存款只是紧接着去集体化之后的几年才缓慢增长。

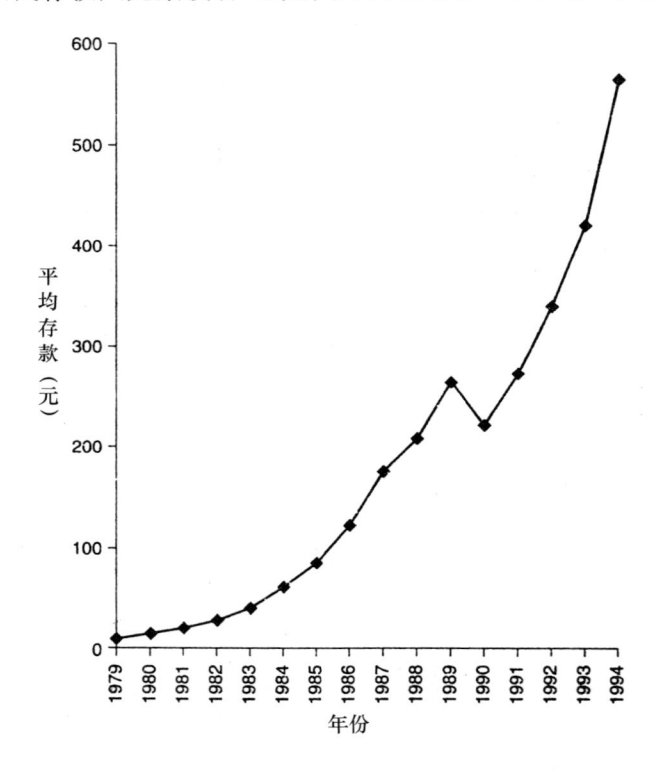

图 8　农民平均存款，1979—1994 年

资料来源：《中国农村金融统计 1979—1989》，第 1285 页；《中国农村金融统计年鉴 1995》，第 241 页。

个人可能也确实投入他们的资源及从亲戚处借来的少量余款开办家庭企业。有人会想农民也可以从银行贷款，但是在最初的几年他们从银行获得的贷款极端稀少。根据官方统计数字，1985 年私营（包括合营）企业获得总数 28 亿元的银行贷款。相比之下，同期乡镇企业获得 201 亿元贷款，村企业获得 59 亿元贷款，且竞争这些款项的企业也很少。① 私营企业的有限资本反映在 1980 年代多数时期私营企业的庞大数量和微小规模上。大多数企业从事服务贸易、手工制作或小生产——这些企业只需要最低的资金。

温州和福建的一些地方是明显的例外。但是，细致观察这些例子，发现特殊环境介入和影响了资源的形塑与机会。陈志柔（Chih-jou Jay Chen）研究的福建地区，强大的家族纽带和海外汇款给予私营企业不同寻常的资源，以及成功的农村工业发展需要的政治保护机会。② 一个不同寻常的活跃亲属网络使得 1949 年之后现金持续流入该地区，即当政治环境变得对经济发展有利，大量资金从台湾、香港和东南亚地区流入，它们被用作私营经济的资本金。除境外资金，包括福建境内很多宗族成员在内的强大家族组织汇集并管理的资金也数目可观。这些资金被投入宗族组织拥有的企业中。

相比之下，这些地区集体化的村和乡镇政府相对较弱，没有多少资源和私营部门竞争。而且，深厚的社会和个人亲属或宗族纽带也包括官员。这些社会纽带联络了地方官员与在其他情况下可能被怀着恐惧和仇恨描述的新企业主的关系。这在政治和经济两个意义上使得地方官员允许私营个体只需承担开办企业的风险和成本，而不是竞争或打压这些企业。

对温州早期私营企业崛起有各种解释，但是大量证据显示此处的私营企业也比地方政府资源丰厚。③ 在温州一个额外因素是极具流动性的人口，他们从很早就开始为寻找劳动机会移民海外，并寄钱回家。从 1982 年到 1984 年，移民工人寄回温州 46500 万元。④ 1986 年近 1/10 农村劳动力在温州外的城市工作，挣到接近 90000 万元。没有可获得的统计数据向我们揭示这些钱中究竟有多少被投入了私营企业，但是移民的收入一项就说明温州农民在 1970 年代末和 1980 年代初是独一无二的。此外，同福建一

---

① 当时私营和合作经营企业的总数是 1065 万个，但乡镇企业只有 42 万个，村企业 113 万个。（农业部乡镇企业司计划财务处：《1995 年全国乡镇》）

② 陈志柔："地方制度"。

③ 早期研究强调它与中央的相对隔离及被中央忽视，他们认为此点导致地方政府反抗，结果是他们支持私营企业。例如，见刘的"始于基层的改革"。

④ 张仁寿和李红：《温州模式》，转引自曾伟俊（Jacky Tsang Wai Chun）"温州的私营企业"。

样，大量海外汇款寄到温州。1983—1984年两年间，海外华人汇款1268万元。此数字占浙江省收到的汇款总数的30%。① 这些孤立的事实虽不足下结论，但它们也说明温州如同福建一样，个人拥有大量的资金从事企业经营。② 地方政府很穷，所以集体拥有的财产相对贫乏。③ 如此，温州和福建一部分地区，私营企业拥有资源且愿意承担企业经营的风险，所以免除了地方政府介入的必要，直接就承担了这个发展任务。

2. 拓展法团资源

与私营企业相比，乡镇和村企业是乡镇和村这个大法团团体的一部分。负责资本投入和风险的单位是法团共同体——乡镇和村，不是个人公司。鉴于在改革最初几年可获得的资源有限，村和乡镇当局利用其管理权汇聚资本和风险，从而允许辖区内的私人企业快速发展，超过其在其他情况下可能达到的速度。乡镇和村官员在其法团共同体范围内的行业和企业中再分配收入和债务。没有个人需要承担经营风险。地方官员创建企业，做出投资决定，而且当需要时，寻找出路帮助企业走出财务困境，但是集体——就是说，乡镇和村作为集体——承担风险。

下面是一个集体所有企业在他们自己的法团共同体内可能动用资源的部分清单。第四章将考察县和更高的政府部门提供的资源。

（1）集体资金

村再分配资金的数目取决于集体资金中已有数目及集体是否有一批盈利企业。如果村拥有足够资金，官员有权使用他们发展村工业。如果这种资金不可得，村当局可以从盈利企业动员资金用于资助新企业或扩展已有企业。这就是对结余权利的关键所在。

如我在第二章所说，对利润的权利最终归企业所有者——村或乡镇。但是，因为承包体制及要保持对承包者的激励，村和乡镇官员经常把他们索要资金的行为表述为为了发展集体福利而从企业"借款"。根据这些借款被如何处理，是否归还，是否生利，他们最好是被看作第二章所描述的

---

① 张仁寿和李红：《温州模式》，第32页。裴晓彤的"农村、小城镇处于发展"主张回乡移民是温州模式的关键因素。

② 一个资料指出1949—1978年国家对温州的总投资是5亿5900万元。查振祥（Cha Zhenxiang）："论我国农村股份合作制"。

③ 与其他集体模式强大的地区相比，温州地方政府在此期间极度缺乏固定资产。白素珊发现1985年上海松江县乡镇和村企业的资产达到2亿8000万元；温州乐清县此数字是2500万元。白素珊："所有权形式的地区演化"。

特别附加税的例子。一些情况下，所用的表述不是"借款"，而是"预交租金"。在某乡镇，地方政府从其较富裕的企业两年内分别提取 40 万元和 20 万元。① 与企业管理者和村官的访谈揭示这不是个轻松的任务。被要求提供资金的企业力图拒绝交纳其利润。但是这种措置资金的路径经常成功。除了村和乡镇因为有权利签订承包合同而拥有对工厂管理者的权力外，那些被要求提供借款的工厂管理者也知道某一天他们也可能处于这种要求帮助的地位。

当工厂管理者真到银行借贷时，尤其大额贷款，他们要由乡镇或村领导陪同去；一些情况下，后者可能已经获得银行拨款的许可。很多地方政府接受访谈者表达当集体企业破产和无能力还债时，债务由仍有能力的集体企业还清。1987 年某乡镇有 4 个企业关闭，留下 12 万元债务。乡镇经济委员会能偿还给银行 6 万元，剩下的债务由乡镇其他企业分担。② 虽然很勉强，但这些企业支付了，因为他们的未来依靠这些地方官员的好感——他们控制着贷款和投资机会。

（2）企业自筹资金

一旦一个企业建立了，资金要被筹集在企业内以便其为自身目的专门使用。这个努力有不同形式。最一般的方法是要求新工人在被雇用之前交给企业一大笔资金（带资入厂）。③ 工人得到这笔钱的利息，本钱在他们完成了最低工作合同后归还，一般是一年或几个月。

1980 年代晚期，一些地区建立了一个创新性工作保证金制度以筹集资金。④ 雇员要付现金做保证（抵押），这笔钱企业要用来做流通资金。乡镇企业每个工人——最重要的是企业管理者——要支付一笔现金做保证以确保承包合同的要求能完成。⑤ 如果一个工厂管理者或工人不能完成其定额，他们就失去其保证金；⑥ 如果他们完成定额，他们获得基本工资和保证金

---

① CI 72388。
② CI 17788。
③ 工人被要求支付的数目差别很大。例如，某厂工人被要求支付 300—500 元。（CI 6690）
④ 这方面的例子出现在山东和广东。
⑤ 数字差别很大。例如，一些工厂管理者给的多达 1500—2000 元，虽然其他人只给了 500—800 元或更少。
⑥ 我没有证据证明当一个工人或管理者无法完成工作额度时任何保证金真被没收。官员们希望此制度能给工人们一个直接激励来完成他们的合同，但是应对紧缩财政状况可能是更重要的考虑。

的利息；如果他们超额完成承包定额，他们获得利息、基本工资和奖金。抵押的数目取决于个人的位置。在某县，此制度从全县 366 个乡镇企业中积聚了 300 多万元。企业对保证金支付的利息最低要和银行利息持平。问题在于只要工人还在工厂工作，保证金就要一直保留在工厂资金中。① 在一些乡镇，抵押交给了乡镇经济委员会，它集中这些钱然后在全乡镇分配。一个乡镇企业管理局领导称这是他所在的县 1/4 乡镇的常规做法。在这些情况下，一个企业要使用这些资金需要向委员会申请。②

（3）向集体成员的借贷

当村政府不能从他们的企业筹集足够的资金，或者他们根本没有企业，他们可以从集体成员那借。这个做法因为给农民增加了额外负担而被批评，尤其是在贫困地区，但是它是一个为企业发展筹集资金的重要途径。使用的方法因地区不同和时间变化而有差异。

一些乡镇和村向企业工人出售债券和提供高利息率的精致存款方案。③ 这些机会一般只提供给本企业工人，但是有时也扩展到其他村民。如我在第六章所讨论那样，这种方式可以筹集相当大的资金数目。一些此类存款策略似乎发展成 1990 年代的持股制度。但是除了股息之外，一些这类制度继续支付利息。这些方案变成为企业开发资金热切进取的尝试。④

（二）政治约束和干部利益

资源型构观点带来私营行业依靠自己资源是否具有经济可行性的洞察，它却没有解释为什么私营行业被拥有权力和资源帮助其成长的地方当局选择给予特殊对待。国家可以通过提供税收减免和贷款来扶持私营行业，增强其可获得的投资资源，正如地方政府在 1990 年最终所为。但是这个发展路径最初因为对私营行业的政治偏见被避开了。

1. 对私营部门的政治约束

对私营企业的官方禁止在改革初期就去除了，但是疑虑弥漫，限制犹存。⑤ 在很多县，1979 年前大多数时期没有颁发一个私营企业许可，私

---

① 工厂间的利息率不同。（CI 6390）
② CI 6690。
③ 这始于 1988 年。1991 年在山东的一个村这些存款的平均利率是 12%。
④ 这在一些我采访过的集体企业中很明显，在一些大城市地区的国有企业中也一样。
⑤ 见苏黛瑞（Dorothy Solinger）《社会主义体制下的中国经济》。

营企业是一个外国概念，不被接受。① 直至 1987 年雇用超过 7 个人仍被禁止。②

在一些地区，整个 1980 年代私营行业面对政治冲击仍很脆弱。在 1988—1989 年的紧缩时期，中央发布笼统的减少农村企业数量指示。在华北腹地，包括山东在内，往往私营企业首当其冲被关闭（见第六章）。往南一点，1988 年后期，在江苏（以发展的集体模式闻名）的一个地区，一个地方报纸说任何乡镇和村的工人辞去他或她的工作去开办一个私营企业将会被拒绝发放许可证，并要面对严峻后果，其直系家庭成员开办私营企业也会如此。③

1980 年代的多数时期漂浮于地方官员和私营企业之间的恶意和怀疑，在地方官员用来描述私营企业主的脏话中明显表现出来。一个有着长期强烈集体主义情绪和发展策略的县的农村官员称呼一个私营企业主为"地头蛇"。1980 年代乡镇税务所抱怨私营企业的备案长期完不成或虚假；一旦课税，很难从私营企业征收上来。据说不得不三番五次地找过去，然后他们才不情愿地付款。④

2. 集体所有和干部权力

当一些人仍旧因为意识形态原因相信农村工业集体所有制时，这种所有权形式更好地满足了大多数地方干部自我的政治和经济利益。共产党干部的观察者正确地说到干部不会轻易交出他们的权力，值得庆幸的是，在中国，干部要保留权力的欲望并没有妨碍他们支持经济改革和发展。与其被经济改革逐渐削弱，地方干部选择了管理地方政府所有的企业以引领农村发展。

集体所有企业的发展对经济精英几乎没有造成威胁，他们独立于既存的权力结构。已有的官僚机制，包括使用计划和目标，可被轻易用来监视集体所有企业和他们管理者的行动。承包机制允许乡镇和村在保持对企业及其利润的严密控制情况下，分散管理和使用经济激励以激发表现。若能促进经济发展，县、乡镇和村层面的地方官员可以保留经济和政治权力的结合。

---

① CI 23688。
② 见威利·克劳斯（Willy Kraus）《中国私营经济》。
③ 崔大伟："农村人民"。
④ CI 24688。

(1) 县

对县政府而言，集体所有企业比私营企业更合意有多个原因。管理层面，乡镇和村企业比私营企业易于监管。不仅仅是因为它们数目少，还因为管理这些企业的人都是行政体系的下级，不是独立的企业主。这些企业的公有制允许县利用行政机构常规的办法监督它们的管理和运行。这些监管对乡镇所有的企业特别有效。县当局继续通过计划和目标管制企业的行动，即便中国已经摆脱了中央计划经济。① 盈利、产值和财政收入目标由县订立和传达给乡镇层面的下级。例如，县财政局给乡镇订立财政收入额度，主要根据乡镇和村工业的数量和表现设定增长率。这些目标是第二章讨论过的地方干部奖金的根据。

与其去设法寻找那些可能有也可能没有准确账本的数量巨大的私营企业主，县可以利用从毛时代继承下来的强大汇报体系监督它的计划和目标完成情况。所有的乡镇企业都给乡镇经济委员会提交报告，后者把这些报告连同从乡镇政府其他部门获得的报告一起提交给县里。只是在村层面要求准备的报告弱化了，但是村仍要服从乡镇的监管。

集体所有的乡镇和村企业在成本的意义上也比县层面的企业好。他们提供了一个敛钱的机会，只需要最小的县层面投资就能增加县税收基数。县被免除了对救济金、工资和其他与国有企业相关成本的财政责任。而且，这些乡镇和村企业的利润很高，因为其低廉的社会管理成本，关于工资和福利监管成本也不存在。② 即便乡镇和村企业的利润低，县也会通过征收对总收入、产量或销售额而非利润课税的流通税或工商税而坐收实利。与国有企业的工人不同，在经济的衰退期乡镇和村企业的工人可以简单地退回农业。最大限度上，县的发展成本也是低的，回报却相当高。对于私营企业来说这些大都是事实，但是在 1990 年代之前，私营企业并没

---

① 地方计划既可能由中央额度规定，也可能不由这个额度限制。各省给各地区下达计划，后者把计划下达到县，各县把计划下达到村。例如，县分摊粮食、棉花等农产品的年度产出额度，然后把它从上级处获得的农业税分配给各乡镇。每个专业银行都有地区银行下达的存款增长额度。此外，省级以下的地方政府还可以下达地方年度工业产值和财政目标。

② 在一些高度发达地区如无锡有一些例外，那里给一些个人提供如退休金之类的福利。见黄、马和杨编的《中国乡镇企业家》，尤其是第九章和第十章。这些也在无锡之外开始出现。在1990 年代中期，一个提供退休金的山东村庄，依据服务年限，每月给它企业的工人 70—170 元不等。（CI 62394）

有成为一个可行选项。

(2) 乡镇和村

从企业的集体所有权中获益最大的干部在乡镇,尤其在村层面。集体所有企业构成其个人权力的关键基础。去集体化之后,地方干部的权力不再有保障,但是它也没有走向终结。一些干部可能感到无权会受农民忽视,尤其是贫困地区去集体化之后。① 但是在何种程度上此说为真,依赖于干部控制的资源对仍旧在村里生活的农民的重要性如何。② 干部的权力在那些拥有成功的集体所有产业的村中最强大,这些产业提供给干部新的资源——代替那些在去集体化过程中失去的——实现他们的管理和经济责任。

(3) 工作需求

去集体化产生了大量剩余劳动力问题。③ 法律并不要求给村民提供工作,官员在地方社会和政治压力下为他们的"选民"找到替代收入来源。在乡镇和村企业中的工作是改革年代中国农村主要的工作岗位来源。农村企业雇用的工人数量从1983年的3240万增加到1987年的8780万。④ 1988年,非农农村劳动力构成了国内劳动力总量的18%,几乎占农村劳动力的1/4。⑤ 从前对严格平等主义意识形态的强调被放弃,但是对于村官来说最少允许每户一个成员在村工业企业中工作非常平常。⑥ 经济学家关于乡镇和村企业倾向于过量雇用劳动力的发现支持了这个概括。⑦ 但是,

---

① 关于改革的最初岁月,见莱瑟姆(Latham)"农村改革的意义";及西乌(Siu)《代理人和牺牲品》。

② 在我的早期研究中,我假设没有工业村庄的干部可能会缺乏权威,见"集体的命运"。阎云翔发现在黑龙江省一个农业村的干部相对低效率且无权,见《礼物的流动》。但是,在其他一些地区的早期研究显示这并不是常态。黑龙江土地资源丰富,但是在一些土地供给不足的地区而干部控制着土地分配权,即便此处没有工业,地方干部仍有相当的权力。

③ 杰弗里·泰勒(Jeffrey Taylor):"农村就业趋势"。

④ 《中国统计年鉴1988》,第293页。经济学家间对准确数字有不同的意见。据黄佩华的《理解农村工业增长》,国家统计局的数字倾向于低估事实上在农村工业企业工作的农民的数量。在任何情况下,越来越多的工人在农村企业工作的趋势都很清晰。

⑤ 《中国农业年鉴1989》,第19页。

⑥ 这仍保留了一个收入不平等不能过分的感觉。沈阳附近的一个村干部不得不退回他的一些奖金,因为与村民平均收入相比这笔奖金太高。(CI 1986)从一个人类学家的视角对社会均等化过程的有趣说明,见安德训(Ann Anagnost)"财富和反财富"。

⑦ 马克·皮特(Mark Pitt)和路易斯·普特曼(Louis Putterman):"就业和工资"。

一个家庭是否能获得相应的岗位要仰仗地方干部。①

乡镇或村企业的工作岗位被农民垂涎是因为他们比种植更有利可图。②从1984年到1988年，非农产业工作日均纯收入增加了45.9%，相比之下粮食生产只增加了15.1%。③除了支付更高的工资外，很多农村企业工作岗位还有一个优势：与经济作物种植不同，这些岗位不需要任何特殊技能。④

集体所有企业的利润弥补了津贴和共同体的项目，这些都为干部赢得其选民尊重和感谢，赢得其上级的政治赏识。在工业化中获得成功的村官发现他们自己获得了有力的政治地位，他们被授予"企业家"的头衔。一些村的党支书被提拔到乡镇的岗位。例如，在领导村庄工业化和致富之后，某村的党支书被任命为乡党委副书记。⑤

但是增收财政收入的能力不仅给乡镇和村官带来赏识和权力。企业的非税财政收入被用来支付干部的工资和奖金，以及在去集体化之后落入地方负担的其他支出；此情况在村尤其明显，当国家对农业的投资削减时，干部需要收入以资助基本服务。

（4）支持农业的需求

维持粮食生产的政治性武断决定给那些热衷于工业化的村带来问题和成本。即便没有别的问题存在，它也要求工厂改变其工作日程安排以适应农业周期。在收获季节，当工人回家伺候他们的家庭土地时，有时乡镇和村企业不得不关门。但是受到影响的村的成本不仅仅是调整工作时间。那

---

① 当极端的家族对立充斥在一个村时，一些人没能（获得自己的岗位）。格雷戈里·拉夫（Gregory Ruf）发现了一些这样的例子，见"集体企业和财产权利"。

② 经济学家揭示农民收入的最大不平等来自工资收入。见卡恩（Khan）及其他人"家庭收入及其分配"。罗思高（Rozelle）的"农村工业化"同样发现从农村工业企业获得的工资收入导致了农村收入的不平等，但是他进一步提供了一个地区收入不平等来源的分类。关于中国人自己的解释，如见"中国乡镇企业发展的宽广且深厚的影响"，《经济导报》1987年10月20日，第34—35页，中国联合出版研究中心翻译87—061，1987年12月31日。

③ "1984—1988年粮食生产的微观探视"，从1979—1986年，20%的农民收入增长来自于农村工业。"农村工业提供经济增长的基础"，《中国日报》1987年8月5日，第1页，见中国联合出版研究中心翻译87—045，1987年9月9日，第41—42页。

④ 鉴于农村企业在全国发展的不平衡，追求非农就业岗位的机会也不同。总之，从农村企业获得规模产出的地区数量增加了。到1988年，中国46.6%的县拥有的农村企业产值超过1亿元，一些县的农村企业产值十倍于此数字。《中国农业年鉴1989》，第20页。

⑤ CI 62394。

些力图追求成功农村工业化的村不得不拿出资源来保障村民既做产业工人也做农民。对个体农村家庭而言,农业是否成本高昂或盈利多少由地方津贴和对农业的支持决定,这些家庭现在负责支付农业税和完成粮食生产额度。

提供津贴以支持农业对富裕的工业化村庄是一个微小负担。大多数农民家庭不再从事种植的地方,当局提供特别激励吸引一小部分人口继续经营农业。例如,村可以提供支付农业税和管理费(提留)给那些继续种植的农民。在一些富裕、高度工业化的村,集体对搞特种经营的农户购买农业设备的支出给予补助。1980年代,沈阳附近,当一个搞特种经营的农户想花4000元钱买一台收割机时,村提供了3000元的补助。[①] 在像大邱庄这样的富裕村,受到特别资助的种植村民完成年度国家粮食征购额的所有粮食。在富裕村,如果只根据兼职来看,那里大部分村民仍从事种植,当局提供服务以应对更艰苦的农业任务,如犁地,所以当更强壮的家庭成员在地方工厂工作时,年长的和体弱的家庭成员就可以完成种植。农户经常要为这些服务付费,但是集体需要足够的资金来完成对设备的初始投资。

(5) 再分配法团主义

伯德(Byrd)和他在世界银行的同事刻画了地方官员的两难处境,他们既想成为优秀的商人也想成为为村庄福利负责的优秀的政府管理者。[②] 掌管对集体企业的所有权允许村庄领导人合法而直接地为发展共同体基础设施提取再分配利润。那些富裕、工业化的村使用集体企业的利润提供给村民一系列服务和福利,不管这些人是工作在农村工业部门还是继续经营农业。[③]

在高度工业化的村,改革没有导致再分配社会主义的终结,但是导致了一个新的再分配法团主义。集体在这些地方最强大:那里经济分化,那里农业由特种经营的农户负责,那里承包责任制成功,而最重要的,那里工业繁荣。在这些环境下,地方政府的权力伴随着集体福利分

---

① CI 72886。
② 伯德和林:"中国农村工业:一个导论"。
③ 在珠三角做研究的格勒汉姆·约翰逊(Graham Johnson)是最终发现去集体化之后的村庄仍对集体福利提供客观资金的人之一。参见"集体经济的命运"。

配而成长。建造学校、住房、电影院，以及面向本村全部村民的社区中心，对于高度工业化的村庄来说是很平常的行为。在 1980 年代中期，一些村给共同体提供免费水、电和液体燃料，还有从 600 元到 3000 元不等的教育津贴给那些考上大学的学生。① 在一个村，每个考入职业中专的学生都收到 200 元；在另一个村，每个学生收到 2500 元。② 1986 年沈阳附近的一个村给每个学生和进入幼儿园的小朋友每年 60 元，考上大学的学生每人 1000 元，给 60 岁以上的男人和 55 岁以上的女人每个月 20 元养老金。某村是中国工业化程度最高的村之一，1980 年代后期，不包括各种服务在内，在各种津贴上它每年要支出 200 万元，该村挣得 3000 万元以上的利润。③

四　1990 年代的管理和所有权

1980 年代，集体所有和承包体制在促进农村工业增长方面成效显著。但是从 1990 年代早期到中期，问题开始出现。大型国有企业留下的生产断裂促进了乡镇和村所有企业在 1980 年代的成功。被压抑的需求为这些小型、低技术企业提供了小环境。使用相当落后和低廉的技术，善于随机应变的地方官员在一个成长的市场中可以为这些企业创造成功。但是，到了 1990 年代，对农村工业而言国际和地方的经济环境都发生了变化（见表 3）。自 1988 年开始紧缩起，收紧信贷导致贷款利息高且难以贷到。同时，农村企业扩张导致的竞争在全国范围内提高了农村企业的竞争压力。④ 如表 3 所示，到 1990 年代早期，生产成本——也包括劳动成本——高速增长。要在有利可图的出口市场成功需要更高的产量和技术标准，两者都要求高投入从而降低利润。作为 1980 年代促进企业高速成长的最初因素的低技术成本，随着市场成长和标准提高，在 1990 年代则造成了损失。⑤ 那些不能承担技术升级的企业要面对不断增加的困难。

---

① CI 6488；CI 72886；CI 81786。
② CI 71786；CI 6488。
③ CI 72886；CI 11888。
④ 参见诺顿（Naughton）"国家垄断的意义"。
⑤ 变化的市场条件，落后的技术，技术专家的缺乏，一个县银行官员和农村企业管理局的官员都提到这些作为当前集体企业困境的原因。（CI 21696；CI 24696）

表3　　　　　　　　　农村企业变化，1985—1995年

指标	所有权	1985	1990	1995	1985—1990 总增长率（%）	1985—1990 年度增长率（%）	1990—1995 总增长率（%）	1990—1995 年度增长率（%）
企业数量（万）	乡镇所有	42	39	42	−7.14	−1.47	7.69	1.49
	村所有	115	107	120	−6.96	−1.43	12.15	2.32
	合营或私有	1065	1727	2041	62.16	10.15	18.18	3.40
	汇总	1222	1873	2203	53.27	8.92	17.62	3.30
固定资产（十亿元）	乡镇所有	43	128.6	530.8	199.07	24.50	312.75	32.78
	村所有	20.1	77	381.5	283.08	30.82	395.45	37.72
	合营或私有	19.2	62.6	371.8	226.04	26.66	493.93	42.81
	汇总	82.3	268.2	1284.1	225.88	26.65	378.78	36.78
银行贷款（十亿元）	乡镇所有	20.1	80.6	268.9	301.00	32.02	233.62	27.25
	村所有	5.9	29.2	110.4	394.92	37.69	278.08	30.47
	合营或私有	2.8	11.7	64.7	317.86	33.11	452.99	40.78
	汇总	28.8	121.5	444	321.88	33.36	265.43	29.59
总生产成本（十亿元）	乡镇所有	74.2	220.3	1510.8	196.90	24.31	585.79	46.97
	村所有	44.4	173.8	1490	291.44	31.38	757.31	53.68
	合营或私有	72.5	240.9	2276	232.28	27.15	844.79	56.70
	汇总	191.1	635	5276.8	232.29	27.15	730.99	52.73
雇工人数（万）	乡镇所有	2111	2333	3029	10.52	2.02	29.83	5.36
	村所有	2041	2259	3031	10.68	2.05	34.17	6.06
	合营或私有	2826	4670	6801	65.25	10.57	45.63	7.81
	汇总	6978	9262	12861	32.73	5.83	38.86	6.79
总工资（十亿元）	乡镇所有	14.1	28.8	111.4	104.26	15.35	286.81	31.07
	村所有	9.8	26.4	107.8	169.39	21.92	308.33	32.50
	合营或私有	2	45.9	218.9	2195.00	87.14	376.91	36.67
	汇总	25.9	101.1	438.1	290.35	31.31	333.33	34.08
纯利润（十亿元）	乡镇所有	6.9	8	58	15.94	3.00	625.00	48.62
	村所有	6.7	13.7	91.7	104.48	15.38	569.34	46.26
	合营或私有	10.1	33	175.5	226.73	26.72	431.82	39.69
	汇总	23.7	54.7	325.2	130.80	18.21	494.52	42.83

续表

指标	所有权	1985	1990	1995	1985—1990 总增长率（%）	1985—1990 年度增长率（%）	1990—1995 总增长率（%）	1990—1995 年度增长率（%）
总税收（十亿元）	乡镇所有	6.3	14	67.1	122.22	17.32	379.29	36.81
	村所有	3.6	10.7	63.1	197.22	24.34	489.72	42.60
	合营或私有	3.9	9.7	75.7	148.72	19.99	680.41	50.82
	汇总	13.8	34.4	205.9	149.28	20.04	498.55	43.03
总损失（十亿元）	乡镇所有	0.5	3.8	12.6	660.00	50.02	231.58	27.09
	村所有	0.3	1.2	4.2	300.00	31.95	250.00	28.47
	合营或私有	缺	缺	31	缺	缺	缺	缺
	汇总	0.8	5	47.8	525.00	44.27	856.00	57.07

资料来源：农业部乡镇企业司计划财政处：《1995年全国乡镇企业基本情况及经济运行分析》，第1—43页，2.1—2.15。

地方政府面对的问题是如何最好地应对这些新挑战——是继续倡导偏向集体所有企业的狭窄政策还是拓宽发展策略，包容在新经济和政治语境中允许的强大私营企业？大多数地方经济都是一些集体所有、私营和合营企业的混合。问题是支持哪个。对每一个地方政府而言，不同策略有不同的成本和收益。每个策略都受制于约束、资源禀赋和特定时期的收益。条件的变化改变了已选择策略的可行性或可欲性。中国持续增长的关键在于适应更大市场和政治条件的能力，包括采用更适合当下条件的新所有权形式。

（一）新管理结构

在1990年代，县级以上的政府促使集体所有企业和村企业采用新管理形式，以使他们更具竞争性也更有效率。与主要依赖承包不同，当局推行一系列新举措。一些措施更接近私人所有企业，管理者拥有更大的自主权和对结余更清晰的权利。另一些措施仍旧更接近集体所有模式，但是升级为大规模公司，以具备生产规模和资源集中的优势。这些形式包括租赁，股份制，建立公司和集团。

1. 租赁

与承包相比，租赁赋予对集体所有企业更完全的管理权，包括对支付完应缴给乡镇和村所有者租金后结余的分配权。这种所有制方案在改革初期即存在，但是最初使用不广。在 1980 年代，它只留给那些很小、相对无利可图的企业，对这些企业的管理责任成为村的负担。因为总体统计数据不可得，独立的案例研究显示最近几年在乡镇和村两级租赁都成为流行做法。山东一个高度工业化的村至 1990 年代中期只租赁其 17 家企业的 1 家，一个 1987 年亏损了一大笔钱的面粉厂。最初，和其他的村办企业一样，它也被承包给个人经营。① 1994 年该村一年租赁出了 4 家企业。②

2. 股份制

股份合作成为最近几年最流行的新所有制形式，虽然一些证据显示此形式还不稳定。1995 年，182400 家企业采用这种体制——占所有乡镇和村企业总数的 11.6%。③ 但是，1996 年数字有所降低，只有 143477 家企业采取此形式。④

很难描述这种变化的影响。多种研究显示实践中股份制呈现不同意义，这可能导致上述相当急剧的下降。⑤ 一些公司原来是集体所有，其他公司根本就是私人所有，由一些股票持有者投资建成——与原先的共同所有公司类似。对这些新所有制形式更细微的研究显示，它们的准确意义仍很模糊，它们被采用并非改善效率所必须。股份，像躲藏在集体标签这个"红色保护伞"下一样，可能不过是为了政治方便和经济利益的另一个道具。一些情况下，目的在于更接近私人所有，声明财产权。在像温州这样的地方，私营企业用此方法获得更大的政治接受度，改进他们早期采取集体标签的策略，这曾提供给他们一定程度的保护，但是给企业的真正投资者合法财产权很少。但是，在工厂为前集体所有的情形下，当集体仍旧保留对企业的控制时，股份制似乎更像是一个通过向工人和管理者售卖股份筹集资金的工具。

---

① CI 4688。此情况与另一个高度成功的村类似：该村十个企业中只有一个交通运营企业是租赁的。
② CI 23696。
③ 农业部乡镇企业司计划财务处：《1995 年全国乡镇企业》，第 25 页。
④ 此总数包括 47923 个乡镇企业和 95554 个村企业。农业部乡镇企业局计划财务处：《全国乡镇企业家》，第 47 页。
⑤ 关于股份制形成历史的细致讨论，见维梅尔（Vermeer）"股份公司制度"；关于两个不同的企业类型：前集体企业和前私营企业，如何合并采用股份制，见白素珊"所有权形式的地区演进"。

3. 公司

最近几年，高度工业化的富裕村开始塑造他们经营的公司性质。这些村把名字改成工业公司；一些更大的村变成了工业/产业集团。① 同样的，是否这是一个向更私有化的所有权形式转移的过程并不清楚，因为所有权仍保留着公共性，由村控制。动力似乎来自地方官员通过扩大经营规模和资源拥有来改善企业表现的愿望。村当局同样寻求升级他们企业的形象，从"村企业"到"公司"。他们相信这将促使他们与他们的竞争对象——更大的也更有威望的城市国有企业站在更平等的立足点上。

（二）私营部门再思考

1990 年代最剧烈的改变是政府给予私营企业的支持。强大的私营部门的存在不再局限于传统的堡垒，如福建部分地区或温州；在华北以及农村工业化发展的集体模式的大本营无锡的一些地方，它也成长起来。在强烈信奉集体发展模式的山东，某县的统计数据表明在最近几年私营部门显著增长。这个离省会济南两个小时车程的县城 1978 年批准了第一个私营企业主。1980 年代此地只有 500 多个私营企业，但是到 1990 年此数字即接近 1400 个，到 1996 年接近 2000 个。注册资金增加得更猛烈。1981 年是有统计数据的第一年，注册资金一共 61 万元，到 1990 年，达到 4434 万元，增长了 7000%。② 1978 年私营企业总产值只有 90 万元，到 1988 年达到 24713 万元。③ 表 3 显示全国私营企业数字和规模的增长，虽然他们的增长率较低，但这说明整体严苛的经济环境也打击了私营部门。

比数量增长更有意义的是——个体企业总比集体企业多——大规模私营工业企业的增长。④ 全国范围内，到 1991 年私营企业的数量超过了 10 万家，雇用了 1750 万人，注册资金 106 亿元。⑤ 大多数这类较大企业（约 80%）经营建筑业、制造业、采矿业和交通运输业。62% 的新建私营企业

---

① 这对村来说相当罕见。在某县，只有七个村达到这个等级。（CI 24696）
② 根据该县工商管理局提供的数据计算。
③ 山东统计局：《辉煌成就》，第 328 页。
④ 在中国，私营经济包含个体企业和私营企业。这两者的差异在于其雇用劳动力的规模。前者指小型个体企业主，后者指雇用 8 人及以上的企业主。私营在 1987 年 11 月合法化，当时声称不再对农村私营企业的工人数量强加限制。引自克劳斯（Kraus）《中国私营企业》，第 95 页。其他对私营经济的专门研究包括奥利·奥德高（Ole Odgaard）的《中国农村的私营企业》；苏珊·杨（Susan Young）的"政策，实践"和王达伟（David Wank）的"国家社会主义到共同体资本主义"。
⑤ 付刚（Fu Gang），新华社，1991 年 11 月 12 日，见中国国外广播信息中心翻译 91—221，1991 年 12 月 15 日，第 54 页。增长速率不等。山东处于私营企业增长最快的省份行列。前五名省份浙江、辽宁、河北、山东和广东占全部私营企业的 54%。

从事工业,只有25%从事商业。到1992年6月有11万私营企业,大部分位于农村地区。① 如表3所示,1990—1995年间,私营企业的固定资本投资以每年平均42.81%的速度增长。② 1996年,全国雇用8个或8个以上工人的私营企业拥有的总固定资产投资超过1054.8亿元。③

私营部门1990年代的快速增长,可以部分追溯到对1980年代中早期就存在的资源配置形式的改变。图8显示到1990年代个人存款扩展巨大。平均存款从1979年的几乎为零到1994年接近600元,这个增长可以用介入时期解释,当时个人作为个体经营者做得很好,无论是在服务业、建筑业还是小规模生产。此外,在非农行业就业的一些人——无论是在当地企业还是在其他地方更能赚钱的岗位——寄回家乡大量存款。这补充了资源型构,与更早期在像温州和福建一些地方存在的做法类似。今天,越来越多地方的个人,通过这种或那种方式,拥有了充足的起步资金。

1. 对私营企业的优惠政策

私营企业崛起的另一个原因是,地方政府经历了1980年代的进程进入1990年代后开始改变他们的态度和政策。地方官员180度大转身,现在明确支持私营部门。一些地区,如我前文所指出,县政府甚至给乡镇设定新建私营企业数目。作为这个新战略的一部分,地方政府建立了对私营部门优惠的政策。地方政府尤其希望发展大型私营企业。

第四章将详述采取的这些特定措施,但是目前,态度的转变很容易从1990年后国有银行贷款投入私营企业的数目传达出来。如表3所示,亦如我上文指出的那样,私营(包括合营)部门1985年只获得28亿元贷款,但是1990年它得到117亿元,1995年得到647亿元。在1990—1995年间,平均年度增长率是40.78%。作为对比,在此期集体企业获得的贷款年度增长率却下降了。

2. 国家监管的私有化

对私营企业态度的变化在国家支持的私有化中得到体现。④ 鼓励对仍

---

① "个体、私营经济大步前进",新华社,1992年8月19日,见中国联合出版研究中心翻译92—064,1992年8月2日,第23页。
② 农业部乡镇企业司计划财务处:《1995年全国乡镇企业》,第2—12页。
③ 农业部乡镇企业司计划财务处:《1996年全国乡镇企业》,第191页。
④ 有报道说,1992年农业部的一个指令要求所有的在某个产值以下的乡镇和村所有的企业都要卖掉。在江苏做田野调查的崔大伟也报告说有这样一个指令传达到地方层面,但是,与通常一样,并非所有地方都遵循此政策。南通卖掉了它的乡镇和村集体所有企业,但是张家港没有卖,相反,它通过组织企业集团来克服农村企业的问题。与崔大伟的个人访谈,1997年6月18日。

属集体所有的企业采取新管理形式之外，一些地区决定拍卖集体所有企业。① 在一些地方，出卖的是一些问题较多的企业，经常是那些宣布破产的企业；在其他一些情况下，没问题的企业也会被卖，差别很大。山东某县的拍卖始于 1994 年，标的是一个集体所有的小工厂。到 1995 年底，开启拍卖潮流的乡镇卖掉了 8 个企业。② 但是，其他 8 个乡镇均只卖了 1 个企业。县政府所在的镇卖了 2 个。③ 此后，一些村企业也被卖了。④

迈向私有化的运动产生了一些问题。为什么共产党官员采用更接近私有产权的形式改变所有权形式？为什么鼓励发展新的大型私人企业？为什么地方官员采取将使经济资源摆脱他们控制的行动？

（三）集体所有制对私人所有制的成本收益再计算

培育发展乡镇和村企业的决定立基于政治和经济权宜及可行性，并非因为集体所有制形式内在的效率。1990 年代变化的经济和政治条件需要地方政府领导的发展的新演进。表面上，越来越多的地方采用的解决方案——租赁或出卖前集体所有的企业及积极鼓励大型私营部门的发展——似乎与列宁主义体制下官员不愿意放弃权力的观念直接矛盾。但是，进一步观察显示，改变农村工业中所有制形式的逻辑直接植根于地方政府及其官员在中国当下的经济政治语境中的成本收益计算。此外，存在一个需要、优势和可行性的混合体。1980 年代集中发展乡镇和村集体所有企业的策略不过是一个最大限度地满足了当时需要满足的不同利益的策略。它不是免费的。当竞争增加，利润变得难以获得，集体所有制和承包体制的弱点——问责制和所有权问题——变得显眼。县、乡镇和村在所有权问题上与农村企业的不同关系影响了每一级对这些问题的反应，形塑了试图努力保持农村工业竞争能力的解决方案。

1. 县

县对乡镇和村企业结余没有财产权利。它主要依靠对这些企业的税收。在 1990 年代，因为成本超过了收益，也因为越来越多的这种企业陷入财务困境，县变得对乡镇和村企业缺乏热情。如表 3 所示，这些企业的

---

① 估价由一个县工商管理局的"评估小组"在实施。（CI 24696）
② 据县官员讲，乡镇已经在 1994 年出租了大量企业。在乡镇党委书记去美国考察时，该乡镇决定卖掉这些企业。只有 5 个企业保留集体所有。（CI 24696）
③ CI 23696。
④ 没有买卖的官方登记。县政府不清楚有多少企业被非正式卖掉了。

亏损在增加。1985—1990年间，乡镇企业的总亏损增加了660%，从5亿元增加到38亿元。1990年村企业的亏损要少很多，只有12亿元，但是仍是1985年3亿元亏损的巨大增长。到1995年，村企业的亏损上升到42亿元。与此同时，如表3所示，从私营部门获得的年度财政税收比从集体企业获得的高得多，且比例增加了。

一些企业因为亏损破产或倒闭了。国家统计数据显示，在1995年，8万个乡镇和村企业亏损。亏损企业数字与1994年接近，但是总损失增加了84.6%，这说明更多的企业遇到了困难。根据农业部的一个研究，原因包括自1994年以来工资增长了30%以上，这些企业每个工人的平均工资达到3730元。①

一些乡镇和村企业的关闭留给县银行相当数目的坏账。这对那些乡镇企业发展处在较高水平的县造成影响，且影响其未来投资。1996年，在中国北方某县，近60个乡镇和村企业有总数近4000万元的未偿还贷款，地方银行怀疑其归还可能性。在这个总数目中，有近2000万元属于30个已经倒闭的企业。不出所料地，被欠钱的政府银行越来越视乡镇和村企业为累赘，认为需要改组或关闭。早在1992年，因为前一年有很多失败，这家银行停止给予乡镇和村企业金融评定。② 该县的农业银行作为农业企业的主要债主，变得高度关注债务偿还，也成为乡镇和村企业私有化的主要倡导者。在一个银行的领导看来，太多的给予乡镇和村企业的贷款没有合格的担保，很多是由乡镇经济委员会而不是经济实体担保。在1980年代，尤其是1988年紧缩及市场衰退前，本章前面描述的集体财政收入来源令乡镇和村企业发展迅速。但是在一个绵延的经济衰退期，大量工厂都发生了债务但是盈利很少或没有利润，无论是工厂还是它们的法团主义监护人都没有足够的资金偿还它们的欠债。据一个地方银行官员的说法，问题的根子是这些企业的集体所有权和贷款的担保方式。他说："这导致很难搞清楚，银行最终将要向谁去讨还他们的欠债。"③ 当银行表达了如此强烈的异议后，此前曾游说银行给集体所有企业提供优惠贷款的地方政府也不能

---

① 农业部乡镇企业司计划财务处：《1995年全国乡镇企业》，第27页。
② CI 21696。
③ 当债务无法偿还，一个企业关闭了，就宣布破产。一个企业一旦宣布破产，银行获得一部分款项，但是他们在偿还名单中处于最后。结果是，银行只能获得其最初贷款的一部分。（CI 21696）

继续这种发展路径了。

但是这种经济逻辑不总是占优势。为什么它要现在发生？为什么官员要支持一个侵蚀他们权力的集团？此处有人发现，对改革的经济刺激被现在对私营企业更友好的政治环境强化。有一些证据说明在一些地区私有化运动受到高层指令的推动。这是一个经济和政治压力的混合物，这些压力引导各县采取步骤提高他们仍然保有的集体所有企业的生产率，并支持私营部门。

2. 乡镇和村

乡镇和村官员的态度比县级官员的态度要模糊。一些人狂热地卖掉了几乎所有的企业，但是其他人更犹豫。有迹象显示一些村官有不满，他们现在要革自己的命。不再被照顾，他们发现寻求贷款和其他帮助越来越困难，此时县已经把优惠待遇给了私营部门。访谈表明在愤怒之外，即便是那些曾成功建立起村庄法团共同体的村党支部书记也逐渐承认变化的必要。

村和乡镇开始感到保留所有权及对他们集体企业控制的代价。不太有利的经济状况需要再评估，在一些情况下，需要强化。但是变化的需要同样受到成功的鼓励。一些繁荣的工业化村庄现在面对过度扩张的问题。① 当承包体制允许村广泛介入时，也要求广泛监管和解决问题。很多成功工业化村的党支部书记采取了亲自动手的态度，对每个企业都非常熟悉，无视他们都已经承包给个人管理的事实。这个一直延续下来的经济和政治控制导致承包体制对地方官员有吸引力，但是它承担了沉重的代价，尤其是那些官员老龄化的村。②

当农村企业在不断增加竞争性的市场中变得更加有效率时，地方官员遇到了另外的困难。其中之一是规训农村劳动力，尤其是在村所有的企业中。很早就采用集体模式的无锡发现，因为觉得自己也是工厂的主人，当地农民倾向于抵制村官设立的意在提高劳动效率的严格的劳动纪律。这引

---

① 是他们较小的规模使得这些公有企业避开了大型国有企业的问题。魏昂德："作为产业公司的地方政府"，讨论了规模差异及其对监管的影响。

② 那些农村工业崛起似乎是一个人努力结果的村，这些人有能力在改革的大多数时间里掌权，这令我印象深刻。其中的一些人甚至在改革开始前就已经掌权了。他们中有很多人，包括很多村党支部书记，已经接近退休；一些已经退休。中央领导也已经考虑贫困地区的这一问题，那里出现了新领导接班的困难。我在"经济发展"一文中讨论了这个问题。

起了地方官员和普通百姓的不一致和坏情绪，使工厂改善经济表现的前景不妙。① 解决办法是卖掉一些集体工厂给私人所有。原因在于如果这些工厂卖给了个人，这些新个体所有者不会受到社会义务的限制以致保留多余的劳动力，他们也不会在规训工人时遇到那些相同的问题。判断卖掉这些企业是否产生了预期的后果还早。

也有报道说官员保持承包人高水平的忠诚和表现困难重重。当成功的工厂管理者经过多年管理集体所有的企业后获得了经验和社会关系，他们变得越来越对承包体制不满，憎恶地方官员拿走工厂的结余。彼此关系不再是1980年代所看到的那样互利互惠，当时官员明显拥有对社会关系和信息的垄断。② 一些干部试图找出能给管理者提供更高工资的新管理体制。③ 在其他情况下，鉴于地方官员需要做出的努力和出现的问题，村和乡镇领导决定摆脱一些负担，尤其是不盈利的企业，以集中他们的精力和资源。最低限度上，他们对那些有问题的企业租赁出去更感兴趣。集体所有权似乎到了一个关键时期，要求适应集体之内和更广大的市场环境两者的新条件。

当一些村思考售卖，更多的村开始作为第一步的租赁，其他村允许他们的企业变成股份合作经营。这么做经常是为了筹集资金；地方官保留大部分股份，替集体控股。拥有大量成功企业的村有变成公司的优势，或者例如在一个很大的村，变成了集团，所以他们可以培育自己的形象，然后变得在国家和国际范围内更具竞争性。结果是农村企业向混合经济快速进化，保留着仍然强大的集体部门和不断增长的重要的私营部门。

五　农村企业所有制形式的变迁

国家领导的地方发展不局限于一个特定的所有制形式。中国最初对集体所有制的偏爱产生于一个特定的环境；所有制形式不断增长的多样性，标志着在更广泛的经济和政治语境下的变化。地方发展策略既产生于本地区内也超越地方性。地方经济现在相比1980年代有质的不同。中国农村

---

① 龚启圣（James Kai-sing Kung）："财产权的演进"。
② 同上。
③ 某村提高所有人的工资水平并提供一个最低工资以图振奋热情。目的在于使由市场跌宕导致的管理者的工资起伏稳定化。当然，同时该村把管理者责任严格制度化，并将解雇不符合预期的人员。（CI 23696）

的县、乡镇和村表现出可观的灵活性和面对问题及时采用适时发展策略的能力，这些策略适合变化的政治经济条件。

　　1980年代中国农村的增长是一个演进的过程，始于乡镇和村公有的企业利用农业去集体化后保留不变的集体结构达成的发展。这是一个公共部门策略，在此策略下，私营和公共企业的混合及公共企业的治理形式都逐步进化。私有化在公有部门超过10年的高速发展达到一个相当大的规模后才开始出现。即便这样，它也只是逐步推进，它的接纳也停留在地方层面。作为一个整体，中国的农村发展证明了它从社会主义体制向混合经济的逐步转型。缓慢的制度变迁发生在一个高速经济增长的语境下。

　　下一章将考察促成中国地方发展的这些不同面向、并作为增长工具的机制。它将辨明地方政府如何介入和帮助企业，包括公有和私营两种。当多样性和鼓励私营部门在1990年受到追捧时，很多1980年代政府领导的地方增长的特征都保留下来，这一点将变得清晰。第四章将进一步思考地方政府如何控制新经济精英（即私营企业主）。

第四章　地方政府法团主义
——快速经济增长的组织

前一章列举了中国农村工业化发展的激励，描述了它的后果。本章的任务是深入包括集体和私营在内的农村企业起飞和成长的过程。这将触及问题的核心：由受过很少教育、无论是作为个体还是作为集体的农民所有和运行的、相当小且不起眼的企业，能在国家计划外活动，在只有市场萌芽的地方。他们要努力寻找投资，售卖他们自己的产品。对这些问题的回答将揭示政府领导的地方增长的性质及改革过程中地方政府和各种所有制企业的关系。

一　作为基础的毛主义的合法性

考虑到正是从前改革时期继承下来的体制提供给地方政府基本工具以培育农村工业快速增长，毛体制的问题就要多奇怪有多奇怪。① 毛体制被经济无效率折磨，但是一旦体制调整后允许创新——给予有能力导向经济发展的渠道以适当激励——此体制就变成了新的、高效的国家领导的地方发展的基础。新体制有政治能力及一系列政治工具使后毛时代的中国快速变成一个经济发动机，其中的一些工具与在东亚成功发展的国家发现的类似。②

与非洲和拉丁美洲经常遭受缺乏经验和组织能力的管理系统折磨的后

---

① 此观点的一个早期版本出现在戴慕珍的"地方政府的角色"。斯蒂文·戈德斯坦（Steven M. Goldstein）在"转型中的中国"中对毛主义体制的合法性表达了一个类似论点。

② 这个相似性并不精确。就一些关键差别的有益讨论，可参见玛格丽特·皮尔森（Margaret Pearson）《中国当代经济精英》第6章。

发工业化国家不同,① 毛主义官僚系统是一个精细的网络,扩展到社会所有层面,直到邻里和工作单位,而且用国际标准来衡量,它展示了高水平的纪律性。② 每一层都有一个威严的组织机器,通过政府行政机构不同层级逐级向下分配额度,可以有效地把国家计划传达给生产者。

与苏联不同,其强大的行政系统绕过了地方政府,把计划直接传达给他们的企业,毛体制把经济和行政权力交给地方,去中心化。大量且稳定发挥功能的行政机构受到新的激励,解脱了对经济活动的束缚,促使位置优越的县、乡镇和村层面的地方政府快速发展经济。

县、乡镇和村层面的地方政府运作于强大的官僚系统,利用其官方地位和管理资源促进地方企业的发展:首先是集体所有的企业,最终是私人所有企业。在乡镇和村级,干部利用其管理权动员本共同体内的资源直接资助集体所有的农村企业,再分配资本,集中风险。需要时,乡镇和村可以向县寻求帮助,正如他们在其他政策领域所做的那样。

(97) 毛的合法性是国家领导的增长这一特定形式的基础,我曾称之为"地方政府法团主义"。③ 这是一个新发展形式,承诺增长和市场,但它是由植根于列宁体制、共产党依旧掌权的政党国家领导。毛的合法性是基础,地方法团政府,包括法团组织和法团主义路线两者,都从中发展出来。

1980年代的大部分时间,当改革开始进行时,大多数工作在地方政府所有的经济领域内的地方官员,把集体所有的企业变成准法团实体。严重依靠集体所有经济基础和管理权力,地方政府对待他们管理范围内的企业如同一个大的法团整体的组成部分。地方官员的行动像董事会一样,地方最大的官员如同首席执行官。这个准法团组织的支配者是地方党委书记。通过垄断地方政府仍然保留的财产权进行控制。

从企业流向乡镇和村政府的、高于和超过标准的税务征收的财政收入流,可能被外人理解为寻租。甚至官方的媒体也批评地方政府从企业提取

---

① 关于有时被称为官僚系统成熟度问题的重要性,参见迪特里希·鲁什迈耶(Dietrich Rueschemeyer)和彼得·埃文斯(Peter Evans)"国家和经济转型"。关于作为能力关键因素的高效官僚系统的一个有益且简洁的讨论是史蒂芬·海格尔(Stephan Haggard)和罗伯特·考夫曼(Robert Kaufman)的"朝向改革的市场"。

② 参见马丁·怀特(Martin Whyte)和白威廉(William Parish)《城市生活》;及白威廉和马丁·怀特《村庄和家庭》。

③ 我关于此问题的早期文章,见"财政改革和经济基础";一个早期表述见于"中国村庄,有限公司"。

过多。① 确实有一些政府热衷于掠夺性行为，但是承认地方政府亦经常提供给企业可观的资金和支持服务也很重要。②

与有人在一些发展中国家发现的寻租不同，地方政府和他们企业的关系不是零和博弈。对法团体制来说，再分配可以是诱因也可以是限制，这取决于企业是否获得或给予。相互依赖是比掠夺对此关系更适当的描述。这解释了为什么大量的财政收入提取没有对增长造成负面影响，如同寻租文献所展示的在其他发展中国家发生的那样。③

当牢记这些是集体所有的企业，不是管理者享有结余权的私营企业时，这种情况变得更清晰了。如我在前述各章中所说，承包导致对结余的权利留归村或乡镇政府。从企业到乡镇和村政府的资金流可以理解为一种支付给集体开支和再投资的利润形式。

除去向产业进行再投资，这些资金也用于支付给共同体的补贴，平衡法团组织的费用，包括支持那些不盈利但是给村剩余劳动力提供工作岗位的企业。这些资金也可能用于维持企业经营，因为它给村带来剩余，挣得"脸面"。④

从更多角度看，这些做法都可以批评，包括进一步增加了"农民的负担"。下一章要描述的集体财政和债务偿还机制，也弱化了企业否则就要面对的预算约束——一个在1990年代带来问题的减震器——但这是乡镇和村企业有能力利用有限资源取得快速增长的原因之一。新企业不需要筹集所有他们需要来启动经营的资金——他们可以从地方法团共同体内的兄弟企业借资金。一个企业的财政健康不仅取决于自己内部的财富资源，及其可调动的金融信用，还取决于它本身是其中一部分的法团集团的财政资源。1980年代很多村和乡镇企业都只有相对较小的规模和借贷，尤其是村企业，规模和借贷都极度有限，法团组织的财政资金就尤其有用且可获得。

在1990年代，农村企业私有和半私有所有权的出现伴随着地方政府法团主义的变革。地方政府没有对私营企业结余的权力，但是同样的，私

---

① 国家管理办法规定一些经济委员会拿走的数额要降下来。据某县乡镇企业管理局的一个官员所说，1985年前乡镇经济委员会拿走多达40%—50%的税后利润。（CI 53188）
② 例如，在1980年代晚期，天津附近的一个乡镇经济委员会拿走40%的定额利润和30%的超额利润。地方官员承认这是高度提取，但是他们也解释说资金被用来作为整体的各企业的统一管理，而且最终一些资金会返还给这些企业。（CI 8688）
③ 如见克鲁格（Krueger）"政治经济学"。
④ 如见"乡镇企业也要实行改革"，《经济参考》1987年11月18日，第1页，翻译于PKRS-CAR-88-005，1988年2月18日，第20—21页。

营企业也没资格取得乡镇和村企业可从中获益的法团组织资金。无论如何，不理解地方法团主义集团所起到的作用，私营部门的快速增长就不能得到充分的解释。这个增长不是自由资本主义的例子。如上一章已经说明的，干部并非简单退步让私营部门增长。本章详细揭示地方政府怎样综合利用对一个集团法团体制典型的诱惑和行政限制，设法促进私营部分发展，同时避免它变成一个他们几乎无法控制的经济精英。

本章第一部分讨论对集体财产的法团组织管理，将揭示集体所有的乡镇和村企业在1980年代为何增长得如此快速。第二部分将转向地方法团集团进化成公司型的、充满动力的私营部门的途径。

二 地方法团主义集团

村、乡镇和县组成地方法团主义集团，直接负责中国乡镇企业的巨大增长。表4显示了三个层次的领导结构和组织。每个层级都有自己的利益、资源和账目——每个层次本身都是一个法团实体——但是各层级密切相关。等级和义务明确；下级服从上级的指示；下级向上级缴纳自己一定比例的收入。地方法团集团内部的控制包括对地方政府各级及其企业都采用的约束和诱导。资源的再分配遵循国家行政机构的等级性质，资源的可得性随着行政机构等级提高而增加。

表4 地方法团政府的三个层次

	县	乡镇	村
领导干部	党委书记 县长 党委副书记 副县长 办公室主任	党委书记 乡镇长 乡镇党委副书记 副乡镇长	党支部书记 村委会主任 企业管理公司主任 （不是每个村都有）
主要经济委员会和行政机构	银行 经济委员会 财政局 工商局 计划委员会 乡镇企业管理局 税务局	审计所 经济委员会 财政所 粮站 工商管理所 税务所	企业管理委员会（不是每个村都有） 村委会

	县	乡镇	村
其他行政机构	城管局 农业、畜牧和渔业局 档案局 审计局 信访局（来信和来访） 矿业局 民政局 县研究室 文化局 区域规划办 教育局 环保局 计划生育委员会 外事办公室 外贸公司 林业局 粮食局 史志办 移民局 司法局 土地管理局 物资供应局 公证处 人事局 地名办 物价局 公共卫生局 公共安全局 科技委员会 安全办 体育委员会 统计局 技术控制局 城乡建设委员会 交通局	农业技术工作站 计划生育工作站 卫生工作站 土地管理工作站 农村经济工作管理站 安全工作站	

(101)

说明：此表格只是各组织和机构的粗略列举。比如，1994年税务局就分成国税局和地税局。此外，准确的名称可能各地不同。此表反映1998年3月第九届全国人大提出的削减和合并政府机构之前的组织情况。

各层级的进取心是关键，乡镇工业的快速发展是多层级过程。每一层级都有投资经济活动需要，但是没有一个层级拥有足够的全部关键投入，以满足中国在改革时代经济快速发展的需求。每个层级都有自己的资源，也力争自我满足，但是它也可向上级寻求帮助和投资。正如同没有集体所有企业只限于他们自己的资金，也没有一个层级只依靠自己的资源。中国农村工业的快速发展起步于全部三个层级的投入——县、乡镇和村。①

地方法团集团类似于一个大多层级公司。县在法团等级顶层，对应于集团总部；乡镇是地区总部；村是集团下面的分公司。每一层级都是在商业公司去中心化的管理体制中所称的"利润中心"的近似等价物。② 每一个成功的支政府层级都财政独立，也因此被期待最大化其经济表现。与盈利的公司或集团内部的部门类似，这些成功完成高度工业化的乡镇和村需要积极关注，将在集团总部获得倾听，将会有更多的手段完成规则和监管创新。他们的首脑将在法团等级内获得提升。在此意义上，中国正越来越接近新兴工业化国家的发展模式，那里被评价为有最大潜力或已经在特定领域表现最好的企业将获得奖励。

但是，相比于任何多国公司或东亚新兴工业化国家，地方共产党书记在地方法团集团的经济决策中起到了关键的作用。但这不是往常那种共产党政治。与其他地方官员一样服从相似的激励，工业发达地区的农村共产党书记掌控着经济发展。他们干预管理的细节随政府层级不同而有别。等级越低，干部干预越紧密。最常见的是村党支部书记，他们以个人名义介入村企业的经济决策，经常做村企业管理委员会理事会的主席。

（一）集团总部：县

巴奈特（Barnett）30 年前指出，县是"目前中国农村最重要的管理单位，跟过去一样……绝大多数县趋于成为相当稳定的行政单位，因他们经常构成交通、通信、工业和商业的天然中心。传统上，县政府所在地不仅是行政管理总部，还是一个边界明确的地区经济和社会中心"。③ 这个描述在多个方面今天仍旧适用，除了以县在培育地方经济发展方面起到了更积

---

① 此观点与钱颖一和许成钢提出的观点相反，他们强调在农村企业发展过程中乡镇和村的独立与自足。他们表示："中国每一层面的每一个地理区域都可以当作一个行动单位对待。每个单位都按照地理分界线区分开，同时该单位沿着功能界限控制他们自己的企业。行动单位（地方政府）在功能上和产品供应上准自治且相对自足。"钱颖一和许成钢："为何中国经济改革与众不同。"
② 参见哈里森·怀特（Harrison C. White）"作为控制的代理"。
③ 鲍大可（A. Doak Barnett）和傅高义（Ezra Vogel）：《干部、官僚体制和政治权力》，第 117 页。

极的作用，作为对财政压力和改革所提供的机会的反应。

县政府监管、领导和督促增长的方向，包括乡镇和村的增长。如县官员对他们自己角色的描述，要去"协调"。具体来说，这是要安排地方经济繁荣必须的投资和管理服务。若问题无法在自己资源范围内解决，乡镇和村官员向县里寻求帮助。县级官员经常更有可能具有最广泛、在他们县域之外发展的知识，拥有最广大的个人和职业网络。县官员经常到发达地区进行实地调查，研究先进典型；一些人甚至为此出国。他们接见外国投资者，他们引领这些投资者到本县的特定地点去。

1. 领导权

县委书记和县长领导着这个地方法团集团。与绝大多数地方领导官员一样，县长和县委书记从一地到另一地轮流，一般避免回家乡任职。[①] 他们的任期差别很大。一些人在一个地方服务不足一年。在山东某县，从1949年到1989年，县委书记任期从不足6个月到7年不等；县长任期从几个月到9年多。该县这些顶级官员的平均任期只有2.5年。[②] 即便这个任期可能相当短，官员们还是能深入介入地方发展。坊间流传的证据说明经济繁荣县的领导最容易获得在官僚体系阶梯向上的提拔。经济表现是政治升迁的最重要标准。

县委书记和县长的责任和权力在他们监管经济时重叠。作为县最高官员，县委书记类似于一个亲身实践的董事会主席，发布政策指示，决定发展策略，制订长期计划。县长更像一个首席执行官，是政府首脑，领导行政机构完成本县各项发展目标，应对与行政机构相关的发展紧急关切和问题。县委书记和县长责任的规模和宽泛的范围要求他们的介入限于做出主要的决策。县长和县委书记的部下紧密介入经济工作，关注影响发展的日常事务和细节。[③] 介入农村工业最关键的行政机构是财政局、税务局、乡镇企业管理局和银行（见表4）。在一些县，外贸公司重要性逐渐增加。他们各自所完成的功能可以从表5中估测。

2. 资源

县政府通过提供服务和资源促进乡镇企业发展。县级行政机构控制的

---

① 现在不像清朝一样有法律规定回避，但是我访问的很多县的县长不在他们家乡的县服务。
② 《山东邹平》，第337—338页。
③ 这些人员包括办公室主任和副县长，后者受县长委托负责对特定领域的决策，比如农村工业。

投入随着市场成熟而变化。在改革进行了近20年之后，替代选项逐渐增加，借助这些选项低级政府可以绕过行政机构等级获得物质投入。在这个等级的最底层形成资源的逐渐集中；此趋势改变了县的角色。表6显示了行政机构每个层级资源。在物质生产投入方面政府下级对上级的依赖由投入稀缺、需要的商品质量及低级政府愿意为此支付的价格决定。进一步讲，此与依赖于替代渠道的存在有关，这不由国家控制。当没有替代资源，复杂的技术和稀缺的资源需求迫切，下级就要继续去找县里或上级行政机构以确保足够的数量。

表5　　　　　　　　　　地方法团政府的经济责任

经济部门	县	乡镇	村
农业	确定生产额度 确定销售目标 分配采购资金 分配贷款 全盘计划	签订粮食合同 征集农业税粮食 征收采购额度 分配生产投入 支付农民采购款	发包土地 配合税收征缴 在各家户间分配本村采购额度
工业	发放许可 决定税收减免 管理产品认证 批准贷款延期 发放贷款 供应物资 管理投资 发包国有企业 联络 协调 提供信息和技术	发放贷款 供应物资 管理投资 生产决策 发包乡镇所有企业 联络 还债 贷款担保	发包村所有企业 生产决策 管理投资 采购生产物资 寻求贷款 生成/寻找资本 联系 协商 还债 允许外来工厂生产
私营企业	监督个体企业家协会 颁发许可证 供应物资 发放贷款 监管	监督个体企业家协会 征税 处理许可申请	提供介绍信 检查申请

县独立于市场增长的一个权力来源是对官僚系统投入的排他性控制。一些这类投入（如许可证和生产证）是开办企业的程序必须。其他的（例如减税和贷款延期）能带来经济好处。对乡镇企业很关键的县职能部门，比如乡镇企业管理局，花费大量的时间和精力代表地方工业向上级关键职

能部门努力争取技术、物资、资金等。这些县职能部门的官员可能个人陪伴工厂管理者到上级职能部门。为了个别企业的利益，县级乡镇企业管理局干部的日常工作排满了他们到地区甚至北京的出差。一个县级乡镇企业管理局官员的日记显示，1988 年 5 月，他到省会出差 6 次，北京 1 次，其他乡镇 3 次，不同的村 6 次。相比于其他的政治体制，政府和精英如此接近可能引起怀疑，但在中国，地方官员视此为他们对地方企业提供直接帮助责任的一部分，这也包括为了企业利益的高层介入。

而且，县政府可以动员不是一个而是所有它的职能部门和行政机构来培育乡镇和村企业。一些甚至要在他们的行政权限之外提供服务。例如，县税务局不仅收税和给予税收减免，还帮助企业培训会计、寻找稀缺的技术人才，这对乡镇企业是一个紧迫问题。一个职能部门可能利用他们的关系影响其他职能部门——例如银行——扭曲规则以为其宠爱的企业牟利。或者一个职能部门可能利用自己的管理权力作为某种担保以保障受到青睐的企业获得贷款。例如，在被禁止前，税务局有时允许一个企业在税收征收前归还银行的贷款（税前还款）以赢得银行对贷款的支持。

县也拥有资金，他们可以通过各种职能行政机构比如税务局、财政局、科技委员会等直接借给企业。虽然银行仍是贷款的主要来源，地方政府的行政机构在 1980 年代仍可以单方面提供无息或低息贷款帮助某些企业。这些贷款数目不大，但是它们可能很有用，尤其是如果一个工厂需要周转资金购买原材料时。当上级政府像 1988—1989 年那样（见第六章），试图通过削减贷款来控制增长时，这些支持和资助的来源很关键。企业通常有 1—2 年时间归还这些贷款。如果贷款及时归还，就没有税，只有费。只在还款逾期时收取一个低税率。[①] 此外，因为贷款是通过农业银行的县分行办理，它们符合税前还款条款，企业被允许在征税前完成还款。

（二）地区总部：乡镇

在乡镇政府的经济角色中，它指导和促进乡镇的增长方向，监督村的发展。在行政能力上，乡镇作为村和县的连接点，是地方政府等级的第一个正式环节。乡镇政府作为县的代理人活动，完成县的目标和计划。乡镇从企业征收产业税，从农民家户征收农业税。它起到中间人作用，但它不

[①] 对农业比例是 2.5%；对家畜养殖是 3.5%；对工业是 4.2%。

再是所有资源都要经过的看门人。当村里有自己的联系渠道时会绕过乡镇直接找县里。

乡镇政府作为一个官方财政单位，获得其所征收的税收的一定份额。它的官员是国家干部，按照标准编制支付工资，他们拥有城市而非农村户口。① 一个乡镇的财政财产取决于乡镇工业。如我在第二章指出的，乡镇不仅能从乡镇所有和村属企业征收财税，他们也能从乡镇所有企业（乡办企业）中提取一定数量的预算外资金。很多乡镇从毛时代继承下来一个产业基础，利用它们作为他们现在企业的基础。② 从全国来看，乡镇企业增长速度低于村属企业的增长速度。③ 这从乡镇比村的预算约束略为宽松这一事实获得部分解释。要记得，县给乡镇政府提供预算以应对基本支出，当税收不足时还会提供一定的津贴（见第二章）。

1. 领导权

乡镇层面首要的官员是乡镇党委书记和乡镇长。④ 像县级官员一样，这些官员也是流官。和县级对应的官员一样，他们全面控制政府，但是他们更可能参与影响企业的微观决策。这可能包括获得贷款或从大政府项目中获得批文。

如表 5 所示，乡镇经济工作包括各种任务。存在某种程度的分工：乡镇党委书记趋于关注经济发展，尤其是产业发展，乡镇长应付民政事务。不管谁更积极地介入经济，在乡镇层面与县层面一样，行政机构管理着日常事务。大多数县职能部门有下级机构（所）在乡镇层面。县镇经济委员会⑤作为一个特殊的机构，与乡镇领导联合办公，管理产业发展。⑥ 这个委员会作为乡镇企业管理局的下级部门，承担乡镇企业发展的全面责任，也拥有对村企业的管理权。

---

① 城市户口有很多优待。一个是粮食供应。在粮食价格双轨制被废除之前，只有那些有城市户口的人有粮食供应证，凭证购买国家低价供应粮。城市和农村户口差别的细节，可参见怀特和白威廉《城市生活》，以及戴慕珍《国家和农民》。

② 在很多县里，乡镇层面的企业总数自毛时代以来似乎变化很小，虽然一些企业改变了产品，扩大了产量，并且进行了技术革新。例如，山东邹平县 1978 年有 97 个公社层面的企业，1983 年有 110 个乡镇层面的企业。戴慕珍："地方政府法团主义的演化"。

③ 农业部乡镇企业计划财务处：《1995 年全国乡镇企业》。

④ 如果乡被批准为镇，政府领导称作镇长。

⑤ 机构的名字各地不同。有时它被称为乡镇工业公司。

⑥ 一个副书记或副乡镇长经常是乡镇经济委员会的主任。他或她常常是此委员会唯一的国家干部。其他人员是地方干部，由预算外资金支付工资。

2. 资源

乡镇便于服务提供和接近其所控制及上级拥有的优等投资。为获得县级职能部门的贷款，集体企业向他们的乡镇财政所申请，后者随后把这些申请提交给县财政局。许可过程也从乡镇层次开始，即便是县做出最后的决策。

在表6中，相比于县，乡镇拥有相对有限的国家提供的帮助农村产业的资源。每个乡镇设立一个官方信用合作社和一个农业银行支行服务乡镇和村企业。更经常的，一些乡镇建立起半私有机构给地方企业提供非银行贷款。

表6　　　　　地方法团政府三个层级的资源

资源	县	乡镇	村
收入	县级国有企业 县级集体所有企业 预算内税收 预算外收入 奖金和津贴	乡镇所有企业 企业利润 预算内收入 预算外收入 村统筹和提留 奖金和津贴	村所有企业 承包费
资本和贷款	银行 县政府扶持资金 准私营信贷协会	储蓄所 农业银行经营部 工人 企业 准私营财政机构 外部投资	村政府 工人 企业 村民 村内借款 外部投资 信贷协会
物资	物资供应局 乡镇企业管理局供应公司 市场	销售公司 市场	村政府收购 市场
技术信息和市场	乡镇企业管理局 科技委员会 工厂 官员 外贸公司	官员 经济委员会 工厂 工人	官员 工厂 村民
行政服务 税收减免 还贷延期 许可 产品认证和定级	县政府 财政局 税务局 工商管理局 乡镇企业管理局	有限 有限 有限	无 无 无

在经常性的银根紧缩政策时期，因为对贷款的需求不断增长，乡镇（包括村）不得不在其法团集团经济内部筹集补充资金。与大公司一样，每个乡镇都使用类似我描写过的村采取的策略，聚集它的资源和风险。它可以利用较富裕企业的利润帮助较穷困企业度过市场衰退期或成立一个新企业。①

（三）公司：村

地方法团集团的底层是村。村在一定程度上很特异：它的官员必须像乡镇和县的代理人那样行动，但是如我在第二章指出的，村官不被赋予一个正式政府层级的地位或资源。村官没有正式的行政机构地位（编制），不能获得国家津贴；他们的工资完全由村财政收入支付。② 重复以前的一个观点：村拥有的企业（村办企业）向上级支付税收，③ 但是村没有权利保留这些财政收入的任何部分。他们有一个严格的预算约束，但是他们也拥有对结余的排他性权利。这帮助解释了为什么村企业是农村工业中快速增长的一部分。

1. 领导权

与各级行政机构一样，村也有党的书记和村首长领导。村首长，被称为村民委员会主任，从前被叫作村长（见表 4）。与县和乡镇官员不同，村领导是常住村民，与他们要进行行政管理控制的村民有密切联系。因为他们不是流官，他们的行为对他们自己的地位和村民的经济福利都有长期后果。这使得对村层面官员的激励比对地方政府其他层级官员的激励更直接。

县级行政机构在村层面没有派出机构。村管理机构由 5—7 人组成的村民委员会构成，每个人都有特定的任务。从 1987 年开始，理论上，包括村主任在内的村民委员会成员由村民直接选举。这些人的选举曾被当作村庄政治民主化的一个重要步骤引起关注。④ 实际上，村委会的权力仍旧在党支部书记的严格掌控之下，他并不由大众选举产生。

村级的党组织，比其他级别的党组织更处于中国农村发展的前沿。如果当地有工业，党支部书记经常独自做出企业运行和管理的关键决定，有时还

---

① 这只用于集体所有的企业。
② 村干部拥有农村而非城市户口。截至 1993 年粮食定量供应废除，这意味着干部们不再能获得允许他们低价购买国家售卖的粮食的供应券，而要自己生产粮食了。
③ 村企业不向乡镇经济委员会付任何费，虽然他们名义上由该委员会控制。
④ 如见泰勒·怀特（Tyrene White）"改革农村"；凯文·欧布里恩（Kevin O'Brien）"实行政治改革"；戴慕珍"经济发展"；梅勒妮·马尼恩（Melanie Manion）"选举人关系"。柯丹青（Daniel Kelliher）的"中国论题"提供了大量此主题作品的细微评论。

要临时直接管理一个工厂。大多数村子里，党支部书记是村产业管理委员会主任（见表4）。村首脑——村民委员会主任，掌管农业事务。但即便是农业事务，如果需要，党支部书记也要介入进来。村党支部书记这种亲力亲为的态度导致在很多高度工业化的富裕村里盛行一人权威统治。

一个村的经济是否成功主要取决于村领导。上层官员的创造性、技巧和关系决定了一个村能否成功动员需要的资源，无论是社区内部的资金还是上级的照顾。但是这些上层官员与领导了新兴工业国家发展的有高度教养的精英并非一类。[①] 这些人大都没有受过良好教育，很多老领导具有小学文化水平就已经很不错了。

个人关系和政治技巧明显必要，正如改革已经证明的那样，经济表现是农村工业成功发展的关键。有时这很难和政治地位严格区分开来，因为这两者之间存在紧密的关系，即便在毛时代也是如此。例如，一个有名的村党支部书记，他享有获得他的村庄在去集体化之后需要的投入的特权，在毛时代曾被命名为劳动模范，并在改革前被选进全国人民代表大会。他因为自己作为大队支书的工作获得了荣誉，该大队向国家缴纳大量粮食。去集体化之后，他靠领导村子种植高质量小麦卖给地方种子公司和第一批发展村产业而提高了自己的声望。他的技巧、被证实的表现，使该村村民获得该地区最高的收入。

但是过去的证明并非必不可少。另一个高度成功的村党支部书记就在改革过程中建立起自己的声望。他之所以不仅仅在乡镇，即便在县官员中也很有权威的原因，是他在去集体化之后领导村企业的发展。该村成为全县最富裕也最工业化的村，该村村民享有高工资和各种补贴。此成功带给他各种荣誉，包括被命名为"省级企业家"。最终他被任命为乡镇党委副书记（虽然他仍旧花费大多数精力管理原来的村）。因为他及这个村的名声，当其他村处于困难之际他能设法获得贷款。例如，他是少数可以从一个1988年开张的本乡镇之外的准私人贷款机构中获得大量贷款的人。在银根紧缩的困难时期，他的村从县农业银行获得短期贷款。这些贷款只发放给那些被认为最可能按时还款的村。[②]

[①] 对这种区别的更宽泛讨论，可参见皮尔森"中国新经济精英"。

[②] 多种迹象显示这些贷款资金与其他来源资金不同，可能是农业采购资金，以帮助地方企业渡过这个危机时期。所以，这笔钱能按时归还是关键。（CI 52090）

强力村领导最极端的例子是禹作敏——天津附近大邱庄现在已经下台的领导。① 在中央领导接见了他之后他成为全国劳动模范，表扬他利用改革把在毛时代极端贫困的村庄变成1980年代全国最富裕的村庄之一。② 无疑，他的模范地位在获得物资、合同和照顾方面带给村子优待。

2. 资源

村领导如此重要的部分原因在于村是地方法团政府三个级别里产业发展中最自我依赖的一级。与乡镇企业相比，村产业总体上只有非常有限的国家提供的资源。就贷款而言尤其如此。如第三章表3所示，1980年代，银行给农村产业贷款首选乡镇企业。某乡镇1987年农业银行和信用社发放的贷款30%给予了乡镇企业。只有大约10%给予了村企业。③ 这还得是声望和关系起到作用的地方。那些显示了创新性及成功发展村经济的官员获得对有限资源的优先权。

自我依赖的需要创造了对上级一定的矛盾情绪，就算在那些成功获得支持的人中也如此。一些村声称他们村产业的成功完全是他们自己的努力。成功的村夸耀他们从没有寻求外部贷款资助企业发展。一个村党支部书记夸口说乡镇还要到他那里借钱！即便这些自我依赖的声明有一些符合事实，但是切近考察揭示出，没有上级的帮助，村和乡镇都不能成功。资金一项并不能单独决定村产业能否成功。许可、技术支持，以及大量管理机构的投入也是必须的。而且，随着时间的推进，准入成本升高，即便是曾经财政自足的村也需要大量基础贷款的帮助来扩大规模和技术更新。访谈显示大多数高度工业化和成功的村，它们的领导都拥有最好的关系并且从地方上级政府获得了大量支持。

三 毛主义制度适应市场生产

毛主义合法性给地方法团政府提供了政治能力，但是使用的武器和采取的路线却已经大相径庭了。这不是毛时代国家领导增长的相似类型。地

---

① 1993年因为窝藏两个杀害了一名工人的雇员，他被判刑。他的权力反映在有能力阻止天津来逮捕他的官员。关于此事件的报道，见《中国共产党中央政治局开会讨论杀人犯案件》，《明报》1993年3月7日，中国国外广播信息中心翻译93—044，1993年3月9日，第19页。

② 我访问他时，接待室的墙上挂满了他和各种中央高层领导的合影。他自己的"选集"也和该村成功的故事一起出版了。

③ CI 22688。

方政府调适了毛主义体制以在一个不断市场化的环境中促进快速经济增长。

(一) 从意识形态到市场计划

计划、目标和会议依然存在，但是他们与毛时代的运行方式不同。最接近中央计划的是中国人现在所称的"产业政策"，他们指向政府希望发展的特定领域。① 但是这更令人想起日本的产业政策②而不是毛时代的指令性计划。如在日本一样，目标本质上是一般性的、部门的。③

实际上，比国家计划更重要的是地方规划。无数的规划和目标连续地从一级地方政府传达给另一级地方政府。例如，县财政局向每个乡镇下达规划；县经济委员会向县属企业下达规划；县乡镇企业管理局向乡镇经济委员会下达包括总产值、税收和收入等详细目标的规划。乡镇经济委员会向乡镇所属企业下达类似详细规划。有时村也从乡镇接受规划。

当存在规划和乡镇的干涉时，计划不再是指令性的。如果一个地方和一个企业确实不希望生产某种产品，上级也不会强制。

到1980年代中期，绝大多数计划是"指导性计划"。④ 理论上讲，差别在于指令性计划是按照行政规定完成，指导性计划由经济刺激完成。实践中，区别是模糊的："指导性计划"似乎承载相当的分量。据一个访谈者所说，"指令性计划像给牛戴上牛鼻绳，牵着它到你要去的地方。指导性计划像是让牛爱去哪去哪，但是如果它不去你想让他去的地方就不喂它"。

当工厂遵循他们的"指导性"生产计划时，这样做的工厂拥有最好的

---

① 摆脱中央计划的程度从在北京进行的关于是否需要一个产业政策的讨论中可见一斑。根据一个在北京的国家计划委员会成员的说法，此议题（的争论），部分的是因为一些人感觉（一个工业政策）可能会看起来过于像一个计划，带来过多的政府指令，导致在中央计划经济下已经体会过的那些难题。（CI 62094）

② 根据一个国家计划委员会官员的说法，1984—1985年之后，北京大学的一群大学生强烈建议中国采取一个类似于中国台湾、朝鲜和日本所用的产业政策。（CI 62094）根据某信息渠道，中国曾和日本人就此问题协商过。

③ 优先产品名录仍旧发给各省。这被理解为对这些产品的供应中央有兴趣。我没有能力确定这些名单有多么特别。

④ 很少有农村企业遵循这些指令性计划，但是也有例外。在1980年代中期，有一些生产"关键产品"的农村企业要求从政府按照国家价格获得供给。他们的产品和销售计划是指令性的。天津附近一个排气扇工厂80%的供给从国家获得，尤其是天津计划委员会，所以它大部分产品有计划规定。这家工厂的管理者不能决定谁被雇用，它还被要求在工资单上保留不需要或不想要的人员。当需要工人时，乡镇政府分配工作岗位给各村和各村民小组（从前的生产队）。乡镇负责劳动分配，并在需要时进行资格审查。（CI 71886）

成功机会。地方政府在信贷、投资机会和原材料方面给这样的工厂关键的帮助，① 并且为最终产品张罗买家。② 尤其在改革初期，当市场刚开始发育，问题不仅仅涉及价格，而且还有接近的机会和方便。适当的关系是必须的，这也正是很多公司所欠缺的。例如，对于农村企业来说与一个城里单位的合同令人垂涎且有利可图。这经常是一个工业单位，但有时也可能是"科研单位"，比如大学或开发新产品的科学实验室。城市和农村单位组织"横向联合"，农村伙伴负责所有或部分生产和组装过程。城市伙伴负责供应原材料、产品的市场化和销售。③ 地方政府在发现这种机会时有用处。1980 年代在天津郊区，为寻找潜在的消费者和投资者，地方官员安排农村工厂专门考察。在四川成都附近，包括县级官员在内的各种政府官员积极为他们的农村企业寻求合作。④ 所有的官员们都反复表示："关系对照业务很重要。我们建立了老关系，现在我们就利用这些老关系。"

（二）从平等分配到差别对待

地方政府提供的帮助类型会令人想起毛时代政府的中央计划，但是地方法团政府与它毛时代前身的关键区别，在于地方法团政府选取某些企业辅助发展。津贴和帮助平等分配或给予所有人。在此意义上，中国开启了一个与东亚新兴工业化国家的产业政策类似的策略。地方政府使用在日本发现的行政指导这个"胡萝卜"。偏好性分配类似一种激励体制。

在地方政府法团主义下，最可能获得这些帮助的是那些被认为最能促进法团福利的企业。到底是哪些福利随时间不同而变化。法团福利可以被定义得比仅仅是经济利益和利润更宽泛一些。1980 年代，这包括像招工这样的社会利益。随着 1990 年代利润的降低，强调的重点不断转向营利性、竞争性和增长。

1980 年代，地方政府较早就开始为确定企业从政府及其分支机构获得服务和帮助的程度对企业进行分级。策略重心在于集中有限的资源。县级行政机构拥有的各种管理机构资金给予受到照顾的企业。税收减免也被集

---

① 一些地方政府，通常是乡镇层面或以上，通过投资来帮助生产它们企业需要的原材料的工厂。这保证了需要的供应，给地方政府带来利润。
② 伯德和林在《中国农村工业：结构、发展和改革》的第 15、16 章中也持此观点。
③ 也有例外，如上文提到的排风扇厂的例子，工厂自己卖掉了它的产品。这不是一个问题，因为对风扇的需求很高。
④ CI 81386。

中起来。例如，某县 1989 年 123 个企业获得的税收减免总额为 242 万元，占村和乡镇企业缴纳总税收的 6.07%。但是，对记录进一步考察发现有一个企业一家就获得 80 万元的税收减免。①

有两种选择性分配的形式。第一种产生于 1980 年代中期、农村产业开始高速发展时依旧存在的国家计划。受到照顾的企业优先获得配额物资或低于国家定价获得物资。这包括钢铁、水泥乃至木材。计划分配给农村地区的这类投入数量若非没有也极其有限。地方政府利用仍存在的中央分配帮助受到照顾的企业，但是绝大多数时候他们都只有很少的自由度支配这些生产物资，它们多属于为国家计划生产的特种企业。1980 年代末，这种分配方式几乎不存在了。地方最大的希望是以比国家配额高、但是比市场低的价格获得国家提供的物资。

选择性分配第二种也是更普遍的一种形式是，优先获得那些并非配额但是稀缺的投入。随时间不同，落入这个范畴的有各种物资。燃油、电力，某些原材料是此名单的首选。这些分配与行政指导下的分配类似。虽然在一些地方如日本，商品和资源经常以低于市场的价格提供，但是在中国他们按照市场价格提供和售卖。像在毛时代通过关系和"走后门"优先获得一样，给予的不必然是较低的价格而是在牌价下率先购买最紧俏物资的机会。在中国的市场环境下，优先获得意味着拥有购买物资供应局可以以优惠价格提供的一吨钢材的机会。这也可能意味着有机会弄到特种发电机，县或乡镇把它装配起来以给最重要的工业提供不间断能源。随着市场经济发展起来，这种选择性分配生产物资方式的重要性逐步降低，但是它仍能对企业的边际利润产生影响。

(三) 利用国家贷款瞄准市场增长

贷款属于第二种选择性分配方式：稀缺资源。如关于国家和经济发展的文献所指出，贷款控制是一个政府可以拥有的塑造产业发展的重要工具。②像许多东亚新兴工业化国家一样，中国首先是一个信贷为本而非投资为本的体制，允许对于有效产业政策所必需的协调性干预。在毛时代，私营银行被禁止。厂商不能通过售卖股票筹集资金；事实上，所有的厂商

---

① CI 55290。

② 如见齐斯曼（Zysman）《政府、市场和增长》。关于东亚新兴工业国家，见罗伯特·韦德（Robert Wade）的研究。他最好的文章之一是"政府在战胜市场失灵中的角色：台湾、韩国和日本"。

(120) 都要向政府寻求资本以及他们所有的运营预算。国家通过分配贷款和资本——及其他生产投入——成为发展的唯一决断者。国家政策直接规定了银行的行动。中国的银行是政府的一个管理工具而非商业行动者,正如将在第六章进一步描述的那样。

在改革时代,地方政府对银行的控制依旧强大。在农村地区,银行系统的组织与行政管理的层级严格对应。它也是一样的等级结构,并受到每层级政府官员的影响,即便银行官员并非直接由其所运营的那级政府任命(即县农业银行的官员并不是由县政府任命)。在 1980 年代,县级政府官员可以豁免一些企业罚息,为还款展期,或允许用税款还贷。村和乡镇政府可以提供津贴以使他们的企业可以为贷款支付利息。银行、财政和税务部门及地方官员的亲密关系促进了 1980 年代的快速增长,但是,正如我在第三章所描述的,这也是 1990 年代随着坏账累积,困扰银行的难题的根源。①

(121) 县级主要服务农民和农村企业的银行是农业银行。② 县级以下,乡镇一级是农业银行的分支,称为营业所。乡镇也有信用社。③ 官方口径下,农业银行的营业所和信用社是独立机构,但是实际上他们的资金勾连在一起。差别在于农业银行营业所的资金是国有资金。它们也被以较低利率借贷出去,这也是他们被地方企业青睐的原因。信用社资金来自地方存款。乡镇以下是信用社和农业银行的分站,但这也只在较大的村才有。④

---

① 一些人批判这些关系过于亲密了。如见"乡镇企业也要进行改革",《经济参考》1987 年 11 月 18 日,第 1 页,中国联合出版研究中心翻译 88—005,1988 年 2 月 18 日,第 20—21 页。亦见徐浩和王庆山"中国农村财政市场:目前的状况和策略",《农业经济问题》1987 年 9 月 23 日,第 9 期,第 39—43 页,中国联合出版研究中心翻译 88—002,1988 年 2 月 5 日,第 54—57 页。

② 农业银行的结构严格保持着它在公社时代的风貌,如巴奈特和沃格尔所描述的那样,除了从前的人民银行支行现在是农业银行乡镇支行。巴奈特和沃格尔:《干部,官僚系统和政治权力》,第 293—294 页。

③ 农业银行和信用社的关系模糊且复杂。两者都发放贷款,都接受存款,农民和企业两者都用。不同在于所有权和利率。信用社是集体所有机构。每个农民被允许拥有一个股份,并获得存款利息,从股份中分成。民管会,一个包括农民、政府领导、银行官员和企业家的委员会治理信用社。这个委员会接受年度汇报,但是它并不批准贷款。它的成员由信用社股东们选举产生。每个有股份的法人都有代表选举权,这些代表然后选举民管会。代表们每两年选举一次。每十个有股份的农户选举一个代表,但是某些情况下一整个村子可能由一两个人代表了。年底代表集会,银行做汇报。一个代表小组被选举出来与银行打交道。这个工作实体包括乡镇领导,销售公司的领导,乡镇经济委员会的领导,农业银行的领导,储蓄所的领导;其他的是农民代表。(CI 22688)县农业银行从各乡镇信用社收取管理费,这不超过其总收入的 1%。在某县,农业银行收取不过 0.04%。(CI 8991)

④ 在某县,有 80% 左右的村有分所。

第四章 地方政府法团主义

贷款的批准程序也符合官僚结构。一个逐级审批系统限制了不同的银行系统层级可以批准的贷款规模，允许县投入投资过程。① 地方政府对贷款和投资的控制被国务院的要求进一步强化，它规定所有企业贷款都要有担保以保障还款。② 实际上，1980年代多数时间里，贷款担保者都是地方政府部门，如乡镇经济委员会。

为使发展农村产业可获得的有限资金发挥最大作用，县官员在1980年代中期开始为企业提供年度分级，由分级决定企业可以从地方银行和储蓄所获得多少固定资产借贷和何等水平的财政服务。③ 在一些县，这种等级延续到1990年代早期，一直到很多集体所有企业开始遭遇困难（见第三章）。这个系统帮助银行辨识哪些企业被地方政府认为是重要的。在他们规定的贷款额度内的借贷，最高等级的企业从乡镇的信贷合作社或农业银行分行自动获得批准；不需要县审批。此外，一旦某企业被标志为重要的，地方政府就会尽力保证它获得贷款，尤其是当出现中央指令性紧缩时，银行信贷大幅度缩减。④

其至这个分级系统也是选择性的；只有那些每月还债的企业才获得排名。⑤ 被发现亏损的企业自动除名。

那些获得等级的企业，还有进一步的差别，比如"特一级"和"一级"。但是，这些等级很少名额。例如，1991年，一个县大约70—80个分级的企业中，只有2个特一级，10个一级。上一年，没有企业获得特一级称号，只有8个定为一级。绝大多数定级的农村企业都在乡镇这一层，很少有村企业被定级，当然特别成功的村企业除外。

---

① 县农业银行分行必须审批所有超过1万元的贷款；乡镇有权力审批此数目以下的贷款。

② 此命令大概在农村企业开始发展的同期下达。在此要求之前，农村企业要在任何可能的时候偿还尽可能多的贷款。银行会力图弄回任何它能弄回的；县农业银行分行会补偿任何短期损失。此前，能借到的数目取决于企业的流动资金，它不能低于企业希望借款数目的50%。企业完全对贷款负责；不需要担保。（CI 22688）

③ 分级委员会成员来自县农业银行、乡镇委员会、县农村企业管理局及农业银行乡镇分行。利率在每年开始时设定，根据固定资金价值、流动资金和企业的整体贷款计划。贷款限额不能超过一个企业流动资金的30%—50%。在大多数情况下，不高于30%。（CI 22688）

④ CI 22688。

⑤ 在某县，119个乡镇企业中只有80—90个有等级。在某乡镇，获得等级评定企业的数量及它们获得批准的贷款的数目如下：1987年，5个企业，58万元；1988年，3个企业，46万元。1988年数目下降了，原因是5个企业中2个降级了。1988年对这3个仍在的企业的贷款限额提高了。一个农具厂的限额从31万元提高到32万元；一个建筑公司从4万元提高到7万元。乡镇农业银行的领导说，对建筑公司额度的大幅度提高部分原因是它正在重新铺路。（CI 22688）

不同等级的服务和贷款差别几乎很难察觉，但是在贷款紧张的时候，差别就明显了。例如，那些一级企业和特一级企业获得的好处差不多，但是后者以最优利率优先获得有限的贷款，在规定的贷款期限内也不需要担保。特一级企业可以为大项目扩大他们的贷款额度。①

（四）作为信息和技术来源的官僚系统

官僚系统通常被看作是官僚作风的根源，但它也被证明是对地方企业提供帮助的有效资源。地方官员把官僚系统变成了信息和资源的通道，从而有助于市场生产。官僚系统给予新生企业的大量制度支持使得他们在中国的转型经济中获得成功。

利用从日常管理中获得的信息和联系，地方官员提供一系列关于产品、技术和最终产品市场的关键服务和信息。官员介入生产发展、市场调研和技术获取的程度说明这不是行政机构服务的常规项目，但是是一个企业家式发展型政府的行动。

干部网络是厂商可以获得信息、技术和生意的最重要个人关系。这在农村工业化初期尤其明显。很多情况下，干部网络是完成销售及与大型国有企业订立合同的手段，也是建立联系的手段，通过这些联系最终建立合资企业，获得出口订单。私人企业自由从事他们自己市场调研和产品开发，但是干部网络和政府支持那些没有自己的资源来开发产品和市场调研的工厂。这些帮助对于这些企业试图进入更具竞争性的国际市场时尤其有利。② 此处可见发达且有经验的管理系统如何为中国的利益工作。

行政机构是一个信息网，政府官员是该网向地方企业提供信息的最初节点。这个信息网的准确形式可能各地不同，但是多数信息流都遵循行政管理官僚系统的范围。这些信息流通过政府内和政府之间日常联系的渠道传递，从村到乡镇到县，然后到地区、省，最终到北京。

并非所有官员都一样能接通所有的层级，也不是所有官员都有与各节点的直接联系。正如我在讨论村官时指出的，地方经济成功发展依赖地方决策者如何与这个网络保持良好联系，以及他们能向上级网络和横向同级

---

① 在这种情况下，他们需要通过正常的审批手续提供担保。担保者必须拥有等于贷款数目的平均存款；在其他方面没有限制。担保人不一定是乡镇经济委员会。很多企业可以做联合担保以分担风险。（CI 22688）

② 有关这些网络更多的细节以及他们如何给当地企业提供信息，见戴慕珍"干部网络"。

网络运作的程度。正常交往秩序是通过官僚等级的相邻层级传递信息，但是那些建立良好关系的人，像那些成功与县级官员建立个人联系的村官，可以越过某些层级直接联系更高层级。

当一个人在官僚系统中升级了，这个网络分支就随之扩张。在农村，县拥有最宽广的个人关系和职业关系，同时也拥有最宽广的县外发展的知识。当村需要帮助，乡镇是寻找信息的第一站。当乡镇无法提供帮助，村可以去找县，无论是直接去还是通过乡镇官员。企业是这个信息等级的最终消费者和受益者。无论产权如何——国有、集体或私人所有——所有企业都有从干部网络信息流中获益的潜在可能。对不同企业提供帮助的数量随着地方发展策略在改革的不同阶段的演进有所不同。如在第三章所述，1980年代集体企业受到照顾最多。

信息和技术扩散通过各种渠道发生。一些方式是新的，但是相当多的方式从毛时代行政机构运行中发展而来。

1. 会议

作为任何官僚系统的主要产品的官方会议，适应了提供市场和技术信息。当一个地方政府希望发展地方产业，它可以召开农村企业发展会议。这些会议可以是全县范围的，也可以更具地方性，只选择一些乡镇和村参加。乡镇和村官员传达县里向不同乡镇推荐特定产品和企业的会议。这种做法在1980年代很普遍，当时企业最需要的是市场信息，集体企业也正处在全盛时期。例如，正是在1984年的农村企业发展三天会议上，山东某县制订了其所辖一个乡镇开办轮胎厂的计划，该厂随后成为该乡镇最大的企业。全县35个乡镇都参加了该会议。会议期间，各乡镇被分成由县官员领导的小组。这些组开半天的会议解决各乡镇的具体问题。

（125）

大量事例显示，县层面的创业主动性有时是对下级关注的反应，有时是对特定要求的反应。上面的例子中，被选中开办轮胎厂的乡镇事先咨询了县级官员，表达了他们把一个不盈利的机器厂转产为一个更盈利的生产线的需要。县乡镇企业管理局跟乡镇领导及管理所有乡镇企业的经济委员会讨论了这个事情。鉴于青岛轮胎短缺及汕头一个轮胎厂的成功，乡镇经济委员会副主任建议开办一个轮胎厂。县和乡镇决定这是一个可以采取的出路后，这个乡镇经济委员会副主任利用个人和职业关系搞到所需的技术。关键的联系是一个在青岛工作的老同学，他与汕头老家保持着良好的联系。通过这个同学乡镇最终从汕头弄到所需要的技术。①

在另一个例子中，县乡镇企业管理局组织一个会议促进化工产品的生产，这被认为是有利可图且符合当地条件。县在所辖一个乡镇召开会议，由一个乡镇官员主持。会议通知被送到村一级，参加会议的既包括已经有化工产品的村，也包括那些想开办这类企业的村。该县还召开了类似的促进地毯加工的会议；同样，这些会议也在乡镇层面举办。生产地毯的想法始于一个从1986年就为天津地毯公司承包加工的乡镇。当这个乡镇开始制造地毯后，一批私营企业家开始承包乡镇所有的地毯加工厂。这个县的一个乡镇现在向美国出口地毯。②

2. 帮扶

其他情况下，一个乡镇或村想出一个企业或生产的点子，然后到县级官员那里寻求帮助以完成这个项目。除了看顾项目通过许可和审批的官僚程序，县官员还可以提供技术性建议。对复杂项目，他们帮助寻找外部专家。例如，山东一个村玉米淀粉厂在一本贸易杂志中无意中发现一种高市场竞争力的玉米淀粉副产品，但是它的管理者对需要的技术一无所知。在一个省人民代表大会上，这个村的党支部书记发现这个产品的开发者是无锡轻工业研究所。③ 他动用所有县上的关系，寻求各种县级官员包括县长的支持，坚持上这个项目。这个项目被转到了县乡镇企业管理局。这个管理局的一个副局长，经常随领导寻找相关技术，知道这个产品，因为多次为政府事务去无锡，在那里有很好的关系。他带领这个村的官员到无锡与研究所商量。他们一起成功地劝服研究所，使其相信在县的帮助下，这个村有能力生产这种产品。协议达成：村支付研究所52万元技术转让费，获得培训、派驻专家和设备。④

3. 拜访劳模和调研

过去毛时代访问模范单位的办法被用来获取第一手技术和市场信息。很多地方官员，尤其是县级官员，带领工厂管理者和乡镇或村领导到那些

---

① CI 62694。

② 同上。

③ 近些年，随着经常由与高校或研究机构有联系的教授建立起专门研究单位，对地方层面来说，获取技术帮助变得容易多了。这些单位可以提供专家和专业设备。一些情况下，研究机构寻找地方企业以生产他们为获利而设计的产品。

④ CI 62494。

工业最发达地区，如江苏和广东，以及那些全国闻名的模范如天津附近的大邱庄去学习管理技术，了解哪些产品可以生产。一旦他们发现一种产品，他们通过关系学习如何复制该产品或改造该产品以便于地方生产。

最近几年，地方官员拓展传统考察到境外获取合同，购买设备，寻找产品。成功工厂的领导有时也被包括在考察团之列。试图向中国贩卖技术的外国公司也邀请重要的潜在买家访问他们的国家，理解设备的运行。一些国家层面的工厂管理者，甚至包括内陆省份如河南，也利用这些机会的便利。

不论是否有工厂管理者同行，在外考察的地方政府官员都很熟悉生产程序和他们核心企业的技术需求。[①] 在国外时，官员遍寻商店以寻找他们地方可以生产或出口的产品。他们带回产品来研究、改进、复制。这种复制外国产品的做法似乎在临近香港的省份尤其普遍。广东的官员，包括大企业的管理者，拥有特别的签证使得他们能够轻易定期来到香港做市场调查。[②]

4. 设备供应公司

除了长期建立的官僚系统渠道，地方政府建立起新的手段对当前市场条件做出反应。一些省成立了公司如广东工程设备供应公司提供全套的机器系统，包括技术支持。这些服务的项目对私营企业、国有企业和集体企业等所有的企业开放。供应公司寻找并提供设备，收取总价格一定比例的费用作为回扣。[③]

四 地方政府法团适应私营企业

地方政府不间断的利润取向的计算，尤其在县层面，反映在最后一章将要描述的决定，反思他们的发展策略，拓宽他们的产业基础，以在1990年代鼓励农村企业其他形式的所有权。第三章描述了三个最显著的现象：（1）采用新的管理框架；（2）出售有问题企业；（3）鼓励作为财政和就业增加基础的新的大型私营企业的发展。结果是出现了一种混合经济，其

---

① 地方官员对他们重要企业的重视程度显见于该县县长在访问波士顿的山姆·亚当斯（Sam Adams）啤酒厂时一连串有关技术问题的提问。鉴于该县的投资集中在当地啤酒厂中，这就并不奇怪了，这家啤酒厂是该县最大的利税大户。魏昂德："县政府"。

② 其他人需要通过长期、复杂的程序才允许他们入香港一次。

③ CI 7394。

中私营企业起到了越来越重要的作用。

此处的任务是考察地方法团政府如何调整自己以适应这些新的所有制形式,尤其是适应私营企业不断增长的重要性。这些新的企业和地方政府的关系如何?另一个要考虑的问题是为什么地方政府要冒强大私营部门出现的风险?我们将考察地方政府如何有能力管理在其他情境下本是独立经济精英的私营商人?此处读者会了解当前的共产党官员如何利用法团机制与一个政府不拥有、进而不能通过合同安排或产权分配操纵的部门打交道。

(一) 行政控制

地方官员继续回到毛时代的做法,利用行政管理手段帮助对私营部门的控制。

1. 许可

许可证授予是普遍采取的做法,以从社会上的合法经营中排除不受欢迎的企业或个人。在市场经济条件下,许可根据那些企业运营者的服务和诚信为基础授予。配额有时是为了限制商贩或经营者的数量,有时这种许可的发放会引起腐败——类似于在美国大城市竞争出租车牌照时那种情况——但是很少采用意识形态或政治标准。在中国,许可是一个监管机制,用来筛选申请者,根据流行政治风气或经济利益鼓励或阻止某种行为。

中国的许可过程反映了私营企业和政府关系的法团主义特点。所有从县到村三个层级的地方政府都可以影响一个许可是否被授予。为申请一个经营许可,农民首先要从他或她的村党支部获得一个证明,证明户口所在地及社区里的良好声誉。拿到证明后,他或她还要到乡镇工商管理所去申请。这个申请需要银行证明资金充足,足以支付最低数目的固定资金和流动资金。需要的数目取决于营业额和贷款潜力。此处还需要对取得原材料能力的证明。① 工商管理部门和它的办事处要进行调查。只有在乡镇层面的许可通过后,农民才可以到县工商行政管理局,后者决定是否发放许可。

伴随着许可过程地方权威获得关于企业主的详细记录:雇用的人数,经营的范围,固定资金的数目,流动资金的数目,安装的设备,从事经营

---

① 在有些情况下,村子必须要证明农民有能力保证工厂运行的原材料。但是,不清楚一个村如何能对这些物资供应担保。(CI 23688)

活动的地点等。这些信息可以用来在私营部门遭受打击时对其进行监管。例如在1988—1989年的紧缩期间，对某些类型新企业的许可被禁止，一些现存的企业被关闭，他们的许可被收回。

2. 国家创造的利益集团

获得许可的私人企业主有他们自己的特别利益集团，被称作个体企业主协会（个体协会）。① 就官方角度来说，这是一个代表私营部门利益的群众组织。事实上，充其量这是一个准自治组织。它给成员提供某些服务，但它也是一种行政控制形式。获得经营许可时自动获得了会员资格，在收取许可费时也收取了会费。

这个组织的双重性质也从其领导的官方地位得到说明。协会的办公室一般位于工商行政管理局内，在协会工作的干部的工资由县政府支付。在某县，协会的领导起初曾经是一个个体企业主，现在是全职干部，与副局长地位和收入相同。② 但是，与绝大多数局领导不同，他不是党员。③

官方描述的这个协会的工作包括：（1）监督确保个体户遵守规范，如要求他们停留在市场内最初安置给他们的货摊上；（2）对企业家的政策教育；（3）成员有困难时提供帮助，如受到骚扰、不公平收费或争吵。这些功能随着在乡镇设立下级分支组织变得更加便捷。④ 在分支组织之下是专业行业小组，有被任命的组长。

这些组织的准公共性质更反映在下述事实上：协会的主办机构——独立协会的国家联盟⑤的主席，也是国家工商管理局局长，他的秘书长同时

---

① 也有一个大型私营企业的组织：全国工商联合会。这在皮尔森的《中国的新经济精英》第五章中有讨论。

② 这个私营企业主是该县第一个获得许可的人。他经营一个修理厂，干得不错。他声称他并不想做这个协会的头目，他甚至从家里躲出去回避官方的接近。他害怕介入政治，他也害怕这个岗位会影响他挣钱。最终，可能由于政治压力和官方诱导的合力，他同意服务，认为这个工作不会花费太多的时间。政府对他的时间给予每月20—30元的补偿。1987年他从自己的工作岗位退休，全职领导这个协会。然后他获得一份干部工资。1996年他仍旧服务在这个岗位上。（CI 81291；CI 24696）

③ 这个特殊的企业家曾想入党，但是1984—1985年曾被地方政协告知他不是党员会更好。1986年他决定无论如何申请入党，但是当政协常委会明显要反对他的申请时，他收回了自己的申请。

④ 一些乡镇协会可能雇用一个以上的专职人员。在山东某县，17个乡镇一共有26个专职人员。大多数乡镇最低有1个，3个较大的乡镇有2个，县机关有5个。该县某种意义上情况有点特殊：一个乡镇是合并的产物，但是仍有两个协会办公室。

⑤ 这个组织建立于1986年，它也被称为全国个体企业家协会。

是该局个体经营部门的主管。①

当控制是私营部门和地方政府关系的一个定义性特征时,这只是故事的一半。地方政府提供激励也使用控制,正如一个法团系统的典型特点。集体部门和私营部门两者都从与地方政府的法团关系中获益,也有理由继续保持这种法团关系。正如从集体部门征收财政税收一样,私营部门和地方官员的关系也不是零和博弈。

(二) 激励私营企业

在 1990 年代中期,很多地方政府改变了他们初始发展策略,转为包容私营部门。地方政府的积极作用当然还在,此前提供给集体企业和村办企业的绝大多数帮助转而或扩展到私营部门,只有少数帮助例外。

1. 贷款

乡镇或村不可能通过再分配政府资金给予私营企业资金。但是县不断提供给私营企业贷款帮助。上一章所描述的私营企业获得的银行贷款数量巨大增长,没有县和乡镇官员的帮助是不可能的。

一些县降低了集体企业从财政税务部门获得的行政性借贷的数量,扩大了信用社的数量和类型以服务更具多样性的发展策略,此策略包含不断增长的私营企业。一些县在"县财政投资公司"的名义下创立了他们自己的信用公司,所有类型的企业都可以向其申请借贷。在乡镇层面,很多由乡镇政府直接或间接支持的准私营的信用社(基金会)1990 年代中期激增,服务所有类型客户。一些县每个乡镇都有这样的信用社。还有这种信用社,如个体企业家和私营经济基金会(个体私营经济基金会),专门为私营企业服务。

这些地方信用社直接和每个乡镇的国营信用社竞争。从这些信用社借贷的钱需要支付比从银行或国营信用社更高的利息,但是新的机构使得地方企业更容易获得贷款,尤其是小额、短期的周转资金。储蓄被以高于国有银行和信用社的利息吸纳进来。初步报告显示地方信用社运转顺利。例如,在某县,县城所在的镇 1992 年建立了一个信用社,初始资金大约 10 万元,一半来自镇政府。1993 年它的资金增加到 500 万元,1994 年为

---

① 克劳斯(Kraus):《中国私营经济》,第 92—93 页。也有一个中国个体劳动者协会。1991 年薄一波是名誉主席。"薄一波赞扬个体经济",新华社 1991 年 4 月 15 日,见世界广播摘要远东 1048,1991 年 4 月 17 日,第 B2/4 页。

1500万元,1995年达到2000万元。①

2. 市场和技术信息

若非更重要也是同等重要的是,地方政府处于向私营部门提供技术建议和市场信息的有利地位——一种相对无须成本的服务,县政府可以作为其官僚系统部分职责提供给所有可能带来新财政收入的企业。对于创业初期的私营企业技术帮助是重要的,当时他们资源有限,正如同在相似阶段的集体所有企业和村办企业。

例如,一个制瓦厂主可以转行炼钢,因为他能从县乡镇企业管理局获得技术帮助。他来到县,地方官员帮助他联系上海的顾问。② 一个做废铁收购的有能力在县和乡镇官员的帮助下开办他自己的工厂。在这个例子中,企业主来自一个有着长期制作小型铁制工具传统的地区,但是他需要县官员帮助获得土地和必须的许可,以及技术人员,以使他的产品达到可接受的标准。

1990年代对私营企业的提倡表明了中国转变了最初的发展策略,但这不是对她早期进程的弃绝。绝大多数县最少从1980年代中期起就有大量合法注册的小个体企业主。地方政府在1990年代中期所为不过是提供给私营部门优先获得可让最好的企业成长的资源,帮助新企业立足,正如这些县曾在1980年代帮助集体企业一样。

始于1990年代中期,为了鼓励大型私营企业发展,地方官员承诺提供各种形式的帮助,从方便审批、许可授予到帮助开发市场。③ 在某县,为刺激参与兴趣,允许交税超过1万元的私营企业主把他们的户口从农村迁到城市,免除他们农村户口的责任如出义务工和上缴本村费用。如果私营企业主缴纳的税收足够高,责任豁免和户口转变可以扩展到他整个家庭。④ 私营部门反应积极。大型私营企业从1990年的69个增加到1995年的528个。

对温州和福建部分地区私营部门的前期研究描述了"虚假集体"的现

(133)

---

① CI 21696。
② 这个私营瓦厂主在管理一个乡镇瓦厂时先与县乡镇企业管理局发展了密切的关系。(CI 62294)
③ CI 23696。
④ 1994年该县的四个私营企业家在此规定下改变了他们的户籍身份。(CI 24696)

象,那里私营经济寻求"红色保护伞"和集体标签的相关利益。① 这种做法扩展到一些县,如刚刚提到过的那个县即是。那些曾经是坚定的集体取向的地区后来允许私营企业完全且直接利用税务和信贷倾斜政策,这些曾是集体企业获得的。② 据某县的官员说,他所在的县 1990 年代中期近 10%—20% 的企业官方登记为集体的企业,事实上是私营的。③ 此外,随着改革成熟,政治环境变得更宽松,私营企业不断享受公开的物资和投入优待,这些过去只有集体企业才能获得。紧密的经营关系在私营企业主和公有部门——包括国有和集体所有企业——之间发展起来。国家和集体所有企业变成了私营部门的财富源泉。④

(三) 私营和公有共生:政府和市场的相互作用

私营企业增长由地方政府介入促成的事实——一些情况下通过政府倡导的前集体所有企业直接私有化——暗示了私营企业和地方政府的关系。这减低了不断增长的私营部门作为独立经济精英夺取地方官员权力的机会。相反,地方政府和私营部门的关系不断成为共生状态。⑤

在中国有长期实践传统的生产合同再现,以提供私营企业主关系和机会。"横向联合"建立了大型国有和集体企业(在县级或以上)与乡镇企业的联系。在 1980 年代,这首先出现在乡镇或村所有的企业。在 1990 年代,对私营企业做出了相似的安排。

甚至在像温州这样以私营企业著名的地方,个体企业主经常是装配线运行的一部分,那里整个村订立某产品生产合同,个体户完成最终产品生产需要的某一特定步骤。代替直接作为个人参与市场,村和大公司组织签订合同。由村或比村小的组和市场打交道。各种贸易协会是另一种机制,通过它们降低了小生产者在信息和技术都缺乏的市场环境下经营的各种困难。协会开发市场,有时协助获取原材料。⑥

当"市场"行为依靠国家或集体企业介入的合同时,权力分配的意义

---

① 苏珊·杨(Susan Young):"富裕但不安全";及刘:"始于底层的改革"。
② 另外,集体标签也会使企业申请土地更容易些,在当前语境下,一旦一个私营企业达到足够的规模能保证自己的贷款,土地可能是最重要的利益。
③ CI 24696。
④ 我在"私营和地方政府企业主"和"理性选择"中提供了此论点的最初版本。
⑤ 王达伟(David Wank):"官僚系统的庇护和私营经济";及"国家社会主义到共同体资本主义"。
⑥ 帕里斯(Parris)的"地方首创和国家改革"也作为法团行动谈及此点。

与企业主完全不依赖官员介入的情况大不相同。在农村,私营企业主变成国家和集体经济的一部分或者有时依赖它们,以降低他们追求经济利益时的风险,地方政府和私营企业的关系不再可能对立。地方政府利用他们控制的合同和资源把私营经济纳入法团网络。

中国的私营经济与在发展中的东亚新兴工业化国家所见更接近,而非新古典经济理论描述的模型。无论是为获得生产资料还是售卖他们的产品,中国一些成功的私营企业主都很少到开放市场上去冒险。相反,他们作为私营企业生产但是把他们的产品根据合同卖给大型集体或国有企业。① 购买他们产品的国有企业通常提供给他们基本的生产资料和设计方案。个体企业家的作用是加工,正如在中国传统上的放料包买制。

一个农村私营沙发框架厂的运营说明了这个体制如何运作。1990年这个工厂产值超过300万元,雇工超过50人。拥有这个工厂的私营企业主并不担心供应、设计或零售他的产品。② 他只需要生产沙发框架然后把它们运到附近的一个大型集体企业,他同这个企业签订了制作框架的合同。厂房、工人、时间、条件和工资是他的责任。③ 但是产品的价格、原材料供应和生产的数量由他事前和集体工厂签订的合同条款规定。④

计划和市场的相互作用,旧日伙伴的适应能力,个人关系的重要性被苏黛瑞(Solinger)在她描述城市国有工厂的贸易时适时捕捉到。⑤ 借助奥利佛·威廉姆森的研究,苏黛瑞(Solinger)强调了在改革中的社会主义体制下关系合同的普遍性。她描述了改革环境下企业表现出的"黏性"行为模式:虽避免了指令性计划的局限,他们仍旧依赖从前的关系,以及在国家安排贸易伙伴时发展起来的信任和了解。她指出:"(计划体制的)渠道……继续把旧日伙伴们笼络到一起——不过这一次是作为一个选择问题。"(着重号为引者所加)⑥ 个人建立的关系的重要性也可见于私营企业家的市场行为中。但是农村私营企业的合同伙伴并不直接出自于改革前的

(136)

---

① 杨(Young):"富裕但不安全"报告了较大的私营企业也卖给集体或国有企业。关键不在于订立了买卖合同,而是订立合同的一方是政府一部分的事实。
② 随着买卖成熟、安稳,也积攒了更多的资本,他发现自主采购某些原材料更有利。
③ 80%的工人来自本村。他们计件付酬,平均工资大概每月270元,但是有时能挣到每月500元。工作时间从早晨7点到中午11点,然后从下午3点到晚上7点半,有15天假种麦子。
④ CI 81191。
⑤ 苏黛瑞(Solinger):"后毛时代的城市改革"。
⑥ 同上书,第118页。

计划体制，虽然一些合同是从国有或集体所有的企业的生产任务中发展出来的。

私营企业主，如同国有企业中他们的城市对应者一样，建立与大型国有和集体企业旧有的关系，或与之培育新合同。目的是在一个不如此则很冷漠的市场环境下建立信任和了解，以最大化他们的经济利益。① 正如那些国有企业的人一样，私营企业主热衷于那些"提供信任、可预见性、供应安全、减少信息搜索费用"② 的关系，力图最大限度减少风险，降低交易成本。恰在此处地方政府和公有企业对私营企业的作用变得显著起来。

上述例子中，沙发框架生产者通过他和当地政府的个人关系促成了他的合同——此例中，是与一个大型城市集体工厂。在 1980 年前他是一个卡车司机，1982 年他开办了一个家庭工厂，雇用了两三个亲戚。1984 年左右他扩大了经营，更换了生产线，从茶几（他把它们卖给一个集体企业）转到沙发框架。这个使他踏上成功之路的转变，发生于偶然。他为别的生意偶然来到一个大型集体企业，在那里他听说该厂急需燃料。通过他的各种关系，他设法给这家工厂弄到大量燃料。厂长很感激他，也对他的神通广大印象深刻，决定帮助他，给了他一个供应沙发框架的合同。与一个集体企业的个人关系就此发展成为一桩有利可图的买卖。

随着这个沙发制造者越来越成功，那些本村的小生产者成为他的分包商。他给他的邻居们提供市场和进入这个更赚钱行业必须的技术。他把这描述为一个"他带领他们"的过程。1991 年该村一共有十家工厂——三家大的（每家雇用超过 30 人），七家较小——生产沙发框架。最早的沙发框架生产者收购他邻居们制作的这些框架然后和他自己生产的框架一起卖给大城市附近的集体企业。③ 这个企业主帮助其邻居的能力被以下事实增强：他被意外提拔为一个村干部，成为一个村组长，领导 210 个村民。

一个成功的私营制鞋者同样也以最小的风险为市场生产，他从本地区大型集体或国有百货商店获得订单。原材料和风格由百货公司提供，他只需要根据规格生产。

---

① 见王达伟（David Wank）"官僚系统的庇护和私营经济"；玛格丽特·皮尔森（Margaret Pearson）也关注了中国私营企业积累成功过程中庇护关系所起到的作用。参见《中国的新经济精英》。
② 苏黛瑞（Solinger）："后毛时代中国的城市改革"，第 106 页。
③ CI 81191。

个体企业主协会——制鞋者和沙发框架制造者都是其会员，报告称绝大多数私营企业由国有或集体企业代销，而非直接参与市场。大多数小个体企业主也卖给工厂，他们中只有10%左右真正面向公众销售。① 这种私营和公有企业的共生关系，伴随着地方法团政府提供的帮助，把私营企业保留在法团网络之中。

五　地方政府主导的发展的演进

随着去集体化和财政改革，县、乡镇和村级官员获得开发新财政收入来源的激励。资源和地方条件决定了他们如何对这些激励做出反应。一些地区较早就选择扶持私营企业。绝大多数地区选择依靠有实力，采取政治变动最小、早期发展的集体企业与村企业阻力最低的路径，逐步地允许私营企业成长。与那些了解苏联体制者的最坏预期相反，中国地方官员成功促进农村企业动态成长。成长速度令人瞩目，但是更惊人的是那些官员在适应变化的政治和经济条件过程中表现出的弹性，在此过程中还要保持最低限度的对发展过程的间接控制。

地方政府利用激励和约束组合来形塑融合了地方政府企业家和政府角色的地方法团体系，保持经济权力和政治权力结合的列宁主义体制特征不变。相比于把毛主义体制抛弃不用以完成革命性的变化，地方官员采用了一个更具渐进革新的思路，转变这个体制为他们服务。本章揭示了共产党官员如何利用中央计划经济的机制作为政治工具培育快速经济发展，把持他们自己的政治权力，甚至当私营经济开始成长时也如此。正是这些制度支持使得很多中国农村企业在经济起飞的早期阶段免于沉没。

同时，这种积极干预的类型，允许地方干部对特定部门和企业发展速度发挥显著影响。干部干预的选择权为理解在中国不同地区发现的显著多样性提供一个洞见。多少地方企业，以及何种类型企业在实践中获得支持要由地方干部来决定。

但是地方官员指导地方经济的权力和他们与集体和私营经济两者都发展出来的亲密关系，给他们的中央与地方的关系带来相当代价。下一章将考察地方政府法团主义的这些后果。

---

① 在一些地方，个体在产品被卖出之前是收不到钱的。（CI 81291）

第五章　委托与代理
——中央管制和地方控制

和其他所有组织一样，中国政府也面对道德风险的问题：地方代理人总是比委托人在地方政策执行和政策表现的真实水平方面更有知识优势，他们可以利用这些信息增进他们自己而非委托人的利益。[1] 毛体制在权力监管方面天生脆弱，因为监管者也是执行者。[2] 改革和地方政府法团主义的出现强化了道德风险，因为它们增加了代理人首先保护地方利益然后保护中央利益的需要。

地方政府是否有效执行中央监管的决定因素是政策与地方利益兼容的程度及上级部门监督的程度。在毛时代，中央必须依赖公社和县保持其利益受控制，但是地方官员的忠诚是分裂的。小队和大队干部的利益密切联系于地方经济状况——保留给小队粮食的数量。这些官员总处于一种不断与中央玩猫捉老鼠游戏的境地，保持着顺从的表面以免上级在他们试图满足地方利益时来调查。[3]

在后毛时代，促使小队和大队欺骗中央政府的理由扩展到乡镇和县层面。在乡镇和县服务的官员个人和行政福利取决于地方政府有"什么留下来"。随着财政改革和地方政府对剩余权的转移，县官员越来越需要首先追寻地方利益而非中央利益。

地方官员能够服务其地方利益的程度随时间和行政管理水平不同而不

---

[1] 关于道德风险，见斯蒂芬·罗斯（Stephen Ross）"代理的经济理论"；迈克尔·斯彭斯（Michael Spence）和理查德·泽克豪泽（Richard Zeckhauser）"保险、信息和个体行动"；迈克尔·詹森（Michael Jensen）和威廉姆·梅克林（William Meckling）"公司理论"；及迈克尔·詹森（Michael Jensen）"组织理论和方法论"。

[2] 参见戴慕珍《国家与农民》对此问题的讨论。

[3] 参见戴慕珍《国家与农民》第六章。

同。政治气候总是影响到回旋余地的大小，正是通过这些回旋余地官员才能服务自己的利益。在毛时代，当所有各级政府都在不断增大的政治压力下确保正确执行政策时，全面服从是运动中最好的策略。但是当中央并没有把监管的注意力集中到某一个特定的官员或层级时，仍有相当的宽容度。地方官员的把戏不是公开抗命或引起对他们行为的关注。尽量少服从和完全服从之间有极大的差异。

省级以下，在税收和财政政策领域的监控尤其困难——不像省级的资金支出，[①] 更受到密切检视和调查的影响。县、乡镇和村官员的逃税和财政收入非法截留是躲开中央监管的正常行动，至少对后两级而言是如此，涉及的资源也比在一个大投资项目中更容易隐藏或易于搪塞。1994年决定重新调整税收，给予中央对预算外资金更直接的控制是其标志，说明中央过去在地方层面对财政收入的监管是无效的。

同时，因为地方现在有越来越多的资源就认为中央控制瓦解是错误的，正如因为农民有能力逃避就认为毛体制虚弱是错误的一样。中国农村的地方经济行动仍旧服从广泛的监管，很多都是由中央下达的。下文将详细介绍，地方官员仍旧落实中央关于各类要进行的调查的指示，他们仍认真遵守中央设定的程序。问题是调查之后发生什么，有效查找出问题并不等于中央的利益得到维护。

(141)

现实是地方层面的监管继续表现出两面性——尽量少的服从和对地方利益的保护。本章考察为何这种两重性保持下来，及何以有这两种面目存在。

一 权力结构重叠

在毛时代，中国共产党政府依赖交织的权力结构来作中央的监察。首先，存在一个横向管制（块）。地方行政机构由属地的行政官员领导，即县长或公社主任。这些官员反过来受到上级政府官员的监督和管理。其次，每一个官僚系统代理人都服从垂直的（条）行政管制，这构成一个"从中央通过各部到地方层面的全国范围组织起来的独特命令链条"。[②] 再

[①] 参见黄（Huang）《通货膨胀和投资控制》。
[②] 巴奈特（Barnett）和沃格尔（Vogel）在指出功能系统重要性时，区分了水平管理和垂直管理。《干部、官僚体制和政治权力》，第6页。

次，中国共产党监督地域和行政管制两者，它通过一个与政府机构并行的等级系统控制各地所有行政官员。很久之前巴奈特（Barnett）指出："党员自己享有巨大的特权和权威，以及特殊的政治地位……并非偶然地，相对低级的党员被认为在很多事务上拥有超过更高级别非党干部的权威。"①

这三个权力结构今天仍有效。党在地方层面依旧有权，每一层级仍旧服从上一层级的监管，行政控制继续监督政府行政机构等级中下属的行为。

这个体制设计以加强每一层的监督为目的，但是实际上它承受着多点监督的弱点。观察家早就指出来自不同权力结构命令冲突的问题，地方官员夹在中间。② 过去，地方官员有能力利用不同的指令服务他们自己的利益。"文化大革命"时期的农村即选择性地执行适合他们自己目的的指令。③

一些证据也提出，在每一级政府都有独立的党组织，涉及中央利益如何有效保护的问题。它假设在党员和非党员之间会有不同的取向。它还进一步假设这会促进党作为一个监督工具来调查反对党—国的行为。最终的假设是党员的利益与党中央的利益一致。前两个假设可能有效，但第三个就有问题了。

首先，几乎所有党监控的政府官员本身都是党员。其次，那些在政府任职的干部有时也在党内任职。再次，县委书记和县长有时是同一个人。在某县，1949—1989 年做过县委书记的 14 人中，8 人同时做过县长。

类似的重叠在乡镇和村层面也存在，虽然有时被掩盖了。一些官员努力保持表面上党政分离，他们有两种为不同场合设计的名片。例如，一个村党支部书记同时也是村企业管理委员会主任，他说当他处理经济事务时，让别人知道他只是一个行政领导是合适的，所以他为此准备了特别的名片显示他是村公司董事会主席。④ 但是依旧存在的事实是他还代表党。

真切表明党支部书记和行政官员管理明显区别的事例来自工厂，那里党的书记只有很少或没有技术知识却拥有比厂长更大的管理权。在此情况

---

① 《干部、官僚体制和政治权力》，第 37 页。
② 参见乔纳森·安格尔（Jonathan Unger）"为支配中国行政竞争"。
③ 参见戴慕珍《国家与农民》第六章。
④ CI 72188。

下，这两个人的技术水平会有根本的不同。但是也有这样的例子，前工厂厂长变成党的书记。在这种情况下，冲突会产生于这两人间的对立，两者都被认为拥有做决定的权力，而不会产生于与他们的管理和党的从属关系相关的意识形态的差异。①

在某种程度上，党和行政首脑意识形态的冲突发生于毛时代，可能是因为意识形态禁止经济奖励，而党的书记有责任强化这种禁止。但是改革之后，绝大多数这种禁止取消了，仍存在的禁止很少。党和行政首脑的利益渐渐集中到地方经济处境上，对此两者都有责任。地方共产党官员与地方行政主管一样要由经济结果评判。党支部书记积极参与地方经济发展，在有些情况下起到核心作用。地方官员在关心地方之前保护中央的利益不再是常态，即便过去曾经如此。

中央监管的有效性依赖于监管的代理人为谁，依赖于他们完成任务的能力，最重要的是，依赖于那些他们处理发掘出的信息时利益受到影响的人。

（一）地方监管代理

北京保留了控制下级代理人的强大工具：官员提名制度。② 每年的干部考核可以有效消除可能引起问题的因素。③ 人事系统确实使绝大多数官员避免了公开拒绝国家的监管和规制。地方官员既在形式上也在实践上谨慎遵循中央关于监管的规定。但是同毛时代一样，监管代理人是忠诚分裂的地方官员。

与美国国税局的雇员不同，他们是联邦政府的代理人，中国的管理者监督税收征集的责任部分归地方政府。他们负责监督他们自己。很多人具有行政管理者和监督者的双重角色，很少人有单纯的监管责任。在任何情况下，他们的工资和奖金都要由假定被他们监督的政府支付。

中国的地方监管代理人包括税务局、财政局和审计局。税务局和财政局的官员既是管理者也是监管者，他们是县财政控制的主要代理人，负责

---

① 相关于此的一个生动例子见于陈佩华（Anita Chan）、赵文词（Richard Madsen）和乔纳森·安格尔（Jonathan Unger）的《陈村》。
② 黄提出此观点，他描述了在管理投资和通货膨胀时中央控制对升级官员任命的效率。《通货膨胀和投资控制》。
③ 黄比较了美国由政府机构进行的对潜在雇员的安全监管的各种评价。《通货膨胀和投资控制》，第93页。

税收评估、收集、预算分配和监管。① 县级税务局评价和从企业征集税收,处理这些资金在地方中国人民银行的存储业务,② 进行监督以确保企业支付他们的税收。乡镇层面的税务所也有类似职责。③

财政局是全部财政计划和管理的中心。每个县财政局首要责任是县预算内资金,在县内所有政府部门间分配预算,④ 监管所有企业和行政单位的财政事务,接受税务征集的每日汇报,监管预算外资金(见第二章)。⑤

税务局和财政局的监管工作由县和乡镇级的特别单位实行。比如,县税务局有稽查队;⑥ 在乡镇税务所有一个稽查组。⑦

相比于税务局和财政局的责任包括行政和监管在内,审计局唯一的职责就是监管。在 1980 年代,中央创设了这个专门机构来加强自己在不断增长和日趋复杂的系统中监督经济活动的能力。⑧ 建立独立的稽查机构的理由是允许专门的、"高层监督"来监察企业、政府部门和机构的财政事务。⑨ 这个部门决定是否有违法现象或违纪现象。⑩ 县级审计局工作人员包括专业人员和非专业人员,但是绝大多数有财会背景。

访谈显示,地方审计局资源慢慢增加了。某县审计局开始只给了 6 个编制,1986 年达到 11 个,1991 年达到了 21 个。这些人中,3 个有审计师

---

① 税务局和财政局按税种不同分别对税收进行管理:税务局控制工商税,财政局控制农业税。财政局也控制土地的使用、果园和森林产品税及房屋买卖税。

② 这也是地方财政局的存储处。

③ CI 8791。乡镇税务所决定哪些乡镇企业要接受检查,但是该所的权力有限。它没有权力罚款,这要求有县里的批准,后者经常被琐事纠缠无暇顾及。在某乡镇,还没有一个企业被罚款。乡镇官员抱怨私营企业已经有半年没有交税了,他们希望县里解决这些情况。

④ 预算编制程序很复杂。预算表包括预算内收入和支出,在 2 月完成。表上的数字采集自其他更专业化的财政局科室,比如行(政)财(务)科,管农业税的农财科,管企业收入的企财科。然后,预算科把预编的预算发给各专业科室,每个科室编制本部门的详细预算。财政预算分发给不同的机关和行政机构。

⑤ CI 8791。

⑥ 在某县,稽查队由五人组成。

⑦ 该组由 2—3 人组成,他们常年专门从事稽查。

⑧ 对中央建立这个监管机构目的的一个解释,参见黄(huang)《通货膨胀和投资控制》第四章。

⑨ 审计局是权力高于税务局和财政局的一个监督和管理机构。虽然它对这些机构有特权,但是它对它所监管的层级的独立性仍然有限。审计局领导仍要服从地方政府和党的领导。他们个人的奖金和他们机关可能获得的预算外资金仍要取决于地方财政的状况。

⑩ 有其他的地方部门来处理经济犯罪。哪些部门需要介入取决于罪行及哪种类型资金被滥用。

职称，6个是助理审计师，多个是审计员。① 类似地，最初的五年中，审计局被安置在县政府办公，但是1990年他们配备了自己的大楼。审计局的派出单位（审计所）建立起来，以方便在县级以下加强监管。②

（二）定期稽查

稽查和审计进行的过程严格依据且依赖事前设定的日程。首先，"宣传"。稽查的一个阶段包括警告那些单位他们可能被检查。第二步允许单位自查，清理所有错误，支付应缴税收。如果他们利用这个机会清除了错误，他们就不会被罚款。只有在第三步，工作组才派驻选定的单位进行稽查和检查账簿。

三个机构检查的目的不同。县税务局和财政局负责县城的国有、集体和私有企业。③ 他们在乡镇层面的派出机构检查乡镇和村所有的集体企业及乡镇和村一级的私营企业，虽然县级官员也可以以个人身份来检查乡镇和村最大的企业。审计局最初的定位是，在他们的责任范围内并不包括农村企业，随着时间推移及应对变化的环境，这些企业才进入他们的关注。虽然现在他们的部分日常工作是监管村提留和公共积累的征集。④

审计局进行的检查遵循省里制订、地区传达的计划。每年年初地区和县审计局开会起草审计计划，规定最低审计数目和要进行系统审计的企业类型。在某县，计划的全面目标是三年内审计所有的县内单位。⑤ 实际的审计数目可能高于计划规定的数目。1990年，某县审计局接到地区的计划：最低36次审计。当年年底，该县审计了74个单位，包括其自主选择的专门个案。⑥

除了定期检查之外，各地的审计局根据包括市民举报在内的各种信息进行专项检查。县审计局专门任命一个人检查市民举报税收和经济犯罪的信件。据地方审计官员说，每个送到审计局的投诉都必须检查，即便绝大

---

① CI 8991。
② 中国建立审计系统相对较晚：县级监管建立于1981年。很多县1983年才建立机构。即便该县的审计局建立于1984年，1991年，该县17个乡镇中有3个还没有下级审计机构。每个下级机构分配3—5个职位，其中只有2个是审计工作的专职编制；其他的属于特殊管理类型的"兼编制"。1990年该县14个下级审计机构有40个工作人员，比县里最初确定的岗位略多。（CI 8991）
③ CI 23688。
④ 这个责任的扩张发生于1980年代后期。
⑤ CI 8991。
⑥ 其中，38个是行政单位。

多数检查都没发现任何违法行为。有时审计局做事"像公安局,调查以获得对情况的总体感觉"。① 有时审计局会收到犯错误者的自首。

税务局和财政局的检查工作没有规定数量,但是检查必须依据事先确定的时间表。1985 年国务院的规定要求县和乡镇税务局、财政局每年 9 月、10 月进行"税收、财政和物价大检查"。县财政局设立了一个"大检查办公室",协调由财政局、税务局、物价局和审计局组成的工作组。② 1990 年某县有 70 个分别包括 3 名成员的工作组。80 人来自税务局,60 人来自物价局,20 人来自审计局,50 人来自乡镇财政所。检查由乡镇组织,各部门首脑被动员起来组成一个"乡领导小组"。小组由税务所领导,包括一个副乡长和税务所、工商局和经济委员会的头目。高收入单位是检查的首要目标。③

与审计局类似,税务局和财政局也做专项检查,他们的目标比较容易预见。最可能被检查的对象仍是那些拥有可观收入的企业。每年县税务官员都到这些被标定为关键企业的主要企业去。④ 国有企业和县属集体企业最低要进行年度检查。税务官检查私营企业每年最低两次。⑤ 像零售商店这样的商业企业——作为政府的经销处——也要检查支出是否合规,是否挪用资金。

在某县,税务官进行的若干专项检查每年要有 30—50 次。1990 年,检查的单位中 30% 左右有问题。3 个县属集体所有企业因为偷税漏税被罚了 7000 元。⑥ 这些企业非法注销成本,在工厂内部分配多余利润。一些私营企业还有税务欺诈问题。⑦

(三) 预告式审计

与检查类似,审计遵循严格的对审计小组和被审计单位的规定。审计局被要求在审计前三天发出通知,包括审计事项和参与审计人员的姓名。

---

① CI 81391。
② CI 8891。
③ CI 24688。没有可靠数字说明有多少单位介入检查,但是一个财政局官员估计 20%—30% 的本县政府机构和集体单位被检查。检查不涉及企业,因为税务局的独立检查已经完成。(CI 8891)
④ CI 81391。
⑤ CI 24688。
⑥ 涉及的造假数目很小,但是罚款是应缴纳税收的五倍。
⑦ CI 81391。

这个事先通知意在允许被审计单位收集材料，但是这无疑也会给予该单位改正或假造账簿的机会。

审计小组一般由 3 个人组成——重要和复杂审计要 5 个人。并非所有的小组成员都来自审计局；只有组长必须是审计局的人。审计过程遵循预定常规，虽然小组在一个工厂或单位花费的时间要取决于它的规模。① 当审计小组入住，被审计单位负责人先做汇报。小组然后检查所有相关文件——最重要的是单位的账簿、票证和报告——以及实际库存或库存现金，这些都必须要与账目相符。如果发现问题，小组将决定谁负责任。这个负责任的人一定要写出证明材料，表明他们对有问题的文件负责，或者在这样的证明材料上签字。如果必要，不止一人要承担责任。例如，如果会计账簿有问题，会计和工厂管理者都要写声明。这些签了字的材料用作犯错误的证据。审计小组要写包含三部分内容的报告：该单位的基本情况，发现的问题，以及审计小组对问题的处理意见。报告出示给被审计单位，他们或者签字认可报告所说正确无误，或者反对和抗议报告。无论如何，报告都要带回审计局。

审计局在一个由局长主持、审计小组成员参加的会议上对该单位做出最终评价。案例被成批或分别上会讨论。在这个会议上，县审计局对每个报告以审计决定的形式提出自己的意见，这些决定可能支持审计小组的处理建议，也可能不支持。这个最终决定跟最初的报告一起发给被审计单位。如果该单位想抗议县审计局的意见，它有 15 天时间向地区审计局上诉以要求进一步调查。地区有 30 天时间进行对它的审计。②

（四）不当行为曝光

虽然税务局、财政局和审计局的年度检查是常规的且一般都事先知道，但是地方监管部门确实也监察了逃税和其他不当行为。税务局和财政局发现了涉及税收、财政和价格的一系列问题，包括企业所得税的错误计算和不适当的支出。③ 他们在涉及私营企业时尤其警觉。这可以理解：因

（149）

---

① 在某县，这一般要 5—7 天。
② 被审计单位也可明确对审计决定表示质疑。1990 年某县物资供应局的服务公司拒绝接受审计局的发现：它在纳税前和乡镇部门非法分配了利润，用预算外收入购买汽车和娱乐。最终，地区同意县审计局的结论。该单位要支付 29.6 万元附加所得税。用非法利润购买的两辆车给了财政局，因为该服务公司没有足够的资金支付应纳税款。（CI 81291）
③ CI 8891。

为地方政府没有介入私营企业事务的直接途径，这些企业也经常没有合乎标准的账目。①

每年各部门发现的问题数量都很大。某县 1990 年在自查阶段全部企业的 30% 承认有问题。同年，审计组检查的单位中有 10% 左右发现了问题，弥补损失 50 万—60 万元。一些案例——例如，农民没付税而非法出卖肥料——相对较小；另一些涉及相当数量的资金。1987 年某乡镇税务所从一个私营企业追回 2 万元。② 有人以为发现和报告的问题数量因政治气候、高层压力与直接监管的数量而不同，正如在所有的政治监管类型下一样。压力越大，发现问题的数量就越多。

审计局和专门的经济调查单位一样，自傲于捕捉到的问题的惊人数量，其中一些问题被税务局和财政局遗漏。例如，审计局发现两个乡镇所有工厂少付税：一个少了 12 万元，一个少了 19 万元。乡镇税务所漏掉了这两家企业。③ 审计局对所有关键单位、企业和机构的年度检查就是为了发现这类错误。它搜寻少报利润（和多报利润，见下）、非法支出、个人腐败以及私藏资金。它对建设和投资很警觉。④ 在一个案例中，审计局发现一个公司非法使用 50 万元流动资金建造房屋。⑤ 审计局权力范围也包括监管特别项目资金的使用，如开发煤炭、棉花、谷物和灌溉资金。

审计局还每年检查县政府支出一次。银行也属于审计局审计范围，但是银行审计范围有限：审计局只检查利率是否适当，确保专项基金用在采购谷物和棉花，没有被放贷。1990 年的一个案例中，某县农业银行被发现把棉花采购基金非法用于其他目的。⑥ 在 1980 年代中期，当一个资金短缺的地方棉花采购站非法扣除应付给农民卖棉花的钱时，审计局介入。⑦

下文是审计局的部分做法。

---

① 这可以解释为何一些私营企业被征收定税，而非按照标准税率计税。（CI 81391）
② CI 24688。
③ 当审计局被问及为何这些案件躲过了税务所，回应是税务所人员不足。而且，在一个例子中，乡镇税务所的人员刚到现场也不清楚情况。（CI 24688；CI 8991）
④ 根据黄，投资控制是审计总局规定的两个核心关注领域之一，另一个是财政事务。《通货膨胀和投资控制》，第 106 页。
⑤ CI 8991。
⑥ 该县确没对谷物打借据，但是 1984 年、1985 年和 1986 年对棉花打了借据。（CI 81291）
⑦ 此扣除被指责为额外提留。提留的比例假定受县人大监督。事件被上报县人大，但是后来被批转给县审计局。

1. 少报利润

一些企业因为想少缴纳所得税就少报利润；另一些企业这样做是为了少向县或乡镇支付作为合同费的租金。很像毛时代的生产队队长，工厂承包管理者不想下一年被征收高利润额；这些管理者也怕租金上涨。例如，1990年，审计局发现县啤酒厂只上报了112万元利润而不是实际的150万元。①

非法分配利润和支出是少报问题的另一面。因为中央要避免工厂随意发放奖金和礼物，包括衣物和食品，国家规定奖金不能超过事前确定的额度，除非缴纳了奖金税，奖金也不能作为开支扣除。这两种做法都会降低所得税税基。无论如何，这都是普通问题。在某县，超过20个工商企业被发现卷入这种非法做法。企业更愿意把额外的收入发给工人，不愿意支付高税收，因为后者会在下一年抬高他们的利润额度。

2. 贪污和挪用公款

贪污案在部门监管能力之内一般都归这些部门管辖。例如，1988年审计局发现林业局的一个会计涉入了一个3万元的贪污案。审计局也与一般被称为挪用的犯法行为有关系。挪用被定义为为自己或为他人使用公共资金；这些滥用也包括未被批准的公共支出。无论是私人挪用还是公家挪用，都因这些做法而有罪。两种情况下惩罚不同，但是两种情况下被挪用或非法使用的资金都要返还。② 此范围内包括上文提到的非法使用采购基金和破坏公共财产（浪费损失）。一个案子中，一个酒厂任由谷物烂掉，仓库管理员要负责。贪污和挪用的例子中，根据涉案资金的数额和罪行的严重程度，问题可能会上报给本县其他的司法和主管部门。

(152)

3. 未上报资金

未上报资金日常用语中被称为保留"小金库"。这些资金的来源不同：一个工厂可能把空间出租给私营企业而不上报租金，或者一个工厂出售废件而不上报收入。③ 虽然发现这些收入很困难，地方官员也声明这些数额很小，审计局干部公开承认这些问题存在。④ 审计部门用来检查这些私藏资金的一个办法是看这些单位的娱乐数目。1988年某县审计局检查一个建

---

① CI 8991.
② 同上。
③ 同上。
④ 1988—1991年间，某县审计局报告其发现只有十个单位私藏资金。

筑材料公司的娱乐资金，发现 4000—5000 元未上报资金。所有被发现的"小金库"都被没收上缴县财政局。①

二　地方管制的法团特点

上文展示了地方监管部门认真遵循上级指示，他们可以发现渎职行为并且追回资金。中央任命体制对促进这种服从很有效。仍存在的问题是地方监管部门如何使用收集的信息。他们是否惩罚违法者？他们是否把所有信息都上报上级，由此服务中央——作为委托人——的最大利益，或者他们把一些信息控制在地方范围内以保护地方利益？

所有的委托—代理关系都要面对信息不对称问题。代理人总是在信息方面占有优势。委托人的手段是提供足够的激励以使代理人认识到服务委托人的需要符合他们的利益。中国的问题是，在县及以下，中央政府的激励被那些提供更直接激励的委托人——地方法团政府——遮蔽。

县及以下的代理人问题产生于"嵌套的委托—代理模型"：这里有很多不同的委托和代理。② 监管代理的利益只部分与发布检查命令的委托人有关——此处指中央政府。他们的地位取决于中央政府通过职官名录制度表达的善意，但是他们的工资和基本经济福利依赖在县内检查的对象。对于税务局、财政局和审计局官员来说，有价值的委托人是县领导：县委书记和县长。虽然审计员认真关注形式和时间安排来取悦中央，县内检查收集的信息不必然会服务于中央的利益。中央政府的有效监察依赖于监管代理人的与被监管对象的独立。在创造剩余的过程中，中央激励经济增长，但是给予地方政府对此剩余的所有权破坏了中央最能影响其代理人福利的委托人角色。

地方法团政府可以利用监管来保护地方利益。如以下例子将揭示的，有时候地方政府官员为了帮助各种企业，会宽恕他们破坏中央角色和规定的行为。

（一）救治犯法者以保护企业

县审计局官员骄傲地对我描述他们专业审计人员的技术和效果，但是他们也暴露了对犯规者的态度，此态度表明他们保护的是地方而非中央政

---

① CI 8991。
② 米尔利斯（J. Mirrlees）："最佳激励结构"。

府的利益。惩罚很大程度上成为一个家庭内部事务，如果这些"孩子"承认自己的错误，最重要的是表现出悔改的态度，他们将会被原谅并被宽大处理。① 年度督查发现无数问题，但是其主要目的似乎是震慑经营者们在自检自查阶段改正自己的错误。

在审计缴费不足的案子时，审计局明确区分了故意逃税和由于无知与疏忽导致的漏税。地方官员把很多问题都归结为企业会计水准低，有时漏税是因为对规则不熟悉，或者是错误理解程序。② 如果漏税不是出于故意，相关单位就仅仅需要补足应缴税款，只有偷税需要处罚，罚款数量取决于偷税数目。

这个对犯规者原谅的态度在一个县审计局记录中表现明显。该县一年里审计的74家单位中的60%被发现有犯规现象，追缴税款136万元，但是没有一家企业因为触犯管理原则被处罚。审计局局长为这个记录辩解说，很难证明这些事都是出于故意。错误只被归结为缺乏相关技术或对规则不了解。

其他人承认，"我们不能处理所有人；犯规的人太多了！"③ 只有在个人腐败这类最严重的案子中才会有严厉处理，但即便在此情况下，如果犯规者已经服完刑，他也可以回到他原来的单位，只不过安排在较低的岗位。例如1985年一个县电力局电力派出所的头目被发现贪污电费并且受贿，总额达4000元，在监狱服刑3年后，他被释放并且在县电力局给安排了个临时工的工作。

在毛时代，对犯罪党员的处理取决于他们的表现。④ 如果企业自己报告了他们的错误，结果并不严重。像某县审计局局长所说，如果一个企业态度好，承认了自己的错误，补缴了税款，就不会有罚款。审计官员尤其倾向于对国有企业采取这种宽大的立场，在这些国有企业中县政府有直接的利益。当一个国有企业被发现偷漏税但是坦白了问题，县政府允许企业把应缴纳款项作为它常规承包任务的一部分向县政府补交而已。这种情况

(155)

---

① 根据一个渠道，有一个1990年的人大文件说如果犯规者主动坦白并退款，他就不会被以贪污罪处罚。（CI 81291）
② CI 24688。
③ CI 8991。
④ 参见戴慕珍《国家与农民》及魏昂德（Walder）《共产党的新传统主义》。

下没有惩罚措施实行。①

地方政府尽量把监察和审计中获得的信息控制在内部使用。包括审计在内的地方监察人员的任务和一个大型企业的内部审计类似。内部审计力图保证母公司有国家权威赋予的领导地位（保护它免于与税务部门发生外部法律纠纷）。这也有助于防止外部审计和惩罚。地方代理人能做到这些的程度取决于中央是否使用它自己的精英监察力量——从地方之外借调人员组成的工作组，并直接向中央汇报；这样的工作组在1993年副总理朱镕基努力重新掌控经济的时候曾被派出。② 无论如何，这是最无奈之举。跟毛时代的情况一样，这些工作组有限的人手令他们只能到问题最严重的、有限的几个地方。

跟过去一样，地方试图避免吸引不必要的注意，防止成为外来工作组的检查目标。③ 内部审计和由财政、税务和审计局进行的检查有助于保留地方真诚执行上级指示的印象。例如，当税务局发现一个企业偷漏税，企业会谨慎地修正应缴税收额度但是不向上报告该事项。④ 这在技术上是非法的。地方审计局官员说他们知道这种做法但是不会上报这种犯规，因为这样做对县里不利。他们还承认地区层面的官员也持有类似的宽容哲学。省里也一样。鉴于地方能规训他们自己的成员，他们会把问题当作家庭内部事务来处理。

当问题被过度报道，而企业也不欠税时，内部解决特别容易。如同某县的官员公开宣称的那样，"如果这些企业被处罚了，这对企业发展不利"。在该县，当审计局遇到对企业的过度报道，它会准备一个报告，要求工厂整理他们的财务报表，强迫它承认自己的问题。工厂经理可被要求辞职，但不会有罚款。通常连会计也不会撤职。

证据显示审计局同情地方企业的处境，这些企业被逐渐紧缩的财政状况所束缚。1980年代评级系统提供较高的信用限制，并给核心企业更便捷的通道（见第四章）。但是这个系统也让所有人对企业保持好的等级的需

---

① 如果企业不改正错误，且被工作组年度检查发现，它就必须给财政局缴纳应缴税款，并支付罚金。（CI 8891）

② "银行派出工作组到支行以加强政策执行"，《今日中国》（企业周末版），1993年8月1—7日，第3页，见中国国外广播信息中心93—147，1993年8月3日，第23页。

③ 对控制机制阶层化和毛时代外部工作组的效度问题的讨论，参见戴慕珍《国家与农民》第四章。

④ 有时这些税收作为下一年征收额度的一部分上报。

要敏感。检察人员知道如果企业被暴露亏损，他们将失去有利的地位。这些动机在一个水泥厂虚报利润的案例中非常明显：这个工厂少报了 35 万元的开支。① 如果官方决定这个企业亏损，它会丧失它的信用声望，从银行能获得的流动资金的额度将被降低。如此，为保护自己，这个企业上报了一个超额产量和利润目标。这保证有足够的资金来发放工人奖金和其他优惠机会。结果是，工厂有能力继续获得贷款。对于这个特定的工厂，偿付能力尤其重要，因为它获得的是"优先发展企业"的特别等级，以及与此命名相应的所有优待。没有一个县里的人愿意看到这个企业丧失其头衔。

审计局对这些破坏监管的犯规企业持宽容态度的另一个原因是，地方政府官员支持以检查名义采取的行动。例如，一个县白酒厂和县里签订合同约定支付一大笔产品税，而不是按照总收入的比例根据标准税率支付。这个安排会给工厂带来一笔剩余，县政府也允许该厂保留这部分剩余。后来地区认定这种做法非法。② 这个案子很复杂；当地方官员向我讲述时，他们仍要争论到底谁是正确的。(157)

困难在于县政府批准了给白酒厂税收减免的做法并最终为此事担负了责任。③ 县经济体制改革委员会主任曾提议这个税收合同，县长批准。这个委员会包括税务局、财政局、审计局、物价局、人事局、劳动局和经济委员会的人。这是中央依赖以实行监管和避免类似行为的核心机构，但是他们也一样渴望发展地方经济。所有人都知道这种做法的合法性有疑问，但是他们都同意这种做法，因为这会帮助地方发展经济。地方政府合法化他们的行为，争辩说这个合同生效时 1988 年国务院规定这种做法非法的指示还没有收到。④

（二）保护投资

把问题处理"限制在家庭内"的做法也被地方政府保护投资的需要强化。他们保护那些他们提供贷款的企业有自己的内在利益。这在县官员们

---

① CI 8991。
② 一个地区审计官员发现：（1）县过度扩展它给予税收减免的权力；（2）县把应该缴纳中央政府的税收上缴地区；（3）当资金应该归入预算内资金时被注入预算外资金。
③ 在另一个例子中，县允许一个销售公司签订总额所得税合同。虽然一般而言，此做法在技术上是非法的。县长要对此负最终责任。他不得不报告他的错误并承诺在未来对这种问题多加注意。
④ CI 8991。

对一个腐败案例的反应中清晰可见：此案牵涉到一个虽然小但很成功的村庄，它发展了很多村办企业。这个村庄是该县的一个典型，曾给国外参观者展示过此村。① 1980 年代后期，该村暴露出腐败和包括成立皮包公司、非法向铁路售卖交通空间、大量债务堆积在内的其他违规行为。一些人认为前村党支部书记摩托车撞车意外死亡开启了该村的衰落；其他人则认为问题早已经存在。② 不管是什么导致了这些问题，对本讨论的目的来说重要的一点是县官员和农业银行的介入和反应。③

当腐败暴露时，与没收村财产相反，农业银行介入来帮助该村。当被问到为何如此之时，一个银行官员说："这是社会主义银行，所以我们第一步是提供帮助。"进一步追问，事情变得显然：鉴于该村未偿付贷款的规模，银行在村里有特殊利益。④ 在问题被曝光前，该村从农业银行借贷在 500 万—600 万元之间。发现县农业银行自己的官员滥用权力和腐败使得事情变得复杂起来。⑤ 如一个政府官员公开所说，是该村的特殊关系使它有能力在最初获得如此大额的贷款。贷款从未被偿还。村干部根本不胜任他们的工作；他们对村庄管理混乱、投资过度。

通过对月度报告的检查发现三个村办企业都亏损，该村的情况开始明朗。⑥ 乡镇政府首先试图解决债务问题，部分因为乡镇经济委员会是贷款的担保人。当问题的严重性逐渐明了，乡镇向县乡镇企业管理局寻求帮助。最终，县政府向该村派驻了一个由来自农业银行的 7 人和一个乡镇企业管理局的副局长组成的工作组。第二年，农业银行派出了另一工作组，包括一个副行长和出纳科的人。这些县里的官员利用他们的关系和技能提高村产品的质量，获取市场信息帮助村企业改革他们的管理和售卖他们的产品。对犯规者的惩罚相当温和，只有一个农行的官员被审判后关进了监狱。⑦

---

① 大约在丑闻爆发一年前我访问了该村。它明显是县官员们的宠爱对象。
② 大多数人承认如果老村支书没有死亡，此问题可能永远不会失控。一个观察者认为 1984 年这个党内大佬也遇到了难题，但是如果他活着，这些难题就会很快解决，因为他关系很广。
③ CI 81391。
④ 该村贷款约 60% 来自于信用合作社，40% 来自于农业银行。（CI 8991）
⑤ CI 81391。
⑥ 此前，该村设法保证了利息按时支付。
⑦ 最终另一个县级官员卷入，他也认罪了。不清楚的是村领导是否最终因为犯罪被指控。我访问的时候，党支部书记已经就要调任村外一个岗位。

有人可能认为县官员的反应源自于他们对他们负责监管对象的熟悉。个人关系无疑会起到一些作用，但是个人利益也一样有用。县要考虑自己的财政预算。农业银行的风险相当明显。县政府介入以保护它的法团投资，能挽救多少是多少，帮助村庄重返发展和增长之路。这个地方法团利益的类似原则暗示了审计局对待偷漏税行为的宽容态度。税收与地方法团集团利益的其他后果相比可能非常微小。如果一个单位因为不谨慎导致评价等级不稳固，可能被有价值的特权抛弃，如县水泥厂的案例所示。财政管理不善向公众曝光可能导致一个企业丧失优越等级。类似的逻辑对行政管理单位也适用；他们或者在地位等级评比中不合格，或者丧失其地位，两者都会降低干部的奖金。①

了解哪个工厂亏损、哪个工厂表现良好对地方政府来说利益攸关。如果有可能，他们希望解脱工厂的财政困难，但是他们希望无损他们的优势达到此点。地方政府的考虑是避免这些问题阻碍更大的法团经济体的经济福利。

三　对中央控制的地方对策

马奇（March）和奥尔森（Olsen）在另一个语境下指出："政治制度不仅对他们的环境做出反应，而且也同时创造这些环境。"② 中国的财政改革做的正是这点。他们创造了有效激励以刺激地方政府热切追求中央政府活跃地方经济的目标。但是，他们同时也促成了一系列激励使得这些官员在政策执行的其他领域最小限度而非最大限度服从中央——首当其冲是国税的评估和征收——这影响了地方经济增长和地方层面产生的财政收入。地方法团集团的出现激励地方官员试图首先保护地方利益，其次才是执行中央税收法律，这强化了中央和地方之间的道德风险问题。

中央政府仍旧拥有解雇官员这个最终武器，但是这个威胁只在官员越界所为非法时才有效。总体上，官员谨慎行事避免越过这个界限。绝大部分官员真诚而有效地完成指派给他们的监管任务。但是完成国家授命的监管不必然和最大化地方利益的企图冲突。这里有足够的灰色地带，对最大

(160)

---

① CI 8891。
② 詹姆斯·马奇（James March）和约翰·奥尔森（Johan Olsen）：《制度再发现》，第162页。

化遵从大打折扣，以对中央和地方利益都照顾到。一旦官员被庇护并占据了职位，在微观监管中官员系统的控制总是缺乏效率。

虽然鉴于官员任命系统，地方官员首先顾虑的是害怕失去他们的职位，但考虑到第二章描述过的制度改革，地方官员作为代理人的行为也一样会被攫取剩余的诱惑所动摇。① 我的发现质疑了规则和社会化有效性的问题，即黄和其他人所说的制度可以依赖。② 地方压力反而导致忠诚的、有能力的地方官员最终试图保护地方利益。

下一章将继续考察地方对中央指令的遵从。这一章将聚焦于中央紧缩政策实行时期，削减农村企业的增长直接威胁到地方法团集团的利益。

---

① 黄假设这里没有这样的松懈。《通货膨胀和投资控制》，第183页。
② 黄：《通货膨胀和投资控制》。

第六章　从代理者到委托人

——不断增长的资源财富与地方控制

中国改革的领导人试图把改革限制在经济领域，但是巨大的经济增长也带来了政治变化。如其他人通常所观察到的："制度……影响其后的行动。他们可能是为经济目的而创制，或者他们的建立是为了促进特定的经济利益。但是，一旦制度创立，他们就会促生政治权力的立场和政治激励的体制。他们决定战略可能，也设定限度。"①

经历了十多年的改革后，中国的地方官员逐渐修正了他们作为代理人的角色，随着他们获得了对作为服务中央控制的基础之资源的控制权力，他们变得更像一个委托人。② 超过十几年的财政和预算外资金的增长使得地方官员超越了毛时代典型的消极抵抗策略，开始积极追求他们自己的利益。除了借助各种国家分配的资源，地方官员可以通过使用中央管制之外的地方所有的资源绕过中央对经济行为的控制。③ 资源能力的转移颠倒了北京和其地方代理人的关系。

毛主义的控制集中在意识形态和组织手段以应对监控问题。④ 通过把人口分散到不同的阶层组织中控制难题变得可以管理。单位领导和他们治下众人的行为通过制订计划、目标、配额来限制，利用报告、检查等手段以确保这些行为符合上级的指令和目的。毛主义控制体制的有效性植根于官方控制国家奖惩的渠道——无论是食物、房屋的供应，个人

---

① 贝茨（Bates）：《超越奇迹》，第151—152页。
② 关于代理人变成委托人，见怀特"作为控制的代理"。
③ 戴慕珍：《国家与农民》第五章。
④ 对此的经典表述，可参见弗朗茨·舒尔曼（Franz Schurmann）《中国的意识形态和组织》。

的就业机会或者是为工业提供物资、贷款和投资。① 这保证了最低限度的服从，创造出国家和其代理人之间的依赖关系。问题在于毛时代制定出的这些办法在改革语境下是否仍然有效？如果无效，是否有新的控制手段引入？

最后一章考察中央控制天然的软弱性以及地方选择性服从的制度理由。本章考察法团式控制，与不断增长的地方财政资源结合，被用来对抗中央1988—1989年的紧缩政策，这一政策明显是对着地方法团共同体的利益而来。在我们回到这个案例研究之前，以下部分先澄清中央试图控制地方预算外资金的细节，解释为何这些措施无效。这将进一步解释为何中央进行1994年的财政改革。

一 预算外资金的管制

1994年财政改革之前，不断增长的预算外资金的大头都截留在地方层面，中央政府通过行政手段意图限制或最低限度地疏导这些资金的使用。但是，对预算外资金的管制是粗放的，听任地方的自主裁量。规则完善缓慢，地方差异巨大。起初，每个单位不过被要求制作一个针对其预算外资金的年度财务计划。计划提交本单位的监察机构，后者向地方财政局提交一份报告，在计划实施前检查。财政局被授予使用经济手段引导预算外资金用于国家紧急建设项目和技术革新项目。② 后来，监管措施要求所有单位提供一份实际预算外开支的账单，这些账单要符合规范的会计程序。③

从1985年开始，要求更多的书面材料。每个地区，职能局和行政机构都被要求提交半年报告，作为对财政年和年底账单的补充。各级财政局都要建立必须的组织机构，分派人手恰当管理预算外资金，以使其使用符合国家发展的目标。④ 财政部实施监管，确定官方收据的格式，制定会计科目；还要确定需要的财务账目格式。每个基层单位都被要求制定一个预

---

① 参见戴慕珍《国家与农民》及魏昂德《共产党的新传统主义》。
② 这个安排以1981年宣传的"常州方法"闻名。
③ 一份1983年2月的文件：财政部发布的"关于预算外收入管理的试点方法"规定和系统化了这些收入的管理。财政部：《财税改革十年》，第324—325页。该文件规定了预算外收入的性质、范围和用途，提出了征收方案和保留比率。它规定地方政府、各部和单位无权规定新预算外收入项目。
④ 财政部：《财税改革十年》，第324—328页。

算外资金开支计划，并提交给本单位的监察机构，后者收集数据并上交财政局以备检查。每一级财政局都要搜集报告和下级机构的汇报并上报以备审计，并向上级财政系统的监察部门提交报告。在国家层面，财政部汇总预算外财政支出报告，并上报国务院以备检查。[①]

1980年代后期，采取了更严格的手段，试图通过把资金从个别单位的把握中疏解出来以方便监管。[②] 资金被集中在财政局设在地方银行的专户储存账户上。[③] 财政局替各单位管理资金，按照银行的监管支付账户利息。预算外资金的监管和支出收紧了。[④] 除了少数例外，各省、自治区和直辖市的财政厅、局都建立了一个"综合计划处"或"预算外资金管理处"。在地区、市、县层面，任命专门人员控制这些资金。每个单位都要根据其收入情况使用这些资金，遵守年度财政计划和季度支出计划。财政局检查和批准各项目，按月拨付资金。购买财物和处理紧急情况可以支出专项资金。地方银行掌管和支出资金，财政局实行计划管理，并负责审批。实行该办法以监管利用预算外资金进行的自主财政投资，控制通货膨胀。[⑤]

下文将例证，在1990年，一个拥有近4800万元预算外资金的县如何控制预算外资金。[⑥] 这些资金属于不同单位，包括县政府自己、国有企业和县里各职能部门，但是所有的资金都归财政局管理。县财政局的会计部门把预算外资金分成三部分：（1）地方财政；（2）国有企业财政；（3）行政事业单位财政。对不同类型资金的管理不同。

属于县财政局自己的资金在内部有两个部门控制：预算股和预算外股。前者准备预算外收支表，后者负责分析统计和监督预算外资金。

每个国有企业都要按季度向财政局上报他们预算外资金的支出情况，支出记录将受到检查以确认其资金花费是否适当。这些报告用来补充关于这些资金使用的年度预算，并且需要提交给财政局的预算外股。在这些报告提交财政局之前，他们首先要提交给县经济委员会审批。企业有权在规

---

① 财政部：《财税改革十年》，第326页。
② 这以"广州办法"闻名。
③ 财政部：《财税改革十年》，第329页。不清楚财政局是否可以决定某些项目的支出，或是否有权利否决这些资金的使用。
④ 1986年4月，国务院规定"国务院关于加强预算资金管理的通知"。
⑤ 财政部：《财税改革十年》，第327—329页。
⑥ 除非另有注明，本节均基于CI 8891。

定时间内使用这些资金，但是用途要符合一定规范。雇用临时人员必须得到劳动局的批准。每年的资金如何使用由计划决定。计划一旦制订，企业不能自主决定把这些资金用于其他目的。

各个行政职能部门和行政机构拥有的资金由财政局通过一个特别储蓄账号掌管。资金归各单位所有，用途由他们自己考量，但是账户由财政局管理。但这种管理有别于企业的预算外资金管理。每三个月，各单位都要向财政局预算外股根据单位计划（编表）提交一份报告。计划被批准后，财政局将向单位拨付相关款项。这不需要经济委员会的批准。各单位可以改变数量和用途，但是在之前要提交一份变更计划，交预算外股批准。

预算外资金的支出分为六种类型。① 在这些范畴之内，包括汽车和彩电在内的一些产品监管严格。如果一个单位要购买一辆汽车或其他严格监管的物品，它需要递交一份申请，交给财政局预算股的一个特别办公室。一旦申请被接受，财政局的另一个股（行财股）拨付资金。基建资金申请也不同，这些申请要提交给县计委审批。如果批准通过，一个拨款单会发给申请单位。然后单位拿着这个拨款单去银行提钱。

官僚系统的文件很多，但最大的困难在于所有这些控制预算外资金的办法都不改变资金仍停留在地方层次的局面。即便是资金在单独一个行政机构的统一控制之下时，监控效度仍取决于地方财政局对资金使用的审批严格程度。1980年后不再需要上级的审批。当县层面掌管这些资金监控的行政机构的利益越来越取决于地方政府时，预算外资金的大部分使用申请都获得了批准。

二　经济紧缩及中央控制的检验

中央监控的问题在1980年代末变得迫切，此时中国经济面临着两位数的通货膨胀，国有企业也要和高速增长的乡镇企业竞争。当行政机构对中央释放的刺激地方经济增长信号反应过于强烈时，监控问题变成一个迫切需要。

结果是1988—1989年中央发动了一次对乡镇企业增长的压制行动。乡镇工业被指责过热，创造了无用的复制品，浪费了稀缺珍贵的资源，这

---

① （1）基本建设开支；（2）革新开支；（3）机构开支；（4）行政开支；（5）福利开支；（6）其他开支。

对本可供大型国有企业更好利用。① 乡镇工业受到缩减以保护整体经济的健康发展。为完成此任务,中央政府利用宏观经济机制关闭企业而非依靠强制和行政措施。② 一些类型的企业被禁止,其他一些类型企业因成本升高、利润降低而自主关闭。

抑制增长的主要机制是严格控制对农村企业的信贷。在紧缩期,银行被告知要控制借贷,降低贷款限额,缩紧贷款发放,加速还款周期。③ 1988年集体企业从信用社借款的利率被定为21%之高。中国人民银行对农业银行贷款设定的利率略低,但是也提高了。④

此外,一系列扶植政策和优惠税收减免——如以前各章所述——在此时期都被取消。1989年1月前允许工厂在课税前扣除贷款还款额度(这将降低所得税)的措施对所有的新贷款都取消。⑤ 在某县,此项政策变动后所得税征收增加了一百万元,虽然地方官员承认增长很难说是一项措施的结果。⑥ 地方税务财政部门对集体所有农村企业的低息或无息贷款也受到削减。虽然贷款仍旧可以发放,但很少或没有新资金注入;此决定有效降低了可能获得这些帮助的企业的数量。

紧缩政策的后果很复杂。一方面,中央显示出其仍旧拥有强有力的政策杠杆可以控制通货膨胀,同时,如黄所示,降低了大规模投资;⑦ 另一方面,通过对农村情况的深入考察和分析地方统计资料,显示国家控制对

---

① 乡镇工业总是处于非常危险的地位,即便是在毛时代。如见,卡尔·利斯金(Carl Riskin)《中国乡镇工业》。这不是乡镇工业在改革开始后第一次被批评;这种批评从1980年代早期就已经开始。可在周的《农民如何改变中国》中见到一些例子。也可见安东尼·奥迪(Anthony J. Ody)《乡镇企业发展》;及尤吉(Ji You)"赵紫阳"。

② 类似的观点见奥迪《农村企业发展》。

③ 根据指示,对农村工业企业贷款的减少只有3%。但是,国家削减定期贷款5%,减少财务虚弱企业的贷款额度20%。此外,它严格追讨农业、商业和交通行业的逾期贷款,削减此类贷款超过30%,强制被归为"坏债"的贷款偿还20%。《中国农业年鉴1989》,第228页。

④ 在某县,1987—1990年农业银行贷给农业企业的流动资金利率从1987年的低点8.64%涨到1989年2月的高点11.34%。农业银行的固定资产贷款利率取决于贷款周期;1987—1990年,一年期贷款利率从1987年的7.92%涨到1989年2月的11.34%;五年期以上贷款利率从1987年的10.08%涨到1989年2月的19.26%。(CI 8991)信用社的贷款利率更灵活一些,但是他们总是比农业银行的利率高——流动资金贷款要高出50%。

⑤ 这项措施对国有企业仍有效。

⑥ 这些措施的例外情况降低了他们的效度。例如,同期,中央鼓励出口经济,给予乡镇企业和联合企业优惠税务减免鼓励出口。自然,地方企业开始提升出口。(CI 6490)

⑦ 黄:《通货膨胀和投资控制》。

约束乡镇企业的增长只有部分的效果。

中央对乡镇工业紧缩政策的效果只是局部的。地方政府有能力对中央指令采取审慎的反应。发展减速了,但并没有停止。农村工业有能力以不被察觉的速度增长。1990年农业部长何康声称,乡镇企业的产值在紧缩期间增长了15.9%。① 该声明之后中央政府决定改变紧缩政策,再次促进农村工业的增长。②

虽然最高层领导意见分歧导致不一致的政策,③ 紧缩政策的复合影响产生于改革时期中央控制的一个较重要的特征:1980年代,地方和中央政府权力之间只有模模糊糊的均衡。中央政府有能力控制经济的某些方面但是不能控制另一些方面。

(一) 农业增长减速

国家集中的统计数字显示中国中央政府在1980年代末有足够的对投入成本的控制,可以影响企业的表现和利润。高生产成本和萧条的市场导致乡镇所有企业的营利能力剧降。全国范围内,乡镇企业的利润降低了7.34%。④ 访谈资料进一步证实了宏观经济控制的效果。县、乡镇和村政府1988—1989年的统计资料显示高利率显著降低了乡镇企业的利润,导致很多企业无法完成计划的生产目标,一部分倒闭。在某村,利息成本升高了40%,达到约70万元。⑤ 地方政府官员可以介入宽展还款时间或协商以达成有利条款,但是底线是企业必须要支付利息,或由依赖这些企业获得收入的地方政府负担。与国有企业不同,集体所有的农村企业缺乏有力的帮助以负担这些成本。企业和地方政府都要面对严格的预算约束。

第四章所描述的五级信贷等级系统限制了最好的企业之外的所有企业的信贷获得。如果一个企业的等级低于三等——这是平均等级,这个企业就几乎被自动排除在资本支出信贷考虑对象之外。⑥ 例如,1990年,某县

---

① 同一时期,经济的其他部门下降或停滞。何康,转引自詹姆斯·泰森(James L. Tyson)"中国振兴",《基督教科学箴言报》1990年3月26日。

② 参见奥迪(Ody)《农村企业发展》,可见对官方出版物各种言论的讨论。

③ 杨:《灾难和中国改革》第八章,提供了一个赵紫阳和李鹏对农村工业发展意见分歧的不错描述。

④ 《中国乡镇企业年鉴1991》,第133页。

⑤ CI 52090。

⑥ 企业被规定一个周转资金信贷的额度,与固定资本信贷分开。

的 381 个企业中有 297 个获得三等或以下，无资格从银行或信用社获得贷款。① 合格企业的数目在 1989 年后下降了。1990 年，一个曾具有"特一级"等级的企业因为 1989 年糟糕的销售成绩丧失了它的等级。②

与昂贵的贷款相伴，其他生产投入品的成本也在提升，这导致利润剧减。1988—1989 年间，某县集体所有的乡镇企业总利润降低了 587 万元。该县的一个村同期利润降低了 160 万元。③ 一个工厂损失了超过 50 万元的利润。村党支部书记解释"中央的紧缩政策是不断增加的支出的最大影响因素"。他抱怨电价从 1987 年到 1988 年提高了 20%，然后第二年又提高了 20%④。1987—1988 年，木材、钢铁和煤炭的成本提高了 50%。⑤

不断增加的成本的影响因市场萧条而恶化。例如，从 1989 年 9 月到 12 月，山东某地一吨棉花的市场价下跌了 10%。⑥ 糟糕的市场状况引起了物资滞积，这引致企业的现金流发生问题。糟糕的市场状况、物资滞积以及缩减的贷款共同创造了坏账循环，期间的每个人都是其他人的债主——这个现象被称作"三角债"。某村 1989 年在问题的高峰期欠债 296 万元。⑦ 这个坏账循环进一步削弱了本就萧条的市场，导致利润进一步下降和更多的企业赤字。一些企业无法生存，另外一些经历了长期折磨，这最终导致第三章所描述的集体企业在 1990 年代大衰减。

（二）选择性服从

紧缩政策影响了农村企业，但是当统计数据分解后，大量不正常现象显现出来。最明显的一点是三种类型企业——乡镇所有、村所有和个人或联合所有企业不平衡衰落。紧缩政策对集体所有企业数量削减影响最小，虽然正是这些企业消费了最多的资源，也是国有企业的最大竞争者。⑧ 在

---

① 对那些第三等的企业有一些例外。如，一个第三等的鞋厂获得了 5 万元贷款以购买新机器。
② 这个企业原为出口生产。它的等级的丧失归咎于"天安门"（1989 年政治风波——译者注）之后国际状况的变化。地方政府回忆他们县一些企业发送到青岛出口的货物被退回来。（CI 6590）
③ 1988 年该村总企业利润 332 万元。
④ 值得说明的是此处不是每个电力企业的利率升高了，而是过去占 5% 的电力企业的附加费提高了。（CI 52090）
⑤ CI 52090。
⑥ 计划价格没有变化。（CI 52090）
⑦ 债主是大企业。很多国有企业也面临货物滞销和坏账循环问题。（CI 52090）
⑧ 世界银行指出：即便是那些被认为是"高污染"的企业，如果这些企业是集体所有，就很少被关闭。见奥迪（Ody）《农村企业发展》。

集体所有企业内部，乡镇企业比村企业遭受的损失更小。个体企业受打击最重。在山东某县，5000个企业倒闭，绝大多数是私营企业，倒闭企业中没有乡镇所有的企业。① 在另一个县，倒闭企业总数（1685）标志着1988—1989年企业缩减了23.5%，但是在此时期乡镇所有企业数量没变。村所有企业数量降低了，但是减低的比例要少于私人所有的企业。

集体所有的企业常常是兼并而非倒闭。这质疑了综合统计数据的意义，它显示工厂消失了。一个财政状况良好的企业可以担负起一个无力偿还债务的企业的债务，也包括它的工人和设备。经济上遇到难题的工厂的财政问题就这样解决了，工人仍旧在职。该县关闭了5000家企业，55家集体所有企业被合并。② 在另一个例子里，三个此类合并发生在一个拥有14家集体所有企业的乡镇。③ 在又一个例子里，状况不佳的集体所有企业，包括村所有和乡镇所有，改变了生产线而非倒闭。④

有问题企业仍以某种方式持续存在，更明显表现在其雇用的工人的数量上，这些数字相对稳定，在某种情况下还有增长。在某县，工人数字增加了1000名，即便集体所有的企业减少了两家。如果这些地方统计数据具有代表性，那么从乡镇或村所有企业中真正被解雇的工人即便有也很少。

地方政府保持财政上很虚弱的企业继续经营的原因需要解释。一个原因来自于第三章所描述的政治现状——"铁饭碗"还没从中国农村彻底消除，虽然人民公社已经解散了。一些村在1988—1989年，村党支部书记给工人涨工资，即便他们村正经受着利润缩减。⑤

另一个原因来自成本计算。一些村的党支部书记认为，在某些情况下，关闭一个财政赤字企业的长期成本要高于让它保持经营的成本，一个党支部书记解释，撇开村民失业的代价，企业毁灭的成本过于高昂无法承受，最少短期无法承受。这些村子努力发现渠道去弱化紧缩，希望市场复苏。⑥

---

① 这5000家企业中村办企业有多少不清楚，但是一个官员的评论显示它们是少数。（CI 6490）

② CI 6490。

③ CI 6790。

④ CI 52090。

⑤ 一个村党支部书记解释说为赶上生活成本的提高，这是必需的。从增长中获益的村棉花厂雇用了523人；平均工资大约每年2300元，包括30%左右的奖金。（CI 2090）

⑥ CI 52090。

对县和乡镇而言，一个经历短期困难的工厂可以依旧提供有利可图的财政。无论集体所有企业是否盈利，地方政府仍旧有能力从销售和产品税中受益，同时也从以租金和费的形式获得的非税财政收入中受益。如我在第二章所解释的，这些税并不与利润挂钩。1988年全国大概有75%的乡镇和村企业的税收是流通税和工商税；同期所得税只占这些企业上缴总税收的25.3%。① 我的田野调查也发现了类似的模式。例如，一个村办工厂1987—1988财政年度盈利37.6万元。该厂交税14.6万元，或其利润的38.8%。但是此数字中，只有3.6万元是所得税，其他的11万元或75.3%是销售税和其他税。②

地方政府对他们企业的保护性态度在测量地方银行贷款发放减少比例上表现明显。实践中，相比于紧缩政策所明确号召的，对贷款的限制没那么严格。③ 例如，整个山东对乡镇企业的贷款从1987—1988年增长了19.7%。④ 但是在山东的一些县，这种贷款的增长要高过其他县。⑤ 一个银行干部解释，如果没有上级的限制，其所在的银行1989年会给乡镇企业贷款更多。⑥

这些地方政府对抗政策并试图保护关键企业的行为是可以预期的。需要解释的是为什么表面上严格的紧缩政策只有部分效果。

三　侵蚀贷款控制

通过银行系统控制贷款是意在为乡镇企业发展减速的紧缩计划的核心。⑦ 此策略以如下观念为前提：中央政府仍旧保有对可信生产性投入品的垄断权，银行和信用合作社也是中央政府的有效代理机构。这些假设的任何一个都不反映中国农村经历了十数年改革后浮现的现实。

---

① 《中国统计年鉴1989》，第240页。
② CI 6688。
③ 银行并没有全部砍掉给乡镇企业的贷款。中国农业银行下达的指令比经常听到的条款——"零贷款"要实行更少震撼。奥迪：《农村企业发展》，第97—98页，也得出了一个类似的结论。
④ 《山东农业年鉴1989》，第58页。
⑤ 在某县，从1987年到1988年它们增长了23.8%，从1988年到1989年增长了31.14%；另一个县的增长也类似。（CI 52190；CI 6590）这与杨的发现——农业银行和信用社给农村企业的全国总贷款下降了8.8%——形成强烈对比。《中国的灾难和改革》，第220页。
⑥ CI 6590。
⑦ 我此处主要指1988—1989年的紧缩努力，但是这个评论也适用于朱镕基1993年的紧缩。很多类似的方法被用来解决类似的问题。

人民银行作为中央管理银行，监管信贷，制定宏观经济政策。在地方层面，直到县一级，人民银行的支行仍旧作为本行政管理级别的中央监管银行发挥作用。通过这个官僚系统，中央政府在1988—1989年发起了一场信用冻结，超过其他所有对银行可实行贷款进行监管的政策。利率升高到如此程度以至于贷款成本对企业利润产生负面影响。当然这个设计通过仔细区分经济行为来控制经济表现的管理措施，在它们实行过程中就遭到了破坏。①

（一）银行的商业化

地方银行仍旧是中央政府贷款控制的核心代理人，但是1980年代末，银行成为一种经济体制，其利益越来越和地方政府融合。② 起初，银行不过是国家财政体制的一个工具，对国家计划确定的项目的拨款进行管理。他们不考虑利润和还款问题。在1978年之前，人民银行是财政部下属的行政管理机构。一个县级专业银行的首脑解释了未改革的银行体制的问题，他说虽然西方的银行是营利性的，中国的银行首先是控制企业的工具，其次才是做生意。企业贷款根据政策审批。③ 改革提升了人民银行的等级，成为与财政部平级的部级单位，也渐渐把银行转型为经济企业。1979年之后曾在毛时代被解散的三大专业银行——农业银行、建设银行和工商银行——重建了。

(174) 首先，银行在1980年代初具经营特点。按照计划给指定的企业和项目拨款变为低息贷款。其次，专业银行的地方支行，如农业银行，第一次被允许使用他们自己的存款放贷。但是他们只有有限的自主权。在1980年代早期，银行仍旧受束缚于统一管理的体制：借贷计划④和最低准备金要求。⑤ 如一个银行官员所说，"上级制定计划时，存款规模是考虑的因

---

① 关于在紧缩政策时期银行作为监管者问题的更深入和技术性讨论，见卡斯滕·霍尔茨（Carsten Holz）"矛盾的宏观经济政策"。

② 关于改革时期银行作用和行动的非常有用和细致的研究，见霍尔茨《中央银行的作用》。关于银行改革，见塔姆（Tam）"中国财税体制改革面面观"。

③ CI 81391。

④ 信贷计划（社会性计划）包括四个部分，分别涉及对银行、城乡信用社及各种信托和投资机构的控制；对信贷行为如销售债券和股票及资金征收的控制等。见中国银行财政结构改革所"改革调查"；亦见霍尔茨《中央银行的作用》，可见信贷计划的不同类型的细节。

⑤ 1985年始，中央银行规定了每个银行必须存入地方人民银行的存款的最低数量，如此强制规定可用于发放贷款的银行存款的比例。

素,但是即便农业银行的县支行吸收了足够的存款,也不能保证它可以相应发放大数目的贷款"①。

相似的转型也发生在乡镇层面的储蓄所,那里贷款部分与存款关联。1991年比例管理体制确立后才赋予他们使用自己资金的全部自主权,允许他们借出其存款的75%。② 这些体制改革虽然有限,也促进银行与储蓄所一样,行动起来更像一个经济体。

促使地方银行最终变成企业、开始为还款担心的是中央银行自己的行动。改革要求中国人民银行继续以贷款的方式向每个专业银行提供资金。③ 但是地方银行不再能依赖上级支持他们发放贷款计划的资金。中国人民银行寄送"贷款通知"给省级分行,后者具体化为借给专业银行省级分行的数目。④ 即便如此,这些通知并不保证人民银行可以提供这些数目,他们不过规定中央政府可以分给专业银行的最大贷款额度。⑤

对于银行来说,超出国家支持渠道去吸纳存款变得越来越必须,因为他们不再能依赖上级提供给他们足够的资金。某县农业银行贷款经历说明银行从中国人民银行获得的资金的份额越来越小。在1985—1986年,其资金的25%来自于地区或省银行。自1987年始,从上级获得的数目降到15%—20%之间,其余部分来自于本地区存款。

1980年代后半期,存款和贷款间更直接的关系开始出现。⑥ 如一个地方银行官员所说,自1985年起,银行有更多的回旋余地决定他们可以借出多少。计划和资金是分离的;贷款越来越与存款挂钩。1986年是一个转折年。到1988年"存款越多,贷款越多"的状况愈发明朗。那些缺乏资

(175)

---

① CI 8991。

② 他们存款的13%要交给农业银行作为存款准备金,但是这些资金然后要交给人民银行。信用社存款的7%要保留在信用社做兑付金,剩下的5%的机动资金在兑付金不足时也可以提取。与专业银行不同,信用社最初被要求把他们的兑付金保存到农业银行;这些兑付金的数量占总存款的比例从15%—30%不等,由省农业银行决定。霍尔茨:《中央银行的作用》,第78页。自1991年始,每个信用社开始自负盈亏。(CI 8991)

③ 这是"中国人民银行再融资计划"的一部分。

④ 霍尔茨:《中央银行的作用》,第45页。

⑤ 如霍尔茨解释说:"当计划仍旧来自中央,资金按这个计划分配,每个专业银行的行长办公室拥有一定的资金自主支配,贷款可以在地方层面从中国人民银行获得(根据该计划)。"《中央银行的作用》,第4页。

⑥ 1984年改革,"统一计划、划分资金、实贷实存和相互融通",规定允许专业银行的支行汇集存款、发放贷款,同时强化了中央银行监管现金供给的能力。华生、张学军和罗小鹏的《中国》对此改革提供了一个详细的解释,见第84—85页,及第215页的脚注40。

金的地方银行只好停止发放贷款。地方银行丧失了一定程度的安全感，但是它们获得了自主权。一个成功地在紧缩期间爆出超过30%贷款增长率的县，只有15%—20%左右的贷款是来自中央计划，余款都是来自于本地存款。①

对资金新关切的自然结果是银行在发放贷款时算计更多。过去，当绝大多数贷款是根据计划进行的政策贷款时，资金由上级支持，银行对还款相对懈怠。但是当他们开始发放自己的存款时，他们小心许多。如一个县建设银行行长所说，很多农村企业到银行来寻求贷款，但并非所有的都能成功。给乡镇企业的绝大多数贷款都贷给了乡镇所有的企业，只有一小部分村办企业有资格。一个申请者是否能获得贷款取决于银行对所主张项目的可行性研究及银行的财政状况。

银行的经济特点随着1988年银行"资金市场"体制成长起来，自此之后一个地方的银行可以从其他地方的银行借贷。通常情况下，较大的城市银行主要从省里借钱，然后把钱再借给较低层次的银行。这允许市场和银行自身决定信贷分配，从而破坏了中央的信贷计划。②

（二）银行间的竞争

国有银行的吸储竞争作为改革的结果进一步弱化了中央的信贷控制。起初，中央政府规定不同的经济部门到不同的专业银行办理业务，意在监管对海量中国农村企业的投资和信贷。无论是个人还是企业都有权选择专门银行以便存款或获得贷款。农村企业被指派给农业银行和信用社。如销售和市场合作这些商业上的考虑，则需要在工商银行开户。为保持对基本建设的紧密控制，中央政府规定所有的建设公司和所有的建设项目资金都要由建设银行管理。③ 每个专业银行如此都要负责监控和监管不同经济部门的财政行为。

1980年代末，这个高度分割的、强监管的贷款体制不再被严格遵守。企业利用银行间竞争的出现，开始与中央监管指派给他们的财政机构之外的机构打交道，存款于他们可以获得贷款的机构，寻求最好的服务和条件。例如，1990年某县建设银行向农村企业发放其总贷款的15%，即便

---

① CI 5290。

② CI 8688。

③ CI 81391。

这些企业并没有指定与他们一起工作。① 这些贷款中最大的一笔，300 万元批给了一个村，明显与官方的数量分配矛盾。② 私营企业也乐享贷款弹性和机会，离开农业银行到其他专业银行，包括建设银行，寻求固定资产贷款和流动资金贷款。③

县层面的国营和大型集体企业也加入了贷款体制的放松过程。例如，当需要一笔大额贷款以发展生产时，某县啤酒厂把它的主要账户从工商银行转移到建设银行。根据监管规定，这个厂要从工商银行借款。可是工商银行虽充满同情但是只能给该厂其所需要流动资金的一部分。在新的经济环境下，该厂转投建设银行，后者提供了更多的贷款。④

当中央规定 1988—1989 年紧缩政策时，银行仍部分受制于计划获得监管的存款，但是他们不再只是一个行政管理机构。所有的专业银行都为了经营而互相竞争，吸纳任何他们可能吸纳的资金。除了承诺给予优先服务和优惠利率，还有贷款申请的快速审批。⑤ 比如一个县建设银行继续依赖国家指定数额，在企业的建设项目被批准前把持着企业要求的资金。⑥ 但是这个银行的资金主要来自于储蓄，占其存款的 50% 左右。为了保障长期资金，该银行发行了保息债券。⑦

四 地方法团利益和共谋

信贷系统的松弛最终依赖于地方官员的合作。从一个财政机构转移账户到另一个机构需要人民银行地方分行的批准。正是此处地方法团利益开始起作用。正如我在上一章指出的，当地方官员被迫要在保护地方利益和严格遵循中央政策之间做出选择时，答案是非常清楚的。正如一个建设银行的行长所说："当地的人民银行批准了大多数企业改变银行的请求，因为如果不这

---

① 这个建设银行创建于 1979 年，但是只是在 1985 年之后才开始接受存款、发放贷款。此前，它不过是财政局的一个给指定项目拨款的银行。（CI 81391）
② 在一个例子中，村子通过以村建筑公司的名义获得贷款，但把贷款用在纺织公司上的办法来完成对制度的规避。建设银行也知道这点。（CI 81391）
③ 与集体企业不同，私营企业不需要担保，但是他们必须提供抵押。
④ 这么做部分是为了保护建设银行早期对工厂的投资。
⑤ 1991 年 8 月，建设银行对优先客户降低了利率：从 10.34% 降低到 8.64%。（CI 81391）
⑥ 这些建设账户代表着其资金的大约 40%。它们包括建设自筹资金，占总存款大约 30%。
⑦ 1991 年 8 月，银行官员报告国家支持银行 10 万元，但是该银行的自有资金有 7000 万元。（CI 81391）

样，企业将倒闭。支持企业是最重要的。所以人民银行没有选择，只有批准（着重号为引者所加）。如马克思所说，人必须服从条件。"①

但是，鉴于地方官员的谨慎，那些在银行中做出借款决定的官员——正如其他的地方官员一样希望保持自己的地位并且可能在官僚体制的阶梯中获得提升——小心翼翼不冒犯中央的监管。② 最低限度遵从监管的努力一直被保持，但是正如在上一章中指出的那样，考虑到税收，这并不意味着规则最终没有被绕过。例如，当企业利用银行间竞争这个机会时，他们在他们最初的银行保留一个账户，但是在第二个银行申请另一个账户，从中获得需要的资金。③ 这正是上引例子中那个县啤酒厂所为。该厂把它的主账户转移到建设银行但是在工商银行仍旧保留一个账户。④ 在其他事例中，监管漏洞百出。比如，土地管理局要在农业银行开户，但是它可以合法地在建设银行做生意因为该局掌管基建事务。

地方银行官员与县官员一道，拥有相当的自由裁量权决定如何高效和严格地遵循规则和监管。在某种程度上，上级允许这种偏离，因为它促进了经济发展。地方官员相当清楚他们权力的个人性质以及上级对他们经济成功的评价。一个县的建设银行的行长把他的银行的成功归功于他能快速决策和批准大额贷款。⑤ 根据这个官员所说，他的银行拥有灵活性是因为省里相信他的判断并给予他更大的自主权。⑥ 但是还要注意到在他1987年掌管该行后这个银行扩张迅速。当年，它只有300万元存款，至1991年它拥有7000万元。⑦

（一）挪用资金

银行既作为国家的行政管理工具也作为经济实体的双重角色，允许地方官员在管理国家提供的资金时有充分的余地。有证据显示一些银行把专项用于谷物和棉花采购的资金改到其他用途上。当然个人腐败的例子很

---

① CI 81391。
② 黄的《通货膨胀和投资控制》在这点上是正确的。
③ 一个县农业银行官员承认农村企业可以选择银行，即便遵循监管他们只能在一家银行有一个账户。这被称为基本账户。但是一个企业可以在另一家银行为特别项目申请第二个账户或辅助账户。（CI 8991）
④ CI 81391。
⑤ 例如，1988年，他有权批准100万元以下的个人贷款。（CI 81391）
⑥ 他认为这归功于他的技术：他拥有高级经济师头衔。
⑦ CI 81391。

多，但是在一些情况下，挪用资金发生于需要给地方经济的其他部门提供贷款的情况——最明显的是在紧缩时期要提供给农村企业。

地方法团政府面对的迫切财政需要促使银行承受越来越大的压力以把资金投向对地方更有利可图的项目。这些压力在信贷缩减的紧缩时期被放大。鉴于投资给工业的回报率明显要高于投资给农业，地方政府无视资金的官方用途，将通过银行疏导可获得的资金以支持工业的行为就不意外了。地方政府力图保护共同体的工业，不惜"犯规"、转移国家资金来应付紧缩的贷款。这些策略与毛时代的实践相似，当时生产队也非法截留谷物，把国家资金转移给工业。① 在银根紧缩之际，转移资金有各种形式，县、乡镇官员都有卷入。在1988年的一个案例中，地方银行没有足够的资金向一个烟草公司提供贷款以保障烟草供应，税务部门允许这家公司延迟缴付烟草税一年。② 这对这家公司使用税款保障原材料供应卓有成效。

转移资金以最大化利用有限的资本的问题在于，最初指定要获得资金的部门被剥夺了。不幸的是，挪用国家资金最严重的问题在于，当农民向国家交售了他们的收获时，缺乏足够的资金支付给他们——"白条问题"。

这个问题由不同渠道引起，不全怪县农业银行转移资金。银行自身也无法获得采购款。采购资金有两个来源：中央人民银行和地方储蓄。后者主要由地方信用社的资金构成，农民在那里存储他们的现金。③ 根据县官员所说，1980年代末期地方农业银行逐渐依赖信用社的资金。④ 问题在于信用社也要把他们所有的有限资金最大化，也要试图玩资金循环使用的游戏。他们假设在他们必须要把钱上缴给农业银行之前贷款会被偿还，冒险发放短期贷款给乡镇和村办企业。但是在一个财政紧缩时期，资金供应极其紧张，一些信用社发放的贷款无法被偿还。这减少了县农业银行可支配的资金数目，它也就相应地无法借给粮食产区由财政局分配给他们的采购资金。粮食产区因此也就没有资金支付农民的卖粮款，陷入了白条难题。

在另一种情形下，县农业银行拿到了采购款，但是决定用于其他目

---

① 前者的细节，见戴慕珍《国家与农民》；关于投向县级地方工业各种资金的讨论，见黄佩华"毛主义和发展"；亦见许慧文（Vivienne Shue）"超越预算"；以及巴里·诺顿"中央控制的下降"。
② CI 6490。
③ 如前文所说，虽然正式而言这些银行和信用社是两个独立的机构，事实上他们使用一个总账，在县一级也处于统一管理之下。
④ CI 6690。

的,[18] 然后无法按期偿还这些资金以支付采购款。同样,这也是一个资金循环使用游戏。一个村党支部书记有幸获得这样一笔贷款,他解释这个过程是怎么运作的。县农业银行参与了采购款的分配,借贷给该村做流动资金以渡过 1990 年的财政危机。为进一步帮助该村,贷款是在银行支付的同等利息下借给该村的。① 在贷款的名义下,该村可以按农业收获时间偿还:一半在 6 月,另一半在 12 月。② 在这种安排下,该村获得 535 万元作为流动资金为一个新磨坊购买棉花。③

(二) 伪造账目

紧缩的压力也迫使地方伪造记账,以便腾出资金,给予企业最大的财务自由来度过财政紧缩期。银行的一个通常做法是允许企业延期偿还贷款而不受惩罚。一些地方政府通过简单免除债务的办法解决他们企业的财务问题。例如,1989 年春,一个和乡镇经济委员会一起工作过的县官员勾销了一些该乡镇企业的旧债,1000 万元的债务如此被抹掉。债权人企业被允许从他们应该支付给乡镇经济委员会的费用和利润中扣除他们应得的债务数目。这么做管用是因为债权人和债务人同在一个乡镇。在另一些例子中,官员允许有 10 年或 20 年债务未偿还的企业以成本名义勾销这些债务,这削减了应收的所得税数额。

官员们对待这些做法的态度是实事求是。他们解释说 10 年或 20 年的陈年债务要想偿还是相当不可能的。如一个地方官所说,勾销这些债务不过是"让企业账户反映实际情况"。④ 他们没有明说的是勾销这些债务也会让地方官在上级面前显得更好。这显示他们确实执行了紧缩政策削减坏账。勾销债务让每个有关的人都看起来不错。

五　资本的非银行来源

中央对地方银行控制的削弱,本身不足以说明为何地方有能力继续在紧缩时期保持增长。资金转移与勾销策略一样,是地方官在毛时代就使用的方法。他们可以挫败中央控制企图,但是转移这些资源不足以补偿削减。地方官员能度过紧缩时期因为他们还拥有地方自有资金。

---

① CI 8991。
② 该村在 3 月获得贷款。
③ CI 52090。我确实不知道该村是否按时偿还了贷款。
④ CI 6490。

第四章列举了县、乡镇和村能提供给乡镇企业的各种援助贷款和非官方信贷。这些资金存在是因为地方政府拥有对一部分财税收入的财产权,更重要的是,拥有对财政分成比例之外的预算外资金的权利,以及拥有对乡镇和村创造的资金的权利。这些资金的可观数目在保证乡镇和村企业度过紧缩难关中起到了关键的作用。长期来看,他们对中央和地方的资源均衡有强烈影响。①

(一) 备选贷款机制

1980年代末,各地在中央银行体系之外建立了本地存款和贷款机制。② 一个乡镇干部骄傲地说到他的乡镇能熬过信用紧缩政策是因为它建成了一个金融服务所,为乡镇企业和农业发展汇集资金。③ 他小心地指出这些资金不是用来发展教育和医疗,只用在经济发展。他继续解释这个金融服务所是为了应对困难和地方信用社发放贷款时的繁文缛节才设立的。这个金融服务所对集体企业和私人企业发放贷款。它设立于1988年,到1990年5月它发放了300笔贷款。申请程序相对简单。超过2万元以上的贷款需要获得金融服务所管理委员会审批。

显而易见的是,地方官员设立金融服务所是为了绕开对地方银行和信用社的限制性监管。地方主官一般不在这些金融服务所的委员会,但是他们无声的支持相当明显。上例中,委员会的9个成员中2个是地方政府的次要官员。④ 金融服务所的1/4委员来自县农行。⑤ 它的大部分资金——超过60%——来自农村农业人口。剩余的资金来自地方企业自身,他们在此存款而非银行或信用社。

这种准私人贷款机构不像官方的信用社。最重要的是,这些机构在紧缩政策要求的信贷限制之外。在上述例子中,该乡镇10个企业都从金融服务所借款。最大的借贷者是一个建材公司,它在1990年的一系列小额贷款中共获得60万元。而且,因为对向金融服务所提出申请的人没有居住地限制,其他乡镇的村也可以到这个机构借款。事实上,该金融服务所

---

① 中国学者的分析强烈地支持此点。例如见于金满和翁兴鸥"关于当前宏观经济管理的问题及其处理的一点浅见",《中国经济问题》1990年3月20日,第2期,第16—19页,中国联合出版研究中心翻译90—049,1990年7月11日,第36—39页。
② 华、张和罗也注意到这些渠道的重要性,《中国》。
③ 除非另有注明,本部分的信息来自CI 52490。
④ 一个是乡镇政府的成员,一个是乡镇某管理所的所长。
⑤ 1989年年底,服务中心从农业银行获得了200万元贷款,有利息。

借出的最大一笔贷款就是给邻乡镇的一个村。1990年3月，该村借贷180万元办纺织厂，利率15.8%，还款期限1年。

很难确定1988—1989年这类机构有多少。有关于此的统计信息并不包含在各种统计年鉴中。有一些是类似私营机构，在温州有过报道。上文提到的讲解金融服务所的地方官很自豪：他们的机构是本地区唯一的一家。但到了1990年代中期，如我在第四章所指出，这种私营或准私营的金融机构在此地大爆发。有些县每个乡镇都有。他们既包括与乡镇信用社竞争的村级信用社，也包括抵押商店。① 所有的机构都或明或暗得到地方政府的支持。

（二）县级扶持资金

紧缩政策要求地方政府停止向给地方企业提供无息或低息贷款的各种政府行政机构补充资金。一些地方政府遵命行事，但是一些机构仍旧握有充裕的资金继续向某些企业提供贷款，即便削减政策已经下达。县级预算外资金的增加削弱了中央要削减信贷资金的企图。而且，有证据显示紧缩期间，资金并非简单地削减掉。自省级以下，地方政府在紧缩期间仍旧向这些机构提供资金。各级地方政府都试图帮助本地区经受住资金紧缩的状况，从他们自己的资金中以低成本借款的方式直接给企业提供经济帮助。

更详细的县级数据揭示了通过地方政府渠道可获得的潜在资源。华北某县财政局拥有各种形式的扶持资金，他们在一事一议的基础上发放。这包括在省指示下建立的农业发展基金。1990年这个账户有300万元。② 还有一种特别的预算外资金被称作"支农周转金"，1990年总数是236.5万元。③ 此资金中还包括一个"财政扶持资金"专门用来支持集体企业；1988年该基金达到64万元。1981—1987年间该基金一共支出203万元。县政府决定要注入该基金的具体数目，包括回收款和新投入。④ 表7为省、地区和县提供的补充财政局贷款的数目。县级投入1989年少于1988年，

---

① 如见"信用社帮助农村经济增长"，《中国日报》1992年11月7日，第1页，见于FBIS-CHI-92-217, 1992年11月9日，第50—51页；"典当业应有明确的经营规范"，《光明日报》1993年8月11日，第3页。

② CI 8891。

③ CI 8791。

④ CI 6288。

但是虽有紧缩政策,从省里和地区获得的资金1989年有显著增加。

表7　　　　华北某县财政局贷款的资金来源,1984—1990年　　（单位:万元）

年份	省	地区	县	汇总
1984	24	22	13	59
1985	30	9	17	55
1986	20	15	20	55
1987	50	18	19	87
1988	45	20	94	159
1989	16.5	62	70	297
1990	无	无	35	35

说明:1990年数据只包括前五个月。
资料来源:CI 52290。

表8　　　　华北某县税务局贷款,1988—1991年

年份	总数（万元）	企业数量（个）
1988	30	14
1989	47	20
1990	51	25
1991	75	无

说明:1988—1989年数据为大约数。1991年所给数字为70万—80万元。
资料来源:CI 81391。

如表8所示,县税务局的借款也存在相似的情况。1984—1987年一共借给超过60家企业总数达40万元。1988年之后,每年均有增长,1991年比1988年的30万元增加了一倍多。1989年税务局出借47万元给大约20家企业。① 与该税务局官员的访谈揭示,在紧缩时期,这个局的资金来源相对安全且数量大。这个县税务局用来给企业发放贷款的资金从一些本地来源获得。一个来源是私营企业的税收。该局被允许自留总税收的2%略强。②

---

① CI 52290。
② 据地方官员,这是山东省统一税率,由省税务局决定。(CI 52290)

除了税款外，其他数额来自于县财政局分配给税务局预算的剩余。① 税务局可以从这笔分配中保留 2 万元。此外，向小商贩征收的临时经营税税率大概在 5%—8%，这取决于所卖货物的价格。1987 年这笔税款总数大概是 50 万元。②

从县科技委员会获得的贷款尤其珍贵，因为企业只需偿还 70% 即可。③ 当地方资源不足时，县科技委员会可以从地区或省申请项目贷款。援助项目可以从省里、地区或县里指派下来。指派项目的那级政府提供相应的资金，同时贷款也要归还回去。1988 年某县给了它的科技委员会 20 万元，省给了 22 万元，地区给了 8 万元。④ 与税务局一样，科技委员会也可以到地方银行为企业贷款担保。这个委员会同意为企业支付部分利息以使其贷款申请更能让银行接受。⑤

（三） 乡镇、村和企业内资金

在紧缩期间，集体资金可能是使乡镇和村企业生存下来的最重要的单独财政来源。他们使用的渠道如第三章所述。这并非是集体拥有海量的资金，更可能的原因是乡镇，尤其是村，可以在需要时从共同体内动员到资金。

利用田野调查数据，经济学家们搜集的证据显示，在改革的十几年间，村为发展工业对外部贷款的依赖显著降低。⑥ 这与第三章所描述的国家银行对村企业贷款的下降趋势相一致。我的田野工作也证实了这一趋势。富裕村可以培育自有资金，可以来自既有的村办企业，在一些情况下也可借助成功的农业事业。一个世界银行的报告也指出，这一再分配和自筹资金形式作为农村集体企业固定资本投资的来源普遍存在，起码从 1985

---

① 剩余分配始自地区税务局给县税务局提供的预算闲置。
② 此数额中，县保留 30%，70% 上缴地区。即时销售税制定于 1984 年，当年地方政府开始积极促进企业发展。（CI 62288）
③ 没有利息要求。而且，如果一个项目被科技委员会选择资助，企业将会被保障一系列计划内低价供应的物资。（CI 7888）
④ 总数自 1987 年起增长巨大，当时该委员会只有 5 万元，被贷给 20 个申请者，其中 5 个是农村企业。最大一笔贷款 1.5 万元是给一个省级苹果生产项目。（CI 71888）在该县内，县财政局以科技发展基金的名义给科技委员会分配预算。财政局并不关心这笔钱是如何分发出去的。自 1986 年始，该委员会保留了所有返还的贷款。
⑤ 委员会的资源来自其技术发展资金。
⑥ 参见罗思高（Scott Rozelle）"委托和代理"。

年以来是如此。① 有关此讨论的相关观点指出这些资金都在中央税务征收之外，也在中央对地方的控制网络之外。

（四）村内资金

和乡镇一样，村也利用这个再分配体制（见第三章），从而一个工厂可以从本村或本乡镇财务状况更好的其他工厂借款以应对财务紧缩。例如，1989年8月，在一个工业发达且富裕的村，一个新建立的棉花厂从村内其他工厂借贷100万元，其中从一个铸造厂借贷25万元。

如第三章所指出，找到这些资金并不容易，尤其是每个人都缺钱的时候。上例中，党支部书记承认每个工厂都要保护他们自己的资源，尤其是紧缩时期，即便是来自同一个家庭也如此。铸造厂曾试图拒绝（该厂有自己的"意见"，如中国人所说），但是最终被"说服"借钱出来。厂长知道将来的某一天，他可能会是那个需要帮助的人。此特例中，这个借款的要求之所以难以回绝是因为协调这些借款的这个村的党支部书记，同时也是这家棉花厂的所有者。为使交易尽可能愉快，这个村党支部书记承诺三年还款，年利息15%。②

资金也通过其新工人的保证金在企业内筹集。这种做法使用了一些年，但是没有弄到太多的钱。在财政紧缩时期这只能产生有限的效果，因为工厂基本上不雇用新工人。第三章讨论过的工作股份更有吸引力。这种做法在1989年被山东的一个县采用，当时当地的银行和信用社几乎拿不出贷款。③

如果村政府不能从企业筹集足够的资金，他可以从村民那里借，一般从那些在企业就业的人那里借。紧缩时期通过此渠道筹集到了相当大数目的资金。例如，1989年一个工业村需要流动资金购买原材料以保证工厂正常运转。村决定向全体工人出卖股份。④ 每个工人贡献了从5000元到10000元不等的庞大数目。⑤ 作为回报，村里支付每个股份持有人比银行

---

① 奥迪："农村企业发展"。
② CI 52090。
③ CI 6490。
④ 这个制度不能和前面描写过的股份持有制度混淆。此处，卖掉的不过是信用社存款计划的股份。
⑤ 当被问及是否5000—10000元对农民是一个庞大的数目时，村支部书记说没问题，每个村民家都有大量存款。他说那些没有足够资金的村里工人不被要求购买股份。（CI 52090）该村特别富裕；在其他村，数目会更适度一些，每个人只有300—500元。

高的利息。工人可以随时抽取他们的资金。1989年上半年该村通过这种股份售卖筹集了70万元。①

这些办法逐步制度化并在紧缩时期之后被继续使用。例如，1991年，上文提到的村子中大约80%的企业仍旧进行各种形式的集资。那一年，这个村动员了大概有300万元。1995年，当该村已经拥有18家企业时，年利润超过500万元，它仍旧通过其售卖方案每年集资大概200万元左右。②

六　在变迁的经济语境下中央控制的局限

紧缩政策未能触动全部重要的预算外资金和共同体自筹资金，这些资金被用来帮助企业度过中央加诸的财政约束。

首先，地方政府可以合法保留他们筹措的资金，并在他们认为合适时使用。他们有能力超越此前的消极抵抗策略。他们的资源赋予他们采取积极行动来直接对抗中央政策、追求他们自己的地方经济利益的能力。底层政府的政治行动者，尤其是在乡镇和村层面，现在可以采取超越中央政府的经济和法律控制的行动策略。地方逐渐增强的保护地方利益的能力，显见于地方政府对1988—1989年财政紧缩政策的反应中，说明地方政府进入了一个与中央就追求地方经济利益博弈的新阶段。

无疑，毛主义的控制体制中存在漏洞。但是，毛主义的中央政府充分垄断了资源以避免大多数地方政府采取任何除逃避和消极抵抗的措施。当时几乎没有建立独立资源的基础或采取积极行动的机会，因为绝大多数分配都来自中央。因为在经济表现和政治忠诚间的意识形态联系，最低限度的服从是必须的。地方政府只能在中央政府设定的规则内或边缘附近施展自己。权力和控制的平衡明显取决于中央。③

当县有能力拓展他们的工业基础，他们有很少的回旋余地发展工业，因为中央依旧对农业征购保持紧密控制。这个控制剥夺了地方政府需要的原材料。预算内资金——和有限的预算外资金——虽合法归地方政府掌握，当仍要服从上级的各种控制；地方政府没有权力决定这些资金的花费和投资。

---

① CI 52090。
② CI 23696。
③ 许慧文在她的《国家的范围》中明显低估了此点。

最低限度的服从仍旧必须，但是改革和不断增大的经济规模给予地方政府越来越多的经济自主和经济投资能力。本章强调了地方法团政府从经济改革中获得的、超越中央政府控制发展能力的后果。中央控制政策仍被执行，但是他们或被用来促进地方利益，或促进了对不断增长的地方自有资金控制的削弱。

1994年改革规定了对预算外资金控制的一些改变。这些资金现在被称为"第二预算"，这反映出要把它们置于更严格预算监控下的企图。所有的预算外资金现在必须被置于所谓的县财政局"统一管理"之下，使用前需要有县政府的批准。有事例显示一个单位要申请使用这些资金时县里没有批准。例如，一个县的工商管理局申请利用他们的资金盖一个宿舍。县里拒绝了，说该部门已经有足够的空间。但是，仍有疑问的是，1994年改革对控制预算外资金到底能有多大效果。在许多方面，各种安排仍旧像过去一样，除了各单位要使用仍旧被认为属于他们自己的资金时，有了更多的程序需要他们一一通过。最重要的是，预算外资金仍旧保留在地方层面。

第七章　经济改革的政治基础
——总结性反思

　　中国经验表明，如果官僚系统在经济改革和发展过程中有利可图，它可以发生在列宁主义体制下。经济和政治权力的融合并非一定被摧毁；经济变化不一定要侵蚀既存政治精英的权力。问题并不在于体制是否是列宁主义的，而是对完成改革有哪些激励。当改革威胁官员的权力时，他们很可能阻碍改革；改革的利润和利益的诱惑也同样会促使他们追求高速的经济发展。

　　经济改革和地方官员的权力之间不存在简单的相关关系。中国经验显示一些地方政府被改革削弱了，一些则被增强。关键在于官员控制的收入来源。在大多数村，决定性因素是地方工业化的程度。只有初级农业经济，尤其是种植业经济的地方政府除了设置特别附加费、各种其他费用和罚款外，没有什么代替选择。本书描述的地方法团共同体不可能存在于这种村子。工业化的程度越高，地方政府越可能以法团形式介入、榨取和再分配收入。

　　显然，改革并没有使所有的村工业化。一个地方政府是否成功取决于具体的环境。我的观点是中国农村改革巧妙地完成于允许那些促进经济发展和追求农村工业化的人加强而非削弱其官方权力。① 中国经济改革很多方面起飞于农村的原因恰恰在于领导这些变化的关键企业家是那些拥有经济和政治资源的人，即干部自己。地方政府法团扎根于早已存在的集体和中央计划，是从列宁主义体制过渡出来的最小抵抗的通路。

　　中国的改革策略被描述为"摸着石头过河"。地方政府在改革过程中多样且易变的模式使这种描述真实可信。有些人可能指责中国缺乏大胆清

---

① 过去强调市场降低地方政府权力趋势的作者们现在强调农村政府像地方法团一样行事的方式。比较尼（Nee）的两篇文章："市场转型理论"和"市场转型的组织动因"。

晰的计划以快速改革经济，改革中这个国家所实现的进步表明，充分注意前进路上遍布的石头中蕴藏的约束和机会是个不坏的主意。无论是越过还是避开当前不能挪开的石头，中国都小心前进，只是在它渐渐地通过这些石头，进入了河流的下一个阶段之后，才实行新的改革步骤。这是在一个快速经济增长的语境下，面对缓慢变迁的制度采取的解决办法。

中国经验提供的不是成功的公式。这种类似的结果是否能在苏联出现并不清楚，那里列宁体制遗留下的合法性与在中国完全不同。① 中国的改革经验是一个路径依赖的故事——历史结果限定的条件——但是它被制度变迁改变了。当后毛泽东时代的国家保留着毛体制的关键特征时，在市场经济条件下适应快速经济发展的需要导致一个性质全新的发展中国家，而不仅仅是一个修正了的列宁主义体制。本研究强调伊文思的基本观点：没有两个国家主导发展的例子是相同的。② 我以地方法团政府概念描述的地方政府领导发展的体制是一个迷宫，它利用毛主义国家蕴藏的能力，采用的是在资本主义发展中国家发现的形式。其他国家是否能复制中国发展经验并非取决于历史合法性，而是将来的改革者是否拥有毛主义国家典型的政治能力，以及他们是否能制造出足够的激励来说服那些负责执行的责任人：经济发展对他们有利。中国的改革经验支持道格拉斯·诺斯的主张：制度是"经济长期表现的潜在决定因素"。③

(193)

一 财产权安全与经济增长

为解释清楚经济增长与缺乏清晰、安全的私人产权的矛盾，一些人提议这种权利被过分强调，可能并非对所有文化环境都必须。④ 对于没有财产权增长是否发生的问题，本研究不能提供证据。确实表明的是，为使经济增长发生，个人不一定要拥有对企业利润的财产权。只要一些组织实体拥有财产权，增长就会发生。如果地方政府拥有足够的激励和资源来追求发展，他们可以承担企业家角色。⑤

---

① 此观点见戴慕珍的"地方政府的作用"和戈德斯坦的"转型中的中国"。
② 埃文斯（Evans）：《嵌入性自主》。
③ 道格拉斯·诺斯（Douglass North）：《制度》，第107页。
④ 见威茨曼（Weitzman）和许（Xu）"乡镇—村企业"。
⑤ 本研究意识到地方政府内部也有不同利益。关于政府之内的个体行动者如何像一个企业家一样行动的讨论，见达克特（Duckett）"市场改革"；及林益民（Yi-min Lin）和张占新（Zhanxin Zhang）"公务员的私人资产"。

本研究的观点并非集体财产权——这是公共财产权——导向增长，只是他们可被用来完成增长。这种区分可能看起来过于学术化，却有丰富的政策含义。向市场经济转型中国家并不需要立刻私有化。在转型体制的某些条件下，财产权的中间形式有可能促成经济增长。

在中国，在个体缺乏足够资源变成企业家的情况下，地方政府在农村工业发展中的所有权利用了有限的资源。但是所有权形式在经济和政治语境变迁过程中也发生演化。本研究表明集体所有的初始形式如何变得落伍。如果增长继续，政府的角色也必须改变。所以，在利用地方政府法团主义包容不断成长的私人经济中，地方政府表现出惊人的灵活。问题在于此种适应是否会继续。

那些坚持个人财产权提供了最好增长基础的人可能最终会被证明是正确的。但是这并未得要领。此处并不需要对一种所有权与另一种所有权的天然优越做出价值判断。不同的环境会催生不同的所有权和财产权形式，关键在于私有化并不能垄断促进增长的能力。中国经验显示渐进改革可以是一个有效的选择路径。

关于是否需要一个爆炸式改革还是渐进式改革的争论，要从论题中剔除出去。更重要的问题是，什么是最适应一个渴望进行转型的国家的条件的最精确机制？那些创造经济变革同时创造政治变革的企图，一定要考虑改革发生的具体经济和政治环境。改革者要从一个他们拥有什么以及问题的根本原因何在的现实图景开始。本研究的发现请求他们考虑他们所拥有的可能性，而非不利因素转变成优势的可能性。再强调一次，导致中国发展的不是激进的人事改革或既有经济结构的快速解体，而是创造出有效的制度激励，即给予既存官僚系统一个新的经济和政治语境，并于其中积累支持改革的成本和收益。

本研究的发现也提出："清晰且安全的"财产权，虽通常被描述为对有效增长所必须，但并不具有一成不变的意义。虽然在本研究中我始终认为地方政府赋予居民的财产权，实际上从来不是有法律严格保护的安全的权利。中央可以随时从地方收回这些权利——正如其根据1994年税务措施所部分做到的。甚至更清楚的是，安全的财产权利仍旧困扰私营企业。虽然地方政府和私营企业都追求发展。可能这就够了：两者都满足于其拥有的权利能够带来可接受的回报这一预期。

这一论点在目前的研究中发现了更多的支持证据，这些研究显示，随

第七章 经济改革的政治基础

着改革在中国的进行，不同所有权形式之间的模糊性不断增加。① 本研究中，我认真考察了集体所有权和私人所有权之间的区别，并用这种差异解释了为何农村工业在 1980 年代腾飞，地方政府和私人企业如何参与此一过程。为力图理解这一腾飞，保留一个清晰的差别是必要的。但是随着改革推进——尤其是随着新的所有权形式和管理形式在 1990 年代被引入，政府行政机构开始经营活动，以及国有机构开始具有一个更复杂的形式——在"公共"和"私人"两个范畴之间的模糊开始出现。如"私营"、"集体"和"联合"这些标签似乎为经济和政治方便而被应用。重要的是对企业增长负责任的人们，以及投资的人们，感觉他们有能力为自己的努力获得或多或少稳定的回报。② 对私营企业的研究强烈暗示，法律保障的安全的私人所有权或许并非必须。全部所需可能不过是旺克（Wank）所说的"社会性保证，非正式的财产权"。③ 这一切引导我认为在某些环境下，如果对那些拥有追求经济发展激励的组织实体有相对安全、相对清晰的所有权，增长即可能发生。

重要的分析性问题是，什么是这个体制会运转的条件？是否它只在短期之内可获得——这是因为在一个转型时期，旧网络和庇护关系仍旧有效？这是未来研究的一个问题，但是不能期待这个体制会在所有条件下运行或过一段时间后在同样的地方运行，这一点是明确的。也很明显的是，随着农村企业可以在他们的共同体之外做交易，那里他们拥有有限的社会或血缘纽带，以熟人网络为基础开展的经营将不再能运转。地方政府和企业一样开始雇用律师和利用法律。但是目前，在血缘关系和庇护关系仍然牢固的地方共同体内，社会管理仍有能力保障私人企业家保持对其投资回报的稳定预期。正如对于地方政府来说拥有从中央政府获得剩余的可靠承诺就已经足够，可能正是这些社会关系和植根于其中的可靠预期，才使得即便没有西方术语意义上的清晰和安全的所有权，也有可能完成经济增长。④

---

① 参见戴慕珍和魏昂德编辑的《财产权利》中的文章。
② 一些人甚至认为财产权利是一种可以讨价还价的事物。见科琳娜·芭芭拉·弗朗斯西（Corinna-Barbara Francis）"讨价还价的财产权"。
③ 王达伟："社会网和财产权"。
④ 这与诺斯关于非正式制度的权力的思想有关，《制度》。

二 经济改革的政治后果

斯达·斯科克波在另一个语境中提到政策有能力"转变或拓展国家的能力。未来他们会为了官方的进取改变行政可能性，并影响其后的政策执行的前景"①。中国经济改革促成的改变超越了绝大多数政策反馈的问题。成功的经济改革释放出对修正了中央和地方权力平衡的中央政府有利的后果。这一转变不仅给予地方政府不曾预料到的追求他们自己利益的自主权，而且也限制了中央可以修正当前状况的选项。代理人集中了越来越多的资源，行动一如其委托人。

中国中央政府现在面对的问题与所有的自上而下改革努力相同：一旦启动之后，如何控制改革。米哈伊尔·戈尔巴乔夫发动了政治改革，但是它不仅导致了苏联共产党倒台，而且导致了苏联解体。成功开启经济改革的中国领导人发现他们陷入要应付改革未曾预料之后果的境地。可笑处在于很多现存的问题源自于中央诱使其代理人完成当初改革计划的成功。在某些宽泛的框架之下，中央给予地方相当的自主权去最大化其财政收入，对地方追求经济增长开绿灯。

中央现在需要和它的代理人重新协商，给予他们新的任务。受两位数通货膨胀的影响，中央政府尝试在一段时期内以分散控制的方式减低经济增长速度。在多个层次上，该策略取得成功，1990年代的后半期，通货膨胀保持在相当低的水平上。中央的问题是，这些在市场经济改革后开始实行的努力也同样改变了经济的性质，地方政府获得了对相当多资源的控制。第六章的发现说明这也是1980年代后期的情况。地方层面的代理人不再是那些在改革开始时期处于地方与中央关系的另一端的那些人。

经济改革激起了政治变化。中国政治改革的种子被种下，并随着经济改革的成功发芽。个人的政治权利被保障，但是地方政府法团主义的成功可能促进一种更明确承认地方的权利和权力的联邦主义的出现。②

在很多方面，改革再造了中国共产党试图在1950年代中期清除的状

---

① 斯达·斯科克波（Theda Skovpol）：《保护战士和目前》，第58页；转引自保罗·皮尔逊（Paul Pierson）"当结果变成原因"，第603页。

② 如加布里埃拉·蒙廷诺拉（Gabriella Montinola）、钱颖一和巴里·温格斯特（Barry Weingast）强调的，这是一个完全不同的联邦制，它强调中央和地方政府之间的权威划分，而非个人权利。"联邦制，中国类型"。

况：在其中很多行动者无组织、无控制行事。毛时代的策略是分化和统治，降低通过组织和控制监管的成本。① 中央降低了其要直接监管的人数，力图通过行政工具获得服从。国家垄断和配给制有效地降低了生产投入得到保障的其他渠道。相同的原则支撑了改革开放初期不同经济部门指派给不同的专业银行的决定。

实际上，毛时代监控机制的有效性要低于舒尔曼在极权主义想象中所暗示的。国家有能力创建对其居民和代理人扼制性控制制度，但是在实践中，表面服从被维持之际，大多数代理人都有大量的行动自由。毛主义的控制系统缺少人力检查其在基层行政机构的每个人。这是一个立基于恐惧的控制体系，如一个中国谚语所说："杀鸡儆猴"。如我早期研究所说："当最有效的手段最少使用的时候，大多数控制形式就都只有极小的效果。控制体制是一个立基于榜样和威慑而非对每一个可能的触犯者都实行全面惩罚而发展出的互动。"②

中国的计划和控制体制总是受制于多层级官僚系统的信息流。该体制的失败导致了"大跃进"时期最具灾难性的后果。③ 这种控制体制的主要弱点是它"严重依赖地方干部有效完成其大多数日常控制的合作……不管干部是谁，是一个本地人还是一个外来人，权威的操作都是个人化的，执行的程度取决于干部个人的裁量。这种权威的个人化成为政治庇护体系的核心"④。

本研究表明，中央对地方代理人的依赖并没有降低。权力仍旧是个人化的，地方官员仍旧执着于"表明服从"。但是对中央而言，情况在很多方面更严峻了。中央试图利用在毛时代为计划经济建立的监管体制来控制正顺利转向的市场经济。监管官僚体制几乎没有改革，而资金和资源已经快速集中到中央试图控制的地方政府手里。1988—1989 年财政紧缩时信贷控制系统的漏洞已经清楚表明监管能力方面的落后。现在，比此前更甚，在利益竞争中监管系统是脆弱的。当行政机构受到其地方行政领导而非中央的激励所诱导时，一个存在内在瑕疵的监管体制就更加低效。固定于财

---

① 中国人创造了完成控制的"组织武器"。该术语来自赛尔兹尼克（Selznick）的《组织武器》。此思想在舒尔曼（Schurmann's）的经典研究《意识形态和组织》中居于中心地位。
② 戴慕珍：《国家与农民》，第 102 页。
③ 见伯恩斯坦"斯大林主义，大饥荒和中国农民"。
④ 戴慕珍：《国家与农民》，第 103 页。

政改革的激励措施刺激地方政府变得更具有保护主义,也更定向于地方利益。

三 转型体制中的地方政府法团主义与中央控制

但是,读者不能就此得出结论,中央政府已经无望地丧失了控制能力。情况正与此相反。与东欧和苏联的改革者相比,中国的地方和中央政府是相同的功能统一的国家和党的组成部分。此处不存在反对党支配地方政府,试图推翻中央掌权者。中国政府仍保持着垂直整合。本研究中强调的弱点是与毛时代相比而言的弱点。在关于中央权力的任何讨论中这都要牢记在心。面对那些预言"公民社会"出现的理论和"社会起飞"的理论时,此警告尤其必要。客观的分析不应该与想象混合。

当市场经济表现出国家法团主义的特征时,这意味着它们是以强控制为特点的。但是在中国,其体制过去是列宁主义的,法团主义的出现在很多方面表现出控制系统的放松。正是这种放松使很多人期待公民社会的再现,但是本研究的发现说明这种努力仍然言之过早,尤其是在地方农村共同体中。① 地方国家法团主义的运行,虽然看似是列宁主义中央控制的放松,事实上却否定了,或者最低限度是限制了,市场转型理论提出的市场对地方政府控制权力的腐蚀效果。② 地方政府法团主义也一样难与以下观点一致,它认为市场改革打破了中国农村社会的网络或蜂窝状特征,允许中央国家更大的渗透。③ 相反,本研究强调以下事实:地方公有或私人企业,以及地方政府,都有能力在仍旧处于中央政府有效但已弱化的监控之下,在新的市场经济中各自繁荣。

四 尚存的问题

中国可能已经很成功地组织了农村工业的腾飞,但是启动改革只是完成长期经济增长和政治稳定的开始。其他国家的经验显示,从很多方面看,巩

---

① 控制放松和公民社会再现之间的联系在大卫·奥斯特(David Ost)把团结作为社会法团主义的例子里表现得很明显。"迈向一个法团主义的解决"。对公民社会的一个类似的联系在中文写作中有发现,虽然有更多的保留。如见陈(Chan)"革命或法团主义?";杨(Yang)"国家和社会之间",和李(Lee)"中国工业化国家"。

② 尼(Nee):"市场转型理论"。

③ 许慧文:《国家的范围》。

固比启动改革更具挑战性。① 当改革像受欢迎的蜜月期一样渐近结束时，政策制定者丧失了他们操纵的自由。起初成功的政策开始丧失效力，新困难出现，问题深化，随着那些落后的人变得焦躁以及那些未能获利的人失去耐心，涓滴效应逐渐发生。中国进入1990年代中期阶段。一些此类议题在讨论乡镇企业和村企业集体所有权导致的问题时已经谈到，这个所有权制度曾经在1980年代运转良好。但是很多问题仍旧没有回答，期待未来的研究。以下只是直接产生于成功农村工业化中的议题的一部分。

很多问题产生于农村工业化中存在的地区不平等。这是本研究中未曾考察到的中国农村的另一面。一些地区未能工业化，从而不能享受增加了的税收和收入的利益。本研究目的在于理解农村工业化是如何完成的，需要聚焦于更成功的案例。乡镇和村办企业的成功发展带来了相对的政治稳定和对现政权的满意。但是在贫困地区情况相当不同，那里农民已经厌倦了期待改革的好处。那里现行体制的合法性面对威胁。自改革开始以来大量的农民骚乱发生。② 毛时代农民也进行抵抗，但是绝大部分是消极的。③ 1990年代一些人开始公开对抗。官员被殴打，财产被破坏，无视秩序；税费停交，村资金空空如也，有时候干部还要以丢官为代价。④ 在极端情况下，还有暴力游行和财产破坏，如1993年发生在四川仁寿县的情况。这些问题挑战了现有体制，威胁破坏了持续近20年的改革的成果。

媒体暴露中央和地方层面的官员，都对农民骚乱的不稳定效果很敏感。这些领导都明确表达了中国改革和稳定的重要性。⑤ 中央政府认识到改革增加了不平等，他们也承认，因为缺乏经济资源，去集体化导致部分村"瘫痪"或"半瘫痪"、⑥ 一个老化的领导层和无能的继任者。⑦ 体制面

---

① 见琼·纳尔逊（Joan Nelson）"经济转型的政治"。
② 如见欧布里恩（O'Brien）和李（Li）"村民和公共反抗"。
③ 参见戴慕珍《国家与农民》，尤其是第五章。
④ 见欧布里恩（O'Brien）和李（Li）"村民和公共反抗"，这是一个各种形式抵抗的有用概述。
⑤ 如见王庆林和范文科"加强农村基层"。
⑥ 如见当时全国人民代表大会委员长万里的讲话，载卢玉莎"万里发表讲话，对农民暴动表示忧虑"，Tang-tai，1993年4月15日，第13—14页，中国国外广播信息中心翻译93—072，1993年4月16日，第43—44页；副总理田纪云的焦虑报道于《南华早报》1993年3月23日；江泽民也在其1992年中国共产党第十四次全国代表大会讲话中谈到这个话题。
⑦ 如见张国庆、范志勇和严新格"抓住三个环节"。亦可见一个县委副书记撰写的说明，陈玉明"调动村级干部工作积极性之我见"，讲到关于做一个干部的艰难。

临的挑战在于如何保持它的合法性。中央领导试图通过把经济落后归责于地方层面的不利领导来开脱他们的责任。在农村落后地区呼唤新领导的号召已经发出。但是这如何完成？一个办法是村民自我管理的实验。这带来政治风险，对中国未来统治的性质有极大的后果。当局会允许这种改革走多远？经济发展和政治变迁的关系如何？这些都是中国迈入下一阶段改革要面对的核心问题。①

另一个问题产生于农村工业自身的易变性质。所有权制度的变化不仅仅是一个经济事实，它们也带来社会后果。发生于东欧和苏联的向市场经济转轨的过程在中国放缓了，最起码在某种程度上实施了地方法团政府控制下的再分配社会主义的形式。乡镇和村企业的集体所有权给予地方政府一个经济缓冲器，构造了企业和地方政府的关系。再分配社会主义和共同体责任的信仰，给予地方居民在村和乡镇企业中获得工作的机会。努力确保最低限度每个家庭有一个人在村办企业中有一个工作职位优先权。当外人被给予工作机会时，一些村以给予本地人更好的工作福利的方式歧视外地人。一些例子中，村工厂保持非营利运转以保证村民的工资性收入。如果大多数乡镇和村所有的企业被卖掉会发生什么？谁是购买这些企业的企业家？他们是本地人还是外地人？在出卖这些企业的过程中地方政府要对村民福利做出哪些规定？

所有权的改变再造了地方政府的资源基础。当乡镇和村政府卖掉了他们的企业，不再拥有关联企业利润和非税收入的使用权时，会发生什么？地方政府对私营企业税收的合法使用权仅限于税收。这种改变最有可能潜在威胁到再分配社会主义的维持，尤其是在村级层面，他们仍旧没有任何对税收收入的支配权力。

企业的集体所有权允许乡镇和村政府从这些企业获得可观的非税收入，但是也同样要求他们给这些企业提供广泛的服务，这些服务帮助这些企业在 1980 年代快速成长。地方官员对管理者工资设定限额以保证大部分回报归村里，这种做法也保证了在转型经济下的最低限度的平等。再分配也发生在集体所有企业上缴的利润用于资助村民福利和底层结构成本

---

① 民主化改变可能确实发生了，但是它不一定是中国成功经济改革的结果。关于给予农民权利以在竞争性选举中直接选择他们的领导人的村委会组织法草案执行的前期研究显示，高收入和民主参与决定之间存在直接的线性关系。戴慕珍和罗思高（Scott Rozelle）："民主和市场"。

之时。

是否私有化会迫使财税体制进一步改革？是否村会变成政府的一个正式的层级从而获得财政分配份额，并拥有定期收入？村的份额从何而来？是否上级会放弃其已有份额的一部分？或者是否村民要缴纳额外的税收？已经很贫困的地区如何应对这一转型？

私有化的影响超越了再分配问题，它也引起地方政府与新的私营企业家的关系问题。随着地方政府被剥夺了其目前通过乡镇和村企业的所有权而享有的对非税收入的使用权，私人所有的企业要超越集体和国有企业的可能性引发了问题：中国是否要走向一些非洲和拉丁美洲发展中国家走过的道路？如此，地方政府和私营企业之间关系的共生特征使得这种掠夺行为保持在最低限度。[1] 但是随着地方政府比起所给予拿走了更多，是否法团关系会逐渐变得不对称？随着私营企业家变得越来越成熟和联络良好，痛恨对他们不再需要的服务付费或回报时，会发生什么？地方政府能让私营企业再从属多久？如其他人所疑虑，国家与私营企业如果不变得更加平等，中国是否能成功迈向发展的下一个台阶？[2]

这些都是未来研究将要面对的问题。同时，我希望本研究的发现能为中国农村工业化过程如何起飞和演化提供一个更清晰的理解。如果本研究完成了它的任务，它将提示未来研究者注意观察经济行为的政治基础，尊重在经济发展模式背后的经济和政治逻辑。制度化激励、资源禀赋和约束都很要紧。随着中国在探索改革的河里走向下一块石头，我希望本研究能为研究其未来改革的更有见识和精确的问题提供一个基础。要过这条河还有漫长的路要走，中国改革的故事离结束还很遥远。

---

[1] 王达伟："官僚系统的操控和私营企业"。
[2] 皮尔森（Pearson）：《中国新经济精英》。

附录 A 研究和资料

本研究利用了公开出版的英文和中文资料、官方统计资料和在中国进行的访谈。可获得的公开发表的资料包括中国出版的报告、期刊,以及最近可获得的地方报纸和国家、省的年鉴。期刊和报纸的名单见参考文献第一部分。除了这些标准的资料外,我还是用了县级统计年鉴和地方统计汇编。或者对于获得有关中国行政区域和经济的分散观点尤有裨益。

虽然研究当代中国可获得的文字资料越来越多,我最有价值的信息来源仍然是我于1986—1996年间在中国所做的访谈。表9展示了我做访谈的省份、访谈年份和每个省份完成的大概访谈数量。每个访谈一般进行两个半小时到三个小时。

鉴于接受我访谈的官员和其他人提供给我的一些信息的敏感性,我选择保护被访谈者的身份。大多数情况下,我同样隐匿县、乡镇和村庄的名称。这导致我行文的一些尴尬。我以"中国访谈"(CI)再加上记录顺序号的方式引用这些访谈。鉴于我渴望避免伤害那些帮助我理解这一转型过程的慷慨的人们,我希望读者能理解如此小心的苦衷。

表9　　　　　　　　　访谈地点、时间和人数

省(和直辖市)	访谈完成年份	访谈完成人数
北京	1986,1991,1994	27
辽宁	1986	25
四川	1986	12
天津	1986,1988	26
山东	1988,1990,1991,1994,1996	198
广东	1994	15
河南	1994	6

续表

省（和直辖市）	访谈完成年份	访谈完成人数
湖南	1994	7
江苏	1994	8
浙江	1994	9
汇总		333

访谈样本

我在中国各个不同的省份和直辖市进行了访谈，其中一些地方因为集体经济发展著名，另一些地方因为私营经济发展著名，还有一些地方，如广东，因为大量外国投资而引人注目。虽然如此，这也远不是一个代表性样本。如表 9 所示，我进行访谈的主要省份在华北地区和沿海省份，只有极少数中西部省份包括在内。这些都是鼓励乡镇企业发展的省份，也是最发达地区之一。

我访谈的地点不是随机选择的。很少统计推论——若非没有——可以根据我的发现获得。虽然我对 300 多个信息来源进行了超过 1000 小时的访谈，我的关注点并不在于一个大规模或可完成随机推论的样本。我关注多样性，但是我的选择是一个有明确目的的样本，以便获得关于农村工业化怎样和为何发生的尽可能多的细节。我的方法是发展一种和谐关系，以便与那些对地方发展过程拥有详细知识的当事人进行深度访谈。我探索完成这些目标的正式和非正式方式。任何时候只要有可能，我都要对同一个地方进行回访，以便观察历时性变化，理解我正在考察的转型的动力。如上表所示，我在山东的两个县进行了深入广泛的田野调查，一个离济南不到 2 小时高速公路车程，一个离青岛不到 3 小时高速公路车程。1988—1996 年，我考察了一个县 3 次，另一个县 5 次。我一般在每个县停留 1—3 周。1988 年我还在天津附近一个县考察了两个多星期。

除了一小部分在北京对中央官员和研究者的访谈，对天津、辽宁和四川社会科学院学者的访谈外，我大部分访谈是对县、乡镇和村层级干部的访谈，对这些地方政府拥有的工业企业管理者的访谈，以及对私营企业家的访谈。一小部分访谈是与地区和省级干部完成的。我访谈的政府部门包括财政局和税务局、银行、物资供应局、乡镇企业管理局、农业局、粮食局、科技委员会、工商管理局和经济计划委员会。我也访谈了一些县长和县委书记、乡镇党委书记和村党支部书记、乡镇长、村委会主任、村会计、信用合作社官员、供应和市场合作社官员、种子站官员、私营企业主协会和准官方的信用协会。

访谈程序

我所完成的 333 个访谈几乎都获得了官方的批准。这不是那种街头或出租车上的新闻访问，而是事先安排的会面。鉴于这些会面是经官方批准的，而不是备有答案的经过彩排的会面。我从没事先提交我的问题，也没有限定我哪些可以问。大多数情况下，我能够避开形式化的"简单介绍"，直接进入一种无拘束的会谈，从中我可以直接就我选择的题目提问，也可深入探寻在谈话过程中涉及的某个话题。为使被访谈者减少约束感，我只携带一个笔记本，会谈过程没有录音。

地方政府安排我的访谈，一般有中国社会科学院或上级政府的介绍信，一些情况下有北京方面的直接批准和指令。一般程序是我需要向地方政府递呈我想进行访谈的部门和单位的名单。当这个程序成为必须时，我意识到这保障了我要访谈的人有时间见我。拥有一个事先确定的工作日程使我有可能每周最少工作五天，有时候周六也有工作，特殊情况下周日也有访谈安排。我可以每天完成两个满满三小时的访谈，如果我在某地的时间非常紧，有时候晚饭后也要做一个访谈。

基本上我所有的要求都被批准了，我被允许去造访相关的部门、工厂、乡镇和村，进行访谈。很多情况下，尤其是我的停留时间很短且我是第一次造访者时，官员们会被领到我那里，我就在招待所或饭店访谈他们。有两次——我最不成功的访谈，此后我也尽量避免这种情况——热情的地方官员把我要访谈的一些人一起领来参加一次会面。我惯常偏好的访谈方式是直接到那个单位去，只与一个单位的一个或两个人同时进行访谈。

我的问题聚焦于当地的制度安排。我从当地的经济和政治组织开始，然后询问程序及组织和处理事务方式的变迁。我深入探寻他们工作的技术层面，他们控制的资源，以及他们怎样分配这些资源。我一般要求他们举出典型的例子，任何可能情况下都要求他们说出姓名、日期和数量。我询问限制因素，以及他们怎么解决他们工作中出现的问题。作为对我获得的答案的检验，我每到一地都询问相同的问题，对同一个地方不同的官员也询问相同的问题。

任何方便的时候我都要求统计信息作为对访谈的补充，虽然我不总是能获得要求的全部数字。有时统计数据在我访问几天之后获得，尤其是我问及长时期的历史进程资料。我特别成功之处是从那些我已经建立起良好关系的单位获得了详细的信息，这也是我对一些研究地点进行回访的原因之一。

我通常不向接受访谈的个人支付费用；① 相反有些时候我会被访谈对象招待一顿饭。这些会谈经常会进入一个可以进行各种话题的绝佳境遇，这是正式会谈难以扩展到的范围。

限制因素

在中国的访谈可以直接接触那些正在介入当下议题的人士，这些议题之一正属于本研究，但是这也带来一些代价。在大多数情况下，访谈过程中我会有一个官方提供的助手陪伴我，所以这些访谈不像我希望的那样具有私人性。但是一般而言，私密性不是问题。在某县我的助手是当地某局的副局长，他有多年跟乡镇企业打交道的经验，拥有我访问的每家单位的详细情况。当我询问时，他提供分类和补充信息，但是正常情况下他仅仅等我完成访谈。有时，尤其是我跟他一起工作多年之后，我继续提问时他会退到其他房间去。我有机会和一些高级干部进行私人访谈，比如县委书记或有权势村的村党支部书记。

在政府部门和行政机构，我一般与局长或副局长谈话。在工厂我大多访问厂长或副厂长；在私营企业我同所有者谈话。通常是这些人最公开也最愿意讨论那些他们的下属可能会回避的问题。他们把助手或会计叫进来，后者拥有专门知识，可以就我最关心的问题提供统计数据。最有用的访谈是同那些老局长或老厂长，他们通常在任十数年，对我所问及的变迁拥有个人经验。

我被要求住在县招待所，或有时在村或工厂招待所。这些招待所是我的基地，从这里我每天到各个乡镇或村。我一般在这些地方用午饭，在下午访谈完毕后回来。这种安排对了解一个村或乡镇并不理想，但是午饭提

---

① 除了支付研究助理、住宿和交通的一般费用外，我还向安排访谈的地方政府支付了一笔研究费。

供了一个进行深入非正式交流的机会，通常能使下午的会谈进行更公开的讨论。大多数到外地乡镇和村的这种旅行由一个司机和助手陪同。有时一个额外的县干部会加入进来给我们带路，因为他与我要访谈的地区有良好的关系。万幸的是，在大多数情况下这个团队限制在2—3人。有时，团队的规模和组成会限制我能提问的问题，但是我学习适应这些情况。一些情况下，上级官员的存在对批准下属机构提供信息有帮助，否则他们可能对能否公开这些信息有犹豫。

(210)

在中国的研究仍有限制，大多数访谈对象是官员或是官方批准的人。但是，对我这个特定题目而言，这种倾向让我轻易接触那些能提供我所需要信息的人。而且，这些人，很多是政府官员，并非对他们地方的政策和发展没有批评。一些人把我当作表达他们关注和批评的渠道。

尽管在中国进行访谈可能存在问题，以及由此可能导致的偏见，我仍要承认，对于理解围绕中国改革几近20年的问题和变迁过程而言，访谈仍是无与伦比的方法。目前管理规章和统计数据更容易弄到，但是只有这些并不足以描述中国快速变迁的经济和政治形势下地方所面临的问题。正是访谈才给予我对非正式政治运作和掌管改革之人物采取的各种发展策略背后逻辑的理解。

附录 B　中国财政体制的变迁

表 10	分税制，1980 年

中央固定财税
　　中央所有企业的利润
　　海关税收和海关征集的工商管理税
　　铁路的工商管理税

地方固定财税
　　地方所有企业的利润
　　食盐税
　　农业税
　　经营所得税
　　工商税

固定比例分享财税
　　1980 年，一些地方所有企业被中央收回，他们的利润被分享：80% 归中央，余下的 20% 归地方

调整财税 *
　　工商税

资料来源：改编自拉姆戈帕尔·阿嘎瓦拉（Ramgopal Agarwala）《中国：政府间财政关系改革》，第 66 页。

* 调整财税是中央和地方根据各省总体财政情况按照不同比例分享的财税。

表 11　分税制，1985 年

中央固定财税
　　全部中央政府所有企业的收入税和调节税
　　铁路、银行和保险公司总部的经营税
　　所有中央所属企业的利润返还
　　给予谷物和棉花种植及石油开采的补贴（作为中央政府的负面赋税）
　　燃油特别税
　　外资、合资企业石油企业所得税、销售税和离岸石油活动特许权使用费 [*]
　　股票收入
　　石化工业部、能源部、中国石化和中国有色金属公司所属企业三种销售税的 70%
　　所有海关收入和所有海关征集的增值税及商品税
　　烟草税和烟草经营税 [*]
　　烟酒商品税 [*]

地方固定财税
　　地方政府所有企业的收入税
　　集体所有企业的收入税（ICIT）
　　农业税
　　向私营商贩征集的农村市场交易税
　　地方政府谷物贸易损失（负面赋税）
　　欠税罚款
　　市政维护和建设税（UMCT）[a]
　　房屋税 [b]
　　石化工业部、能源部、中国石化和中国有色金属公司所属企业销售税的 30%
　　国有企业的工资奖金税
　　自雇企业主税收
　　屠宰税
　　耕牛交易税
　　契税

分享财税
　　所有企业的销售税（增值税、经营税和商品税），上述标星号的企业除外
　　自然资源税
　　建设税
　　食盐税
　　向外资及合资企业征收的工商税和所得税
　　能源和交通基金税
　　个人所得税

[a] UMCT 征收比例是直辖市 7%，城镇 5%，其他居民点 1%。
[b] 私有、业主自住和政府建房除外，房产局支付的优惠税率为 12%。企业支出的税收可从调节税中扣除。向外国人征收的房屋税被称作"不动产税"，等于租价的 18% 或者实际固定资本价值的 1.2%。土地不征税，只对建筑征收。
[*] 不包括在分享财税中。

资料来源：改编自拉姆戈帕尔·阿嘎瓦拉（Ramgopal Agarwala）《中国：政府间财政关系改革》，第 67 页。

表 12　　　　　　　　中国财税管理体制演进，1949—1994 年

年代	政策	内容	介入的行政级别	地方财税和支出的关联	有效期
1950	统一控制财税收入和支出（统收统支）	除地方税外，财税收入和支出全部集中化	无	无	未设定
1951—1957	财税收入和支出分开，按行政层级管理（划分收支，分级管理）	1. 收入分为国家收入、地方收入和国家与地方政府分成收入，分成比例取决于地方收支平衡 2. 地方支出首先由地方预算支付，不足部分由中央从"分成收入"补足	1951—1952：中央，大行政区，省 1953—1957：中央，省，县	有	一年
1958	支出依据收入，五年不变（以收定支，五年不变）	1. 地方预算收入分为固定收入、企业分成收入（中央把20%的企业收入留给地方）和调整收入 2. 收支均衡后剩余归中央；不足部分由中央通过企业分成收入、调整收入或直接资金拨付补足	中央，省和县	有	五年（实际上一年后就变了）
1959—1970	总收入分成，一年一变（总额分成，一年一变）	1. 收入和支出权交给地方，后者按计划完成。如果收入超过支出，剩余部分和中央分成 2. 收入和支出的比例，以及补助的数额，由中央按年度确定	中央，省和县	是	一年
1971—1973	收入和支出的合约制度（财政收支包干）	中央批准地方按照合约确定的收入和支出。地方保证上缴超过合约部分。如果支出超过收入，中央补足；剩余部分由地方自用	中央，省和县	是	一年

(213)

(214)

续表

年代	政策	内容	介入的行政级别	地方财税和支出的关联	有效期
1974—1975	固定比例的保留利润（固定比例留成）	地方按照固定比例保留收入；剩余收入遵循不同比例；支出根据定额订立	中央，省和县	否	一年
1976—1979	收入和支出关联，总收入分成；或者收入和支出关联，剩余收入分成（收支挂钩，总额分成；收支挂钩，总收分成）	与1959—1970年的制度相似。中央规定地方收入和支出的数量；地方收入和支出关联。中央和地方根据总收入分成。1978年之后，一些省份和城市试行"剩余收入分成"	中央，省和县	是	一年
1980—1985	收入和支出分离，按照不同政府层级包干（划分收支分级包干）（广东和福建适用总量包干制度）	1. 中央和地方预算收入和支出分离 2. 收入分为固定收入、固定比例分成收入和调节收入；支出是拥有企业和非营利企业政府层级的责任 3. 1979年作为基准年，剩余按照一定比例上缴中央。亏空由调节收入按照一定比例补偿，如果亏空仍存在，中央按照固定数量补助	中央，省和县	是	五年
1985—1988	区分税种，绑定收入和支出，按照不同政府层级包干（划分税种，核定税值，分级包干）	1. 中央固定收入、地方固定收入和其他收入分开 2. 支出仍旧以政府层级和企业所有权为基础	中央，省，县和乡镇	是	五年
1988—1994	累进包干制（逐级包干制）	十三个省和市实行财政包干，需要上交相当大一笔收入。有三种方式：累进收入包干；考虑到收入增加的总收入提成；总收入提成	中央，省，县和乡镇（加上特别行政区）	是	三年

续表

年代	政策	内容	介入的行政级别	地方财税和支出的关联	有效期
1994年	分税制	1. 税收分成三类：国税、地税和中央—地方分成税 2. 支出根据中央和地方的管理责任分开 3. 征税机关分成国税局和地税局	中央，省，县和乡镇	是	不确定

说明：1980年前，中央下达收入和支出的额度计划。地方收入要完成这个额度，地方政府也努力超额完成。支出可以不超过中央的额度，地方政府也被期待尽可能节省。1980年后，中央政府只下达一个收入额度计划，地方支出由地方政府保留的收入负担。

资料来源：财政部综合计划司：《财政知识问答·国家预算分册》，第125—139页；财政部预算司：《国家预算管理学》，第24—40页；钟鹏荣：《十年经济改革》，第161—166页；郭小林编辑和翻译：《中央—地方关系再调整》，第5—13页。

表13　　　　　　　　　　税收分类，1994年

国税	地税	中央—地方共享税收
海关税 增值税 消费税 来自中央企业、地方银行、外国银行、其他非银行金融机构的企业所得税 销售税，所得税，利润和来自铁路、所有银行和保险公司总部征收的城市维护建设税 来自中央企业的利润上缴 给予涉及其他国家的企业税收返还	来自铁路、所有银行和保险公司总部之外的企业的销售税 来自地方银行之外的企业、外国银行以及其他非银行金融企业的地方企业所得税 来自地方企业的利润上缴 个人所得税 城市土地使用税 固定资产投资定向管理税 来自铁路、所有银行和保险公司总部之外的企业的城市维护建设税 房产税 机动车许可税 印花税 牲畜屠宰税 特种农产品税 农村土地使用税 合同契税 遗产税 土地增值税 给予国有土地征用的补偿性支付	增值税：75%归中央，25%归地方 自然资源税，其中离岸石油税归中央，其他归地方 股票交易税中央、地方对半分

资料来源：改编自郭小林编辑和翻译：《中央—地方关系再调整》，第7页。

参考文献

All material from translation services such as *FBIS* and *JPRS* is cited in full in the footnotes and is not included in the bibliography. Original material from Chinese newspapers is also cited in full in the footnotes and not included in the bibliography. All other sources are listed in the bibliography and cited with a shortened title in the footnotes.

CHINESE NEWSPAPERS AND NEWS AGENCY

Guangming ribao
Jiangxi ribao
Jingji daobao (Hong Kong)
Ming pao (Hong Kong)
Shijie jingji daobao
Wen wei po (Hong Kong)
Xinhua
Zhongguo qingnian bao

CHINESE PERIODICALS

Chiu-shih nien-tai (Hong Kong)
Gaige neican
Hebei nongcun gongzuo
Jingji cankao
Jingji yanjiu

Liaowang zhoukan
Nongye jingji wenti
Tang-tai（Hong Kong）
Xiangzhen jingji yanjiu
Zhongguo jingji wenti
Zhongguo nongcun jingji

TRANSLATION SERVICES

Foreign Broadcast Information Service—China（FBIS）
Joint Publications Research Service—China（JPRS-CHI）
Summary of World Broadcasts The Far East（SWB FE）

BOOKS AND ARTICLES

"1984 – 1988 nian liangshi shengchande weiguan tanshi"（A Micro-Analysis of 1984 – 1988 Grain Production）. *Zhongguo nongcun jingji*, 20 March 1990, no. 3, pp. 16 – 24.

Agarwala, Ramgopal. *China: Reforming Intergovernmental Fiscal Relations*. Discussion Paper no. 178. Washington, D. C.: World Bank, 1992.

Alt, James E., and Kenneth A. Shepsle, eds. *Perspectives on Positive Political Economy*. New York: Cambridge University Press, 1990.

Amsden, Alice. "A Theory of Government Intervention in Late Industrialization." In Louis Putterman and Dietrich Rueschemeyer, eds., *State and Market in Development*, pp. 53 – 84. Boulder, Colo.: Lynne Rienner, 1992.

Anagnost, Ann. "Prosperity and Counter-Prosperity." Unpublished manuscript, October 1986.

Applebaum, Richard, and Jeffrey Henderson. "Situating the State in the East Asian Development Process." In Richard Applebaum and Jeffrey Henderson, eds., *States and Development in the Asian Pacific Rim*, pp. 1 – 26. Newbury Park, Calif.: Sage Publications, 1992.

Applebaum, Richard, and Jeffrey Henderson, eds. *States and Development in the*

Asian Pacific Rim. Newbury Park, Calif.: Sage Publications, 1992.

Bahl, Roy, and Sally Wallace. "Revenue Sharing in Russia." Paper presented at the Taxation, Resources, and Economic Development Conference, "Local and Intergovernmental Finance in Transitional Economies," Lincoln Institute of Land Policy, Cambridge, Mass., 15 – 16 October 1993.

Banister, Judith. *China's Changing Population*. Stanford, Calif.: Stanford University Press, 1987.

Barnett, A. Doak, with Ezra Vogel. *Cadres, Bureaucracy, and Political Power in Communist China*. New York: Columbia University Press, 1967.

Barzel, Yoram. *Economic Analysis of Property Rights*. New York: Cambridge University Press, 1989.

Bates, Robert. *Markets and States in Tropical Africa: The Political Basis of Agricultural Policies*. Berkeley: University of California Press, 1981.

———. *Beyond the Miracle of the Market: The Political Economy of Agrarian Development in Kenya*. Cambridge, England: Cambridge University Press, 1989.

———. "Macropolitical Economy in the Field of Development." In James E. Alt and Kenneth A. Shepsle, eds., *Perspectives on Positive Political Economy*, pp. 31 – 56. New York: Cambridge University Press, 1990.

Baum, Richard, ed. *Reform and Reaction in Post-Mao China: The Road to Tiananmen*. New York: Routledge, 1991.

Bernstein, Thomas. "Stalinism, Famine, and Chinese Peasants." *Theory and Society*, May 1984, vol. 13, no. 3, pp. 339 – 77.

———. "Local Political Authorities and Economic Reform: Observations from Two Counties in Shandong and Anhui, 1985." Unpublished manuscript.

Bird, Richard. "Intergovernmental Finance and Local Taxation in Developing Countries: Some Basic Considerations for Reformers." *Public Administration and Development*, July-September 1990, vol. 10, no. 31, pp. 277 – 88.

Bird, Richard, and Christine Wallich. "Local Finance and Economic Reform in Eastern Europe." Paper presented at the Taxation, Resources, and Economic Development Conference, "Local and Intergovernmental Finance in Transitional Economies," Lincoln Institute of Land Policy, Cambridge, Mass., 15 – 16 October 1993.

Blass, Anthony, Carl Goldstein, and Lincoln Kaye. "Get off Our Backs." *Far Eastern Economic Review*, 15 July 1993, vol. 156, no. 28, pp. 68–70.

Blecher, Marc, and Vivienne Shue. *Tethered Deer: Government and Economy in a Chinese County*. Stanford, Calif.: Stanford University Press, 1996.

Boycko, Maxim, Andrei Shleifer, and Robert Vishny. *Privatizing Russia*. Cambridge, Mass.: MIT Press, 1995.

Brosseau, Maurice, Suzanne Pepper, and Shu-ki Tsang, eds. *China Review 1996*. Hong Kong: Chinese University Press, 1996.

Byrd, William, and Qingsong Lin. "China's Rural Industry: An Introduction." In William Byrd and Qingsong Lin, eds., *China's Rural Industry: Structure, Development, and Reform*, pp. 3–18. New York: Oxford University Press, 1990.

Byrd, William, and Qingsong Lin, eds. *China's Rural Industry: Structure, Development, and Reform*. New York: Oxford University Press, 1990.

Caizhengbu caishui tizhi gaigesi. *Caishui gaige shinian* (Ten Years of Tax Reform). Beijing: Zhongguo caizheng jingji chubanshe, 1989.

Caizhengbu yusuansi. *Guojia yusuan guanlixue* (Management of the National Budget). Beijing: Zhongguo caizheng jingji chubanshe, 1986.

Caizhengbu zonghe jihuasi. *Caizheng zhishi wenda: guojia yusuan fence* (Questions and Answers on Finance: Volume on the National Budget). Beijing: Zhongguo caizheng jingji chubanshe, 1987.

Calder, Kent. *Strategic Capitalism: Private Business and Public Purpose in Japanese Industrial Finance*. Princeton, N.J.: Princeton University Press, 1993.

Cha Zhenxiang. "Lun woguo nongcun gufen hezuozhi chansheng de beijing" (The Background to the Emergence of Our Country's System of Cooperative Shares). *Nongye jingji wenti*, 1994, no. 7, pp. 30–38.

Chan, Anita. "Revolution or Corporatism? Chinese Workers in Search of a Solution." Paper presented at the conference "Toward the Year 2000: Socio-Economic Trends and Consequences in China," Asia Research Centre, Murdoch University, Western Australia, 29–31 January 1992.

Chan, Anita, Richard Madsen, and Jonathan Unger. *Chen Village Under Mao and Deng: Expanded and Updated Edition*. Berkeley: University of California

Press, 1992.

Chaudhry, Kiren Aziz. "The Myth of the Market and the Common History of Late Development." *Politics and Society*, September 1993, vol. 21, no. 3, pp. 245 – 74.

Chen, Chih-jou Jay. "Local Institutions and Property Rights Transformations in Southern Fujian." In Jean C. Oi and Andrew G. Walder, eds., *Property Rights and China's Economic Reforms*. Stanford, Calif.: Stanford University Press, 1999.

Chen Yuming. "Diaodong cunji ganbu gongzuo jiji xing zhi wojian" (My Opinions on the Shift in the Enthusiasm of Village-Level Cadres). *Xiangzhen jingji yanjiu*, 1995, no. 4, p. 42.

China Agricultural Yearbook, 1988. Beijing: Agricultural Publishing House, 1989.

China Statistical Yearbook, 1989. Chicago: China Statistical Information and Consultancy Service Center and University of Illinois, 1990.

China Statistical Yearbook, 1990. Chicago: China Statistical Information and Consultancy Service Center and University of Illinois, 1991.

Chinese Association of Agriculture Students and Scholars. *First Conference Proceedings*. Ithaca, N. Y.: Cornell University, 1989.

Chun, Jacky Tsang Wai. "The Private Sector in Wenzhou." Unpublished manuscript, Hong Kong University of Science and Technology, 1997.

Chung, Jae Ho. "Beijing Confronting the Provinces: The 1994 Tax-Sharing Reform and Its Implications for Central-Provincial Relations in China." *China Information*, Winter 1995, vol. 9, nos. 2/3, pp. 1 – 23.

Collier, David, and James E. Mahon, Jr. "Conceptual 'Stretching' Revisited: Adapting Categories in Comparative Analysis." *American Political Science Review*, December 1993, vol. 87, no. 4, pp. 845 – 55.

Collier, Ruth Berins, and David Collier. "Inducements Versus Constraints: Disaggregating 'Corporatism.'" *American Political Science Review*, December 1979, vol. 73, no. 4, pp. 967 – 86.

Craig, Jon, and George Kopits. "Intergovernmental Fiscal Relations in Transition: The Case of Russia." Paper presented at the Taxation, Resources, and Economic Development Conference, "Local and Intergovernmental Finance in

Transitional Economies," Lincoln Institute of Land Policy, Cambridge, Mass. , 15 – 16 October 1993.

Crook, Frederick. "Current Problems and Future Development of China's Agricultural Sector." In Chinese Association of Agricultural Students and Scholars, *First Conference Proceedings*, pp. 9 – 19. Ithaca, N. Y. : Cornell University, 1989.

——. *China*: *Agriculture and Trade Report*. Economic Research Service, no. RS – 89 – 5. Washington, D. C. : U. S. Department of Agriculture, November 1989.

——. "Sources of Rural Instability." *China Business Review*, July-August 1990, vol. 17, no. 4, pp. 12 – 15.

Cyert, Richard, and James March. *A Behavioral Theory of the Firm*. Englewood Cliffs, N. J. : Prentice-Hall, 1963.

Davis, Deborah, and Ezra Vogel, eds. *Chinese Society on the Eve of Tiananmen*: *The Impact of Reform*. Cambridge, Mass. : Council on East Asian Studies, Harvard University, 1990.

Delman, Jorgen. "Current Peasant Discontent in China: Backgrounds and Political Implications." *China Information*, autumn 1989, vol. 4, no. 2, pp. 42 – 64.

Demsetz, Harold. "The Structure of Ownership and the Theory of the Firm." *Journal of Law and Economics*, June 1983, vol. 26, no. 2, pp. 375 – 90.

Donnithorne, Audrey. *China's Economic System*. London: George Allen and Unwin, 1967.

——. *Centre-Provincial Economic Relations in China*. Canberra: Contemporary China Centre, Research School of Pacific Studies, Australian National University, 1981.

Downs, Anthony. *Inside Bureaucracy*. Boston: Little, Brown, 1967.

Duckett, Jane. "Market Reform and the Emergence of the Entrepreneurial State in China: The Case of State Commercial and Real Estate Departments in Tianjin." Unpublished manuscript, 1997.

Eatwell, J. , M. Milgate, and P. Newman, eds. *The New Palgrave*: *A Dictionary of Economics*, vol. 3. New York: Stockton Press, 1987.

Evans, Peter. *Embedded Autonomy*: *States and Industrial Transformation*. Princeton, N. J. : Princeton University Press, 1995.

Evans, Peter B. , Dietrich Rueschemeyer, and Theda Skocpol. *Bringing the State*

Back In. New York: Cambridge University Press, 1985.

Fei Xiaotong. "Nongcun, xiaochengzhen chuyu fazhan" (The Process and Development of Township Villages). *Beijing daxue xuebao*, 1995, no. 2, pp. 4 – 11.

Fewsmith, Joseph. *Party, State, and Local Elites in Republican China: Merchant Organizations and Politics in Shanghai, 1890 – 1950*. Honolulu: University of Hawaii Press, 1985.

——. *Dilemmas of Reform in China: Political Conflict and Economic Debate*. Armonk, N. Y.: M. E. Sharpe, 1994.

Financial Structural Reform Department of the People's Bank of China. "Survey of Reform of Financial System in 1990." In Gao Shangquan and Sen Ye, eds., *China Economic Systems Reform Yearbook 1991*, pp. 100 – 105. Beijing: China Reform Publishing House, 1991.

Francis, Corinna-Barbara. "Bargained Property Rights: China's High Technology Spin-off Firms." In Jean C. Oi and Andrew G. Walder, eds., *Property Rights and China's Economic Reforms*. Stanford, Calif.: Stanford University Press, 1999.

Freeman, Richard. "Labor Markets and Institutions in Economic Development." *American Economic Review*, May 1993, vol. 83, no. 2, pp. 403 – 8.

Friedman, Debra, and Michael Hechter. "The Contribution of Rational Choice Theory to Macrosociological Research." *Sociological Theory*, fall 1988, vol. 6, no. 2, pp. 201 – 18.

Gao Shangquan and Sen Ye, eds. *China Economic Systems Reform Yearbook 1991*. Beijing: China Reform Publishing House, 1991.

Gerschenkron, Alexander. *Economic Backwardness in Historical Perspective*. Cambridge, Mass.: Harvard University Press, 1962.

Goldstein, Steven M. "China in Transition: The Political Foundations of Incremental Reform." *China Quarterly*, December 1995, no. 144, pp. 1105 – 31.

Goodman, David S. G., and Beverley Hooper, eds. *China's Quiet Revolution: New Interactions Between State and Society*. Melbourne, Australia: Longman Cheshire, 1994.

Grindle, Merilee, ed. *Politics and Policy Implementation in the Third World*. Princeton, N. J.: Princeton University Press, 1980.

Grindle, Merilee, and John W. Thomas. *Public Choices and Policy Change: The*

Political Economy of Reform in Developing Countries. Baltimore: Johns Hopkins University Press, 1991.

Guo. Xiaolin. "Variation in Local Property Rights: The Role of Local Government Incentives in Northwest Yunnan." In Jean C. Oi and Andrew G. Walder, eds., *Property Rights and China's Economic Reforms*. Stanford, Calif.: Stanford University Press, 1999.

Guo, Xiaolin, ed. and trans. "Readjusting Central-Local Relations in Revenue Distribution: China's 1994 Fiscal Reform." *Chinese Economic Studies*, July—August 1996, vol. 29, no. 4, pp. 5 – 13.

Guowuyuan, "Guowuyuan guanyu jiaqiang yusuanwai zijin guanli de tongzhi" (Notice on Strengthening the Management of Extrabudgetary Revenues), April 13, 1986. In Guowuyuan Fazhiju, ed., *Zhonghua renmin gongheguo fagui huibian* (Compilation of the Laws of the People's Republic of China), January – December 1986, pp. 339 – 42. Beijing: Falü chubanshe, 1987.

Guowuyuan Fazhiju, ed. *Zhonghua renmin gongheguo fagui huibian* (Compilation of the Laws of the People's Republic of China) January – December 1986. Beijing: Falü chubanshe, 1987.

Haggard, Stephan, and Robert Kaufman. "The State in the Initiation and Consolidation of Market Oriented Reform." In Louis Putterman and Dietrich Rueschemeyer, eds., *State and Market in Development*, pp. 221 – 42. Boulder, Colo.: Lynne Rienner, 1992.

He Kang, "Woguo nongcun gaige, nongye shengchande xianzhuang yu qianjing" (The Current Situation and Prospects for Our Country's Rural Reforms and Agricultural Production). Unpublished paper presented at Hong Kong University of Science and Technology. 3 March 1996.

He Xian. "Woguo xiangzhen qiye shouru fenpei wenti" (The Question of Our Country's Rural Enterprise Income Distribution). *Zhongguo nongcun jingji*, 1988, no. 3, p. 34.

Holz, Carsten. *The Role of Central Banking in China's Economic Reforms*. Ithaca, N. Y.: East Asian Program, Cornelt University, 1992.

——. "Implementation of Contractionary Macroeconomic Policy in China: A Case Study of Administrative Control over Investment in 1988/89." Working Papers in the Social Sciences, no. 24. Hong Kong: Division of Social Science, Hong Kong Universiw of Science and Technology, July 1997.

Hua, Sheng, Xuejun Zhang, and Xiaopeng Luo. *China: From Revolution to Reform*. London: Macmillan, 1993.

Huang, Yasheng. *Inflation and Investment Controls in China: The Political Economy of Central-Local Relations During the Reform Era*. New York: Cambridge University Press, 1996.

Hughes, Helen, ed. *Achieving Industrialization in East Asia*. New York: Cambridge University Press, 1988.

Jensen, Michael. "Organization Theory and Methodology." *Accounting Review*, April 1983, vol. 58, no. 2, pp. 319–39.

Jensen, Michael, and William Meckling. "Theory of the Firm: Managerial Behavior, Agency Costs, and Ownership Structure." *Journal of Financial Economics*, October 1976, vol. 3, no. 4, pp. 305–60.

Johnson, Chalmers. *MITI and the Japanese Miracle: The Growth of Industrial Policy, 1925–1975*. Stanford, Calif.: Stanford University Press, 1982.

——. "Capitalism: East Asian Style." Panglaykim Memorial Lecture, Jakarta, Indonesia, 15 December 1992.

Johnson, Graham. "The Fate of the Communal Economy." Unpublished manuscript.

Kelliher, Daniel. *Peasant Power in China: The Era of Rural Reform, 1979–1989*. New Haven, Conn.: Yale University Press, 1992.

——. "The Chinese Debate over Village Self-Government." *The China Journal*, January 1997, no. 37, pp. 63–86.

Khan. Azizur Rahman, et al. "Household Income and Its Distribution in China." *China Quarterly*, December 1992, no. 132, pp. 1029–61.

Kornai, Jáinos. *The Road to a Free Economy: Shifting from a Socialist System: The Example of Hungary*. New York: Norton, 1990.

——. *The Socialist System: The Political Economy of Communism*. Princeton, N. J.: Princeton University Press, 1992.

Kraus, Willy. *Private Business in China: Revival Between Ideology and Pragmatism*. Honolulu: University of Hawaii Press, 1991.

Krueger, Anne. "The Political Economy of the Rent-Seeking Society." *American Economic Review*, June 1974, vol. 64, no. 3, pp. 291 – 303.

Krugman, Paul. "The Myth of Asia's Miracle." *Foreign Affairs*, November – December 1994, vol. 73, no. 6, pp. 62 – 78.

Kung, James Kal-sing. "Property Rights in Chinese Agriculture." Paper presented at the annual meeting of the Association for Asian Studies, Los Angeles, 25 – 28 March 1993.

——. "The Evolution of Property Rights in Village Enterprises: The Case of Wuxi County." In Jean C. Oi and Andrew G. Walder, eds., *Property Rights and China's Economic Reforms*. Stanford, Calif.: Stanford University Press, 1999.

Latham, Richard. "The Implications of Rural Reform for Grass-Roots Cadres." In Elizabeth Perry and Christine Wong, eds., *The Political Economy of Reform in Post-Mao China*, pp. 157 – 73. Cambridge, Mass.: Council on East Asian Studies, Harvard University, 1985.

Lee, Hong Yung. *From Revolutionary Cadres to Party Technocrats in Socialist China*. Berkeley: University of California Press, 1991.

Lee, Peter Nan-shong. "The Chinese Industrial State in Historical Perspective: From Totalitarianism to Corporatism." In Brantly Womack, ed., *Contemporary Chinese Politics in Historical Perspective*, pp. 153 – 79. Cambridge, England: Cambridge University Press, 1991.

Levi, Margaret. *Of Rule and Revenue*. Berkeley: University of California Press, 1988.

Lin, Yi-min, and Zhanxin Zhang. "The Private Assets of Public Servants: Profit-Seeking Entities Sponsored by State Agencies." In Jean C. Oi and Andrew G. Walder, eds., *Property Rights and China's Economic Reforms*. Stanford, Calif.: Stanford University Press, 1999.

Little, Daniel. "Rational-Choice Models and Asian Studies." *Journal of Asian Studies*, February 1991, vol. 50, no. 1, pp. 35 – 52.

Liu, Yia-Ling. "Reform from Below: The Private Economy and Local Politics in the Rural Industrialization of Wenzhou." *China Quarterly*, June 1992, no. 130, pp. 293 – 316.

Lu Mai. "Reform of the Incremental Economy." Unpublished manuscript, 1993.

"Lun nongcun xinyongsuode kunjing yu gaige silu" (On the Difficulties Facing Rural Credit Unions and Reform). *Zhongguo nongcun jingji*, 20 June 1990, no. 6, pp. 35 – 42.

Manion, Melanie. "The Electoral Connection in the Chinese Countryside." *American Political Science Review*, December 1996, vol. 90, no. 4, pp. 736 – 48.

March, James G., and johan P. Olsen. *Rediscovering Institutions: The Organizational Basis of Politics*. New York: Free Press, 1989.

March, James G., and Herbert Simon. *Organizations*. New York: Wiley, 1958.

Martinez-Vazquez, Jorge. "Expenditure Assignment in the Russian Federation." Paper presented at the Taxation, Resources, and Economic Development Conference, "Local and Intergovernmental Finance in Transitional Economies," Lincoln Institute of Land Policy, Cambridge, Mass., 15 – 16 October 1993.

McCormick, Barrett. *Political Reform in Post-Mao China: Democracy and Bureaucracy in a Leninist State*. Berkeley: University of California Press, 1990.

McKinnon, Ronald. *The Order of Economic Liberalism: Financial Control in the Transition to a Market Economy*. Baltimore: Johns Hopkins University Press, 1991.

——. *Gradual Versus Rapid Liberalization in Socialist Economies: Financial Policies in China and Russia Compared*. San Francisco: ICS Press, 1994.

McMillan, John, and Barry Naughton. "How to Reform a Planned Economy: Lessons from China." *Oxford Review of Economic Policy*, spring 1992, vol. 8, no. 1, pp. 130 – 42.

Migdal, Joel S. *Strong Societies and Weak States: State-Society Relations and State Capabilities in the Third World*. Princeton, N. J.: Princeton University Press, 1988.

Mirrlees, J. "The Optimal Structure of Incentives and Authority within an Organization." *Bell Journal of Economics*, spring 1976, vol. 7, no. 1, pp. 105 – 31.

Mitchell, Timothy. "The Limits of the State: Beyond Statist Approaches and their Critics." *American Political Science Review*, March 1991, vol. 85, no. 1, pp. 77 – 96.

Moe, Terry. "The New Economics of Organization." *American Journal of Political Science*, November 1984, vol. 28, no. 4, pp. 739 – 77.

Montinola, Gabriella, Yingyi Qian, and Barry Weingast. "Federalism, Chinese Style: The Political Basis for Economic Success in China." Unpublished manuscript. Stanford, Calif.: Stanford University and the Hoover Institution, 1993.

Moore, Barrington, Jr. *Social Origins of Dictatorship and Democracy: Lord and Peasant in the Making of the Modern World*. Boston: Beacon Press, 1966.

Munro, J. E. C. "Principal and Agent (i)." In J. Eatwell, M. Milgate, and P. Newman, eds., *The New Palgrave: A Dictionary of Economics*, vol. 3, p. 966. New York: Stockton Press, 1987.

Murrell, Peter, and Mancur Olson. "The Devolution of Centrally Planned Economies." *Journal of Comparative Economics*, June 1991, vol. 15, no. 2, pp. 239–65.

Naughton, Barry. "The Decline of Central Control over Investment in Post-Mao China." In David M. Lampton, ed., *Policy Implementation in Post-Mao China*, pp. 51–80. Berkeley: University of California Press, 1987.

——. "Implications of the State Monopoly over Industry and Its Relaxation." *Modern China*, January 1992, vol. 18, no. 1, pp. 14–41.

Nee, Victor. "A Theory of Market Transition: From Redistribution to Markets in State Socialism." *American Sociological Review*, October 1989, vol. 54, no. 5, pp. 663–72.

——. "Organizational Dynamics of Market Transition: Hybrid Forms, Property Rights, and Mixed Economy in China." *Administrative Science Quarterly*, March 1992, vol. 37, no. 1, pp. 1–28.

Nee, Victor, and Sijin Su. "Institutional Change and Economic Growth in China: The View from the Village." *Journal of Asian Studies*, January 1990, vol. 49, no. 1, pp. 3–25.

Nelson, Joan. "The Politics of Economic Transformation: Is Third World Experience Relevant in Eastern Europe?" *World Politics*, April 1993, vol. 45, no. 3, pp. 433–63.

Niskanen, William. "Bureaucrats and Politicians." *Journal of Law and Economics*, December 1975, vol. 18, no. 3, pp. 617–43.

Nongyebu xiangzhen qiyeju jihua caiwuchu. *Quanguo xiangzhen qiye jiben qingkuang ji jingji yunxing fenxi, 1996 nian* (Analysis of Basic Conditions and Economic Balance of Township Village Enterprises in the Entire Country, 1996)

. Beijing: Nongyebu xiangzhen qiyeju jihua caiwuchu, 1997.

Nongyebu xiangzhen qiyesi jihua caiwuchu. *1995 nian quanguo xiangzhen qiye jiben qingkuang ji jingji yunxing fenxi* (Analysis of Basic Conditions and Economic Balance of Township Village Enterprises in the Entire Country, 1995). Beijing: Nongyebu xiangzhen qiyesi jihua caiwuchu, 1996.

Nordlinger, Eric. *On the Autonomy of the Democratic State*. Cambridge, Mass.: Harvard University Press, 1981.

Nordlinger, Eric, Theodore Lowi, and Sergio Fabbrini. "The Return to the State: Critiques." *American Political Science Review*, September 1988, vol. 82, no. 3, pp. 875 – 901.

North, Douglass. *Structure and Change in Economic History*. New York: Norton, 1981.

——. *Institutions, Institutional Change and Economic Performance*. Cambridge, England: Cambridge University Press, 1990.

North, Douglass, and Barry R. Weingast. "Constitutions and Commitment: The Evolution of Institutions Governing Public Choice in Seventeenth-Century England." *Journal of Economic History*, December 1989, vol. 49, no. 4, pp. 803 – 32.

O'Brien, Kevin. "Implementing Political Reform in China's Villages." *Australian Journal of Chinese Affairs*, July 1994, no. 32, pp. 33 – 60.

O'Brien, Kevin, and Lianjiang Li. "Villagers and Popular Resistance in Contemporary China." *Modern China*, January 1996, vol. 22, no. 11, pp. 28 – 61.

Odgaard, Ole. *Private Enterprises in Rural China: Impact on Agricultural and Social Stratification*. Brookfield, Vt.: Ashgate, 1992.

Ody, Anthony J. *Rural Enterprise Development in China, 1986 – 90*. Discussion Paper no. 162. Washington, D. C.: World Bank, 1992.

Oi, Jean C. "Communism and Clientelism: Rural Politics in China." *World Politics*, January 1985, vol. 37, no. 2, pp. 238 – 66.

——. "Peasant Grain Marketing and State Procurements: China's Grain Contracting System." *China Quarterly*, June 1986, no. 106, pp. 272 – 90.

——. "Commercializing China's Rural Cadres." *Problems of Communism*, September – October 1986, vol. 35, no. 5, pp. 1 – 15.

——. "The Chinese Village, Inc." In Bruce Reynolds, ed., *Chinese Economic Policy: Economic Reform at Midstream*, pp. 67 – 87. New York: Paragon House, for Professors World Peace Academy, 1988.

——. *State and Peasant in Contemporary China: The Political Economy of Village Government*. Berkeley: University of California Press, 1989.

——. "The Fate of the Collective After the Commune." In Deborah Davis and Ezra Vogel, eds., *Chinese Society on the Eve of Tiananmen: The Impact of Reform*, pp. 15 – 36. Cambridge, Mass.: Council on East Asian Studies, Harvard University, 1990.

——. "Fiscal Reform, Central Directives, and Local Autonomy in Rural China." Paper presented at the annual meeting of the American Political Science Association, Washington, D. C., 29 August – 1 September 1991.

——. "Private and Local State Entrepreneurship: The Shandong Case." Paper presented at the annual meeting of the Association for Asian Studies, Washington, D. C., 2 – 5 April 1992.

——. "Fiscal Reform and the Economic Foundations of Local State Corporatism in China." *World Politics*, October 1992, vol. 45, no. 1, pp. 99 – 126.

——. "Reform and Urban Bias in China." *Journal of Development Studies*, July 1993, vol. 29, no. 4, pp. 129 – 48.

——. "Rational Choices and the Attainment of Wealth and Power in the Countryside." In David S. G. Goodman and Beverley Hooper, eds., *China's Quiet Revolution: New Interactions Between State and Society*, pp. 64 – 79. Melbourne, Australia: Longman Cheshire, 1994.

——. "The Role of the Local State in China's Transitional Economy." *China Quarterly*, December 1995, no. 144, pp. 1132 – 49.

——. "Cadre Networks, Information Diffusion, and Market Production in Coastal China." Private Sector Development Department, Occasional Paper no. 20. Washington, D. C.: World Bank, December 1995.

——. "Economic Development, Stability and Democratic Village Self-Governance." in Maurice Brosseau, Suzanne Pepper, and Shu-ki Tsang, eds., *China Review 1996*, pp. 125 – 44. Hong Kong: Chinese University Press, 1996.

——. "The Evolution of Local State Corporatism." In Andrew Walder, ed.,

Zouping in Transition: The Process of Reform in Rural North China, pp. 35 – 61. Cambridge, Mass. : Harvard University Press, 1998.

Oi, Jean C. , and Scott Rozelle. "Democracy and Markets: The Link Between Participatory Decision-Making and Development in China Rural Reforms. " Paper presented at the annual meeting of the Association for Asian Studies, Chicago, 13 – 16 March 1997.

Oi, Jean C. , and Andrew C. Walder, eds. *Property Rights and China's Economic Reforms*. Stanford, Calif. : Stanford University Press, 1999.

Okimoto, Daniel. *Between MITi and the Market: Japanese Industrial Policy for High Technology*. Stanford, Calif. : Stanford University Press, 1989.

Oksenberg, Michel, and James Tong. "The Evolution of Central-Provincial Fiscal Relations in China, 1971 – 1984: The Formal System. " *China Quarterly*, March 1991, no. 125, pp. 1 – 32.

Ost, David. "Towards a Corporatist Solution in Eastern Europe: The Case of Poland. " *Eastern European Politics and Societies*, winter 1989, vol. 3, no. 1, pp. 152 – 74.

Parish, "William, and Martin Whyte. *Village and Family in Contemporary China*. Chicago: University of Chicago Press, 1978.

Park, Albert, Scott Rozelle, Christine Wong, and Changqing Ren. "Distributional Consequences of Reforming Local Public Finance in China. " *China Quarterly*, September 1996, no. 147, pp. 751 – 78.

Parris, Kristen. "Local Initiative and National Reform: The Wenzhou Model of Development. " *China Quarterly*, June 1993, no. 134, pp. 242 – 63.

Pearson, Margaret. *China's New Business Elite: The Political Consequences of Economic Reform*. Berkeley: University of California Press, 1997.

Peck, Merton, and Thomas Richardson, eds. *What Is to Be Done? Proposals for the Soviet Transition to the Market*. New Haven, Conn. : Yale University Press, 1991.

Pei, Minxin. *From Reform to Revolution. The Demise of Communism in China and the Soviet Union*. Cambridge, Mass. : Harvard University Press, 1994.

Pierson, Paul. "When Effect Becomes Cause: Policy Feedback and Political Change. " *World Politics*, July 1993, vol. 45, no. 4, pp. 595 – 628.

Pike, Frederick B., and Thomas Stritch, eds. *The New Corporatism. Social-Political Structures in the Iberian World.* Notre Dame, Ind.: University of Notre Dame Press, 1974.

Pitt, Mark, and Louis Putterman. "Employment and Wages in Township, Village and Other Enterprises." Unpublished manuscript, Department of Economics, Brown University, 1992.

Pratt, John W., and Richard J. Zeckhauser, eds. *Principals and Agents: The Structure of Business.* Boston: Harvard Business School Press, 1985.

Prime, Penelope. "Taxation Reform in China's Public Finance." In U. S. Congress Joint Economic Committee, *China's Economic Dilemmas in the 1990s: The Problems of Reforms, Modernization, and Interdependence*, vol. 1, pp. 167 – 85. Washington, D. C.: U. S. Government Printing Office, 1991.

Putterman, Louis, and Dietrich Rueschemeyer, eds. *State and Market in Development.* Boulder, Colo.: Lynne Rienner, 1992.

Qian, Yingyi, and Chenggang Xu. "Why China's Economic Reforms Differ: The M-Form Hierarchy and Entry/Expansion of the Non-State Sector." *Economics of Transition*, 1993, vol. 1, no. 2, pp. 135 – 70.

Reynolds, Bruce, ed. *Chinese Economic Policy: Economic Reform at Midstream.* New York: Paragon House, for Professors World Peace Academy, 1988.

Riskin, Carl. "China's Rural Industries: Self-Reliant Systems or Independent Kingdoms?" *China Quarterly*, March 1978, no. 73, pp. 77 – 98.

Ross, Stephen. "The Economic Theory of Agency: The Principal's Problem." *American Economic Review*, May 1973, vol. 63, no. 2, pp. 134 – 39.

Rozelle, Scott. "The Economic Behavior of Village Leaders in China's Reform Economy." Ph. D. dissertation, Cornell University, 1991.

——. "Principals and Agents in China's Rural Economy: A Decision Making Framework of Township Officials, Village Leaders and Farm Households." Unpublished manuscript, 1991.

——. "Decision-Making in China's Rural Economy: The Linkages Between Village Leaders and Karm Households." *China Quarterly*, March 1994, no. 137, pp. 99 – 125.

——. "Rural Industrialization and Increasing Inequality: Emerging Patterns in

China's Reforming Economy." *Journal of Comparative Economics*, December 1994, vol. 19, no. 3, pp. 362 –92.

Rueschemeyer, Dietrich, and Peter B. Evans. "The State and Economic Transformation: Toward an Analysis of the Conditions Underlying Effective Intervention." In Peter B. Evans, Dietrich Rueschemeyer, and Theda Skocpol, *Brtnging the State Back In*, pp. 44 –76. New York: Cambridge University Press, 1985.

Ruf, Gregory. "Collective Enterprise and Property Rights in a Sichuan Village: The Rise and Decline of Managerial Corporatism." In Jean C. Oi and Andrew G. Walder, eds., *Property Rights and China's Economic Reforms*. Stanford, Calif.: Stanford University Press, 1999.

Sachs, Jeffrey. *Poland's Jump to the Market Economy*. Cambridge, Mass.: MIT Press, 1993.

Sartori, Giovanni. "Concept Misformation in Comparative Politics." *American Political Science Review*, December 1970, vol. 64, no. 4, pp. 1033 –53.

Schmitter, Philippe. "Still the Century of Corporatism?" In Frederick B. Pike and Thomas Stritch, eds., *The New Corporatism: Social-Political Structures in the Iberian World*, pp. 85 –131. Notre Dame, Ind.: University of Notre Dame Press, 1974.

Schurmann, Franz. *Ideology and Organization in Communist China*. Berkeley: University of California Press, 1968.

Scott, James C. *The Moral Economy of the Peasant: Rebellion and Subsistence in Southeast Asia*. New Haven, Conn.: Yale University Press, 1976.

Selznick, Philip. The Organizational Weapon: A Study of Bolshevik Strategy and Tactics. New York: McGraw-Hill, 1952.

Shandong tongjiju. *Huihuang chengjiu: nongcun gaige shinan* (The Achievements of Ten Years of Agricultural Reform). Ji'nan, China: Shandongsheng tongjiju, 1989.

Shandong Zouping. Beijing: Zhongguo zhanwang chubanshe, 1990.

Shirk, Susan. *The Political Logic of Economic Reform in China*. Berkeley: University of California Press, 1993.

Shue, Vivienne. "Beyond the Budget: Finance Organization and Reform in a Chinese County." *Modern China*, April 1984, vol. 10, no. 2, pp. 147 – 86.

——. *The Reach of the State: Sketches of the Chinese Body Politic*. Stanford, Calif.: Stanford University Press, 1988.

Sicular, Terry. "China's Agricultural Policy During the Reform Period." In U. S. Congress Joint Economic Committee, *China's Economic Dilemmas in the 1990s: The Problems of Reforms, Modernization, and Interdependence*, vol. 1, pp. 340 – 64. Washington, D, C.: U. S. Government Printing Office, 1991.

Simon, Herbert. *Administrative Behavior: A Study of Decision-Making Processes in Administrative Organization*. New York: Macmillan, 1947.

Siu, Helen. *Agents and Victims in South China: Accomplices in Rural Revolution*. New Haven, Conn.: Yale University Press, 1989.

Skocpol, Theda. *Protecting Soldiers and Mothers: The Political Origins of Social Policy in the United States*. Cambridge, Mass.: Belknap Press, 1992.

Solinger, Dorothy J. *Chinese Business Under Socialism: The Politics of Domestic Commerce, 1949 – 1980*. Berkeley: University of California Press, 1984.

——. "Urban Reform and Relational Contracting in Post-Mao China." In Richard Baum, ed., *Reform and Reaction in Post-Mao China: The Road to Tiananmen*, pp. 104 – 23. New York: Routledge, 1991.

Spence, Michael, and Richard Zeckhauser. "Insurance, Information, and Individual Action." *American Economic Review*, May 1971, vol. 61, no. 2, pp. 380 – 87.

Steinfeld, Edward. *Forging Reform in China: The Fate of State-Owned Industry*. New York: Cambridge University Press, 1998.

Stepan, Alfred. *The State and Society: Peru in Comparative Perspective*. Princeton, N. J.: Princeton University Press, 1978.

Stiglitz, Joseph. "Principal and Agent (ii)." In J. Eatwell, M. Milgate, and P. Newman, eds., *The New Palgrave: A Dictionary of Economics*, vol. 3, p. 966. New York: Stockton Press, 1987.

Streeten, Paul. "Markets and States: Against Minimalism." *World Development*, August 1993, vol. 21, no. 8, pp. 1281 – 98.

Tam On Kit. "Fiscal Policy Issues in China." Unpublished manuscript, University of New South Wales, Canberra, Australia, 1990.

——. "Prospects for Reforming China's Financial System." Paper presented at

"Conference on China's Reformsand Economic Growth," Australian National University, 1991.

Taylor, Jeffrey. "Rural Employment Trends and the Legacy of Surplus Labour, 1978 – 1986." *China Quarterly*, December 1988, no. 116, pp. 736 – 66.

Tong, James. "Fiscal Reform, Elite Turnover and Central-Provincial Relations in Post-Mao China." *Australian Journal of Chinese Affairs*, July 1989, no. 22, pp. 1 – 28.

——. "Central-Provincial Fiscal Relations in Post-Mao China." Unpublished manuscript.

Tyson, James L., "China to Boost Loans to Rural Enterprises." *Christian Science Monitor*, 26 March 1990.

Unger, Jonathan. "The Struggle to Dictate China's Administration: The Conflict of Branches vs. Areas vs. Reform." *Australian Journal of Chinese Affairs*, July 1987, no. 18, pp. 15 – 45.

Unger, Jonathan, and Anita Chan. "China, Corporatism, and the East Asian Model." *Australian Journal of Chinese Affairs*, January 1995, no. 33, pp. 29 – 53.

U. S. Congress Joint Economic Committee. *China's Economic Dilemmas in the 1990s: The Problems of Reforms, Modernization, and Interdependence.* Washington, D. C. : U. S. Government Printing Office, 1991.

Vernneer, Eduard. "The Development of the Shareholding Cooperative System: A Property Rights Analysis." In Jean C. Oi and Andrew G. Walder, eds. , *Property Rights and China's Economic Reforms.* Stanford, Calif. : Stanford University Press, 1999.

Vogel, Ezra. *One Step Ahead in China: Guangdong Under Reform.* Cambridge, Mass. : Harvard University Press, 1989.

Wade, Robert. "The Role of Government in Overcoming Market Failure: Taiwan, Republic of Korea, and Japan." In Helen Hughes, ed. , *Achieving Industrialization in East Asia*, pp. 129 – 63. New York: Cambridge University Press, 1988.

——. *Governing the Market: Economic Theory and the Role of Government in East Asian Industrialization.* Princeton, N. J. : Princeton University Press, 1990.

Walder, Andrew G. *Communist Neo-Traditionalism: Work and Authority in Chinese Industry.* Berkeley: University of California Press, 1986.

——. "Local Governments as Industrial Firms: An Organizational Analysis of China's Transitional Economy." *American Journal of Sociology*, September 1995, vol. 101, no. 2, pp. 263–301.

——. "The County Government as an Industrial Corporation." In Andrew G. Walder, ed., *Zouping in Transition: The Process of Reform in Rural North China.* Cambridge, Mass.: Harvard University Press, 1998.

Walder, Andrew G., ed. *The Waning of the Communist State: Economic Origins of Political Decline in China and Hungary.* Berkeley: University of California Press, 1995.

Wang Qiang. "2000 nian zhongxibu nongcun shixin xiaokang de chengdu you duoda" (Prospects for Villages in China's Central and Western Regions to Attain a Basically Comfortable Standard of Living by the Year 2000). *Gaige neican*, 1995, no. 9, pp. 33–35.

Wang Qinglin, and Wenke Fan. "Jiaqiang nongcun jiceng dang zuzhi jianshe shi dangwu zhi ji" (Strengthening Basic-Level Party, Organization Is a Party Task). *Hebei nongcun gongzuo*, 1994, no. 12, pp. 7–8.

Wang, Shaoguang. "The Rise of the Regions: Fiscal Reform and the Decline of Central Stare Capacity in China." In Andrew G. Walder, ed., *The Waning of the Communist State*, pp. 87–113. Berkeley: University of California Press, 1995.

Wang Xiaoxu, ed. *Nashui shiyong shouce* (Tax Handbook). Beijing: Zhongguo zhanwang chubanshe, 1988.

Wank, David. "From Stare Socialism to Community Capitalism: State Power, Social Structure, and Private Enterprise in a Chinese City." Ph. D. dissertation, Harvard University, 1993.

——. "Bureaucratic Patronage and Private Business: Changing Networks of Power in Urban China." In Andrew G. Walder, ed., *The Waning of the Communist State*, pp. 153–83. Berkeley: University of California Press, 1995.

——. "Social Networks and Property Rights: Enforcement, Expectations, and Efficiency in the Urban Nonstate Economy." In Jean C. Oi and Andrew G. Walder, eds., *Property Rights and China's Economic Reforms.* Stanford, Calif.: Stanford University Press, 1999.

Watson, Andrew, ed. *Economic Reform and Social Change in China*. New York: Routledge, 1992.

Weitzman, Martin, and Chenggang Xu. "Chinese Township-Village Enterprises as Vaguely Defined Cooperatives." *Journal of Comparative Economics*, April 1994, vol. 18, no. 2, pp. 121 – 45.

White, Harrison C. "Agency as Control." In John W. Pratt and Richard J. Zeckhauser, eds., *Principals and Agents: The Structure of Business*, pp. 187 – 212. Boston: Harvard Business School Press, 1985.

White, Lynn T., III. *Shanghai Shanghaied? Uneven Taxes in Reform China*. Occasional Papers and Monographs, no. 84. Hong Kong: Centre of Asian Studies, University of Hong Kong, 1989.

White, Tyrene. "Political Reform and Rural Government." In Deborah Davis and Ezra Vogel, eds., *Chinese Society on the Eve of Tiananmen*, pp. 37 – 60. Cambridge, Mass.: Council on East Asian Studies, Harvard University, 1990.

——. "Below Bureaucracy: The Burden of Being a Village Under the Local State." Paper presented at the annual meeting of the Association for Asian Studies, Chicago, 5 – 8 April 1990.

——. "Potrevolutionary Mobilization in China: The One-Child Policy Reconsidered." *World Politics*, October 1990, vol. 43, no. 1, pp. 53 – 77.

——. "Reforming the Countryside." *Current History*, September 1992, vol. 91, no. 566, pp. 273 – 77.

Whiting, Susan. "The Micro-Foundation of Institutional Change in Reform China: Property Rights and Revenue Extraction in the Rural Industrial Sector." Ph. D. dissertation, University of Michigan, 1995.

——. "The Regional Evolution of Ownership Forms: Shareholding Cooperatives and Rural Industry in Songjiang and Wenzhou." In Jean C. Oi and Andrew G. Walder, eds., *Property Rights and China's Economic Reforms*. Stanford, Calif.: Stanford University Press, 1999.

Whyte, Martin, and William Parish. *Urban Life in Contemporary China*. Chicago: University of Chicago Press, 1984.

Winiecki, Jan. "Are Soviet-Type Economies Entering an Era of Long-Term Decline?" *Soviet Studies*, July 1986, vol. 38, no. 3, pp. 325 – 48.

Wong, Christine. "Interpreting Rural Industrial Growth in the Post-Mao Period." *Modern China*, January 1988, vol. 14, no. 1, pp. 3 – 30.

——. "Maoism and Development: A Reconsideration of Local Self-Reliance in Financing Rural Industrialization." Working Paper no. 201. Santa Cruz: Department of Economics, University of California, 1989.

——. "Central-Local Relations in an Era of Fiscal Decline. The Paradox of Fiscal Decentralization in Post-Mao China." *China Quarterly*, December 1991, no. 128, pp. 691 – 715.

——. "Fiscal Reform and Local lndustrialization: The Problematic Sequencing of Reform in Post-Mao China." *Modern China*, April 1992, vol. 18, no, 2, pp. 197 – 227.

Wong, Christine, Christopher Heady, and Wing T. Woo. *Fiscal Management and Economic Reform in the People's Republic of China*. Hong Kong: Oxford University Press, for the Asian Development Bank, 1995.

Wong, John, Rong Ma, and Mu Yang, eds. *China's Rural Entrepreneurs: Ten Case Studies*. Singapore: Times Academic Press, 1995.

World Bank. *China: Revenue Mobilization and Tax Policy*. Washington, D. C. : World Bank, 1990.

Xiang Huaicheng, ed. *Jiushiniandai caizheng fazhan zhanlüe* (The Strategy for the Development of Finance in the 1990s). Belling: Zhongguo caizheng jingji chubanshe, 1991.

Yan, Yunxiang. *The Flow of Gifts: Reciprocity and Social Networks in a Chinese Village*. Stanford, Calif. : Stanford University Press, 1996.

Yang, Dali. *Calamity and Reform in China: State, Rural Society, and Institutional Change Since the Great Leap Famine*. Stanford, Calif. : Stanford University Press, 1996.

Yang, Mayfair. "Between State and Society: The Construction of Corporateness in a Chinese Socialist Factory." *Australian Journal of Chinese Affairs*, July 1989, no. 22, pp. 31 – 60.

"Yindao nongcun zijin zengjia nongye touru" (Let Village Funds Increase Agricultural Investment). *Nongye jingji wenti*, 23 April 1990, no. 4, pp. 20 – 25.

You, Ji. "Zhao Ziyang and the Politics of Inflation." *Australian Journal of Chinese Affairs, January 1991, no. 25, pp. 69 – 91.

Young, Susan. "Policy, Practice and the Private Sector in China." *Australian Journal of Chinese Affairs*, January 1989, no. 21, pp. 57 – 80.

——. "Wealth but Not Security: Attitudes Towards Private Business in the 1980s." In Andrew Watson, ed., *Economic Reform and Social Change in China*, pp. 63 – 87. New York: Routledge, 1992.

Zhang Guoqing, Zhiyong Fan, and Xinge Yan. "Zhuazhu sange huanjie, gaohao cunji ganbu guifanhua guanli" (Seize the Three Links, Manage the Standards of Village-Level Cadres Well). *Hebei nongcun gongzuo*, 1994, no. 5, pp. 40 – 41.

Zhang Renshou, and Hong Li. *Wenzhou moshi yanjiu* (Research on the Wenzhou Model), Beijing: Zhongguo shehui kexue chubanshe, 1990.

Zhong Pengrong. *Shinian jingji gaige: licheng, xianzhuang, wenti, chulu* (Ten Years of Economic Reform: Course, Conditions, Problems, Solutions). Zhengzhou, China: Henan renmin chubanshe, 1990.

Zhongguo nongcun jinrong tongji, 1979 – 1989 (China Rural Financial Statistics, 1979 – 1989). Beijing: Zhongguo tongji chubanshe, 1991.

Zhongguo nongcun jinrong tongji nianjian, 1995 (China Rural Financial Statistical Yearbook, 1995). Beijing: Zhongguo tongii chubanshe, 1996.

Zhongguo nongye nianjian, 1989 (China Agricultural Yearbook, 1989). Beijing: Nongye chubanshe, 1989.

Zhongguo tongji nianjian, 1987 (China Statistical Yearbook, 1987). Beijng: Zhongguo tongji chubanshe, 1987.

Zhongguo tongji nianjian, 1988 (China Statistical Yearbook, 1988). Beijing: Zhongguo tongji chubanshe, 1988.

Zhongguo tongji nianjian, 1989 (China Statistical Yearbook, 1989). Beijing: Zhongguo tongji chubanshe, 1989.

Zhongguo tongji nianjian, 1990 (China Statistical Yearbook, 1990). Beijing: Zhongguo tongji chubanshe, 1990.

Zhongguo tongji nianjian, 1991 (China Statistical Yearbook, 1991). Beijing: Zhongguo tongji chubanshe, 1991.

Zhongguo tongji nianjian, 1993 (China Statistical Yearbook, 1993). Beijing: Zhongguo tongji chubanshe, 1993.

Zhongguo tongji nianjian, 1996 (China Statistical Yearbock, 1996). Beijing: Zhongguo tongii chubanshe, 1996.

Zhongguo xiangzhen qiye nianjian, 1978 – 1987 (Township and Village Enterprise Yearbook, 1978 – 1987). Beijing: Nongye chubanshe, 1989.

Zhongguo xiangzhen qiye nianjian, 1991 (Township and Village Enterprise Yearbook, 1991). Beijing: Nongye chubanshe, 1992.

Zhongguo xiangzhen qiye nianjian, 1992 (Township and Village Enterprise Yearbook, 1992). Beijing: Nongye chubanshe, 1993.

Zhou, Kate Xiao. *How the Farmers Changed China: Power of the People.* Boulder, Colo.: Westview Press, 1996.

Zweig, David. "Opposition to Change in Rural China: The System of Responsibility and People's Communes." *Asian Survey*, July 1983, vol. 23, no. 7, pp. 879 – 900.

———. "Rural Industry: Constraining the Leading Growth Sector in China's Economy." In U. S. Congress Joint Economic Committee, *China's Economic Dilemmas in the 1990s: The Problems of Reforms, Modernization, and In terdependence*, vol. 1, pp. 418 – 36. Washington, D. C.: U. S. Government Printing Office, 1991.

———. "Internationalizing China's Countryside. The Political Economy of Exports from Rural Industry." *China Quarterly*, December 1991, no. 128, pp. 716 – 41.

———. "Export-Led Growth, Local Autonomy, and U. S. -China Relations." *In Depth: A Journal for Values and Public Policy*, fall 1993, vol. 3, no. 3, pp. 19 – 36.

———. "Rural People, the Politicians, and Power." *China Journal*, July 1997, no. 38, pp. 153 – 68.

Zweig, David, Kathleen Hartford, James Feinerman, and Jianxu Deng. "Law, Contracts, and Economic Modernization: Lessons from the Recent Chinese Rural Reforms." *Stanford Journal of International Law*, summer 1987, vol. 23, no. 2, pp. 319 – 64.

Zysman, Jobn. Governments, *Markets, and Growth: Financial Systems and the Politics of Industrial Change.* Ithaca, N. Y.: Cornell University. Press, 1983.

索 引[1]

accounting：creative，账目：伪造，181 - 82；for extra - budgetary funds，对账外资金，163 - 64

Administration for Industry and Commerce：county，工商管理：县，43；state，国家，130 - 31

administrative controls：in local state corporatism，行政控制：地方政府法团主义，128 - 31. See also bureaucracy；licensing；regulation 参见官僚系统；许可；管制

"administrative guidance," Japan，"行政指导"，日本，24，118，119

Africa：government intervention in markets，非洲：政府介入市场，66；late - industrializing，低度工业化，96

agents：becoming principals，代理人：变成委托人，161 - 90，196 - 97；bureaucracy as，作为~的官僚机构，6 - 10，17 - 18，107，109，139 - 60；different types，不同类型的，107，109，153；local regulatory，地方管制的，15，143 - 59；See also principal - agent theory，参见委托代理理论

Agricultural Bank (nongye yinhang)，农业银行，120 - 22，173，176，177，178；audited，审计的，150 - 51；corruption case，腐败案件，158 - 59；diversion of funds，资金转移，180 - 81；fund sources，资金来源，175；loans，贷款，107，114，115，120 - 22，167，172n，174；and nonbank funds，183；和非银行资本，183；officials，官员，120；township branches，乡镇分行，109，120 - 21，122

agriculture，农业，190；agriculture - animal husbandry tax，农畜养殖税，55；cash crops，经济作物，61，67，78；decollectivization of，~去集体化，8，18，19 - 27，67，78；development of commercial，商品农业的发展，56；investment in，对农业的投资，21 - 23，22 图1，25，78 - 79；land/harvest ownership，土地/收成所有权，18 - 20；loan repayment rate，贷款偿还率，186n；peasant skills in，农民的~技术，67；peasants left in，务农的农民，61，78 - 79；production teams，生产队，18 - 20，67，79，179；rural industry supporting (yigong bunong)，以工

---

[1] 本索引根据原英文版索引制成，索引页码为英文页码，"n"表示原文所在页码的注释。

索引 189

补农, 21-23, 78-79; rural industry surpassing income in, 超过~收入的乡镇企业, 1, 77-78; special agricultural products tax, 特种农业税, 55, 56; subsidies for, ~补贴, 21-23, 78-79; taxes, ~税, 20, 41, 45, 55-56, 75n, 78-79, 144n; tax exemptions, 税收减免, 36; tax revenue (1952-1994), 税收 (1952-1994) 41 图3; village officials in charge of, 掌管~的村干部, 113. See also grain 参见粮食

Agriculture Ministry, 农业部, 88n, 90, 167-68

All-China Federation of Industry and Commerce (*quanguo gongshang lian hui*), 全国工商联会, 129n

Amsden, Alice, 阿姆斯丹, 爱丽丝, 57

Applebaum, Richard, 阿普勒鲍姆, 理查德, 7n

associations: credit, 协会: 信用~, 131-32. See also Chinese Communist Party; connections; cooperatives; interest groups; networks; trade associations 参见中国共产党; 关系; 合作社; 利益集团; 网络; 贸易协会

auction (*paimai*), of collectively owned firms, 拍卖, 集体所有企业的~, 88, 89, 91, 92

audit bureau (*shenjiju*), 审计局, 100 表4, 144-57; announced audits, 预告式审计, 148-49; officials, ~官员, 145; suboffices (*shenjisuo*), 审计所, 145; team, ~组, 148-49; uncovering misconduct, 曝光不当行为, 149-57. See also investigations 参见调查

authority: federalism and, 权威, 联邦制与~, 197n; intersecting lines of, ~的相交线, 141-52; personalization of, ~的个人化, 66, 198. See also government; leadership; power; regulation; state 参见政府; 领导权; 权力; 监管; 国家

bankrupt (*pochan*) firms, 破产企业, 88, 89, 90-91

banks: assignment to, 银行: 分配给~, 176; audited, 审计, 150-51; autonomy gains, 自主收入, 175; bad debt held by, ~的坏账, 90-91; basic account (*jibenzhanghu*) /secondary or supplementary account (*fuzhu zhanghu*), 基本账户与辅助账户, 178n; and central quotas, 和中央配额, 75n; commercialization of, ~商业化, 173-76; competition between, ~间竞争, 176-77, 178; Construction, 建设~, 173, 176-77, 178, 179; county, 县, 100 表4, 104, 106-7, 114, 120-22, 131-32, 150-51, 158-59, 173-83 各处; credit from, ~贷款, 47, 67, 87, 107, 114-15, 119-22, 131-32, 172-77; credit plan, 贷款计划, 174-75; deposits, 存款, 174-75, 176-77, 180; finance bureau extra-budgetary account (*caizheng zhuanhu chucun*), 财政专户储存, 163-64; Industrial Commercial (*gongshang yinhang*), 工商银行, 173, 176, 177, 178; licensing verifications, 许可证, 129; loans, 借贷, 67, 71, 87, 90-91, 106-7, 114, 120-22, 158, 166-82 各处; local officials' power, 地方干部的权力, 178-81; manipulation of funds（*nuoyong*）,资金挪用,179 – 81, 182; in Maoist period,毛时代,119 – 20, 173, 182; "money market"（*zijin shichang*）,资金市场,176; People's Bank of China,中国人民银行,120n, 144, 167, 173 – 75, 178, 180; private,私有,119, 177, 184; profits from,~的利润,54; reserve requirements,储备金要求,174; retrenchment (1988 – 89) and,紧缩 (1988 – 89) 和,166 – 67, 169, 172 – 77, 179 – 84. See also Agricultural Bank; World Bank 参见农业银行,世界银行

Barnett, A. Doak,鲍大可,120n, 141

Bates, Robert,罗伯特·贝茨,8n, 60, 66

Beijing: county officials' trips to,北京：县级官员到北京考察；106; interviews in,在~的访谈,207; State Planning Commission,国家计划委员会,116n. See also central government 参见中央政府

biaoxian（political attitude）,表现（政治态度）,6, 154 – 55

"big bang" approach,大改革进路,2, 194

bonuses: cadre,奖金：干部~,48 – 50, 75, 77n, 159; labor,劳动~,25; management,奖金管理,26; regulation of,奖金管制,151; retained enterprise,扣发~的企业,43; tax（*jiangjin shui*）,奖金税,53

brigades,大队,18 – 19; central regulation and,中央管制和,139; fees levied on,向~征收的费,45; income paid to,付给~的收入,20. See also villages 参见村

budget: fixed calculations,预算：固定计算,30 – 34; "minimum essential,"最低基本的,30. See also budget allocations to local governments; payments; revenues 参见分配给地方政府的预算；花费；财政收入

budget allocations to local governments,地方政府预算分配,20, 28, 119 – 22; and bank diversion of funds,和银行的资金转移,180 – 81; constraints in,~的约束,14, 15, 28, 56, 108, 112, 168; county to township,县对乡镇的~,29n, 108, 144; Maoist period,毛时代,6, 18, 19, 34 – 35; preferential,优先的~,118 – 19. See also expenditures; subsidies 参见支出；补贴

bureaucracy: in Africa and Latin America,官僚机构：非洲和拉丁美洲的~,96; as agents,作为代理人的~,6 – 10, 17 – 18, 107, 109, 139 – 60; collective ownership in,~的集体所有权,74 – 80; compliance with state directives,服从国家指令,3 – 10, 14, 17 – 18, 139 – 60, 162, 170 – 72, 189 – 90, 197 – 98; fixed subsidies paying for,给~的固定补贴,34; as information and technology source,作为信息和技术来源的~,123 – 27; interviewing,对~的访谈,207, 209; maturity of,~的完备,96n; networks,网络,123 – 27; organizational capacity,组织能力,96, 99, 100 – 101 表4; strategy for survival,生存策略,28; vertical（*tiao*）integration,垂直整合（条）,11 – 12, 28, 141, 199; "well – bounded" system,"清晰界定"的系统,9. See also Chinese Communist Party; government; incentives; regulation; state 参见中国共产

党；政府；激励；管制；国家

Byrd, William, 威廉·伯德, 79

capital: agricultural, 资本：农业~, 22–23; changes in access, ~获得的变化, 87, 119–22, 182–89; fixed investment, 固定资本投资, 86–87; growth of registered, 注册~的增长, 86; local corporate, 地方企业, 70–73; non-bank sources, 非银行资金, 109, 182–89, 185 表 7 和 8; private sector, 私营部门, 67–68, 86–87. See also credit; investment; loans 贷款；投资；借贷

capitalism, 资本主义, 193; "capitalist revolution," "资产阶级革命," 63; "capitalist roaders," "走资派," 59n; laissez-faire, 放任, 99; "plan rational," "计划理性," 7. See also market economy; newly industrializing countries (NICs), East Asian 参见市场经济；新兴工业化国家，东亚

central government: bureaucratic compliance with, 中央政府：官僚机构与~一致, 3–10, 14, 17–18, 139–60, 162, 170–72, 189–90, 197–98; control consequences in local state corporatism, 地方政府法团主义控制结果, 161–90, 196–99; credible commitment, 可信承诺, 10–11, 47–52, 195–96; and extrabudgetary revenues, 和预算外收入, 38–42, 40 图 2, 48–49, 52–56, 140, 162–66, 190; grain production constraints by, ~的粮食生产限制, 59–60; infrastructural investment shifted to localities from, ~给地方政府的基础设施投资, 21–23, 78; from limited indirect extractions to direct taxation, 从有限间接提取到直接征税, 52–56; limits of control, 控制的限制, 189–90, 196; local appropriation of controls of, ~控制的地方挪用, 159–90, 196–99; and local power, 和地方权力, 15, 139–90, 196–99; *nomenklatura system*, 职官名录制度系统, 143–44, 153, 160; and peasant disturbances, 和农民闹事, 200–201; as principal, 作为委托人的~, 7, 17–18, 139–60; and private sector, 和私营部门, 73–80; and product preference lists, 优先生产名单, 116n; quotas, 配额, 18, 53, 75n; retrenchment (1988–89), 紧缩 (1988–89), 162, 166–90; revenues shared with, 与~分享的收入, 29, 31n, 32–33 表 1, 54–56. See also Beijing; budget allocations to local governments; central planning; Maoist period; policies; political elites; regulation; state 参见北京；分配给地方政府的预算；中央计划；毛时代；政策；政治精英；管制；国家

central planning, 中央计划, 3–4, 19; and bank funds, 和银行资金, 175n; egalitarian, 平等主义, 7, 77, 117–19; gradually jettisoned, 逐渐抛弃的~, 2, 75; ideological, 意识形态的, 7, 115–17; and selective allocation, 和选择性分配, 118–22. See also plans 参见计划

Changzhou method, 常州方式, 163n

Chen, Chih-jou Jay, 陈志柔, 67–68

Chinese Academy of Social Sciences, 中国社会科学院, 207

Chinese Communist Party，中国共产党，2–5，130n，197；lines of authority，权力线，141，142–43；local state corporatism and，地方政府法团主义和~，97，102，112–13；village party cell (*dangzhibu*)，村党支部，129. See also party secretaries; state 参见党支部书记；国家

"civil society,"公民社会，199

clientelism，庇护主义，66，136n，198

collective ownership (*jiti suoyou*)，集体所有，2，18，23–47，58–80，195；agricultural investment，农业投资，21–23；auction (*paimai*) of firms，企业拍卖，88，89，91，92；belief in superiority of，对~优势的信任，5；and cadre power，和干部权力，11，74–80，91–92，98；contracting，承包，23–24，26，74，80；costs and benefits vs. private ownership，相对于私人所有的成本和收益，88–93；county，县，58，74–76，133，147，148，177；*cunban qiye*，村办企业，112；"fake,"假，63，133；"finance support fund" (*caizheng fuchi zijin*) for，对~的"财政扶持资金"，184–85；"horizontal linkage" (*hengxiang lianhe*)，横向联合，134；local services underwritten by profits of，~利润支付的地方服务，25，78，79–80，98；logic of development by，发展逻辑，65–80；new management structures (1990s)，新管理结构（1990年代），81–85，128；number of enterprises (1980s)，企业数量（1980年代），67n；outdated，过时的，193–94；preferential treatment，优待，60；of property，财产的~，20；and ratings of enterprises，和企业等级，121；"red umbrella" and，"红色保护伞"和，64，85，133；reserves (*gonggongjilei*)，公共积累，146；resources，资源，67，70–73，187–89；retrenchment (1988–89) and，紧缩（1988–89）和，80，166–72，187–89；symbiotic relationship with private sector，和私营部门的共生关系，133–37，202–3；taxes，税，35–47；and technological advances，和技术进步，81；township，乡镇，27–47，58–80，88–93，170–72，176，181，201，202；village，村，50，58–80，88–93，112，170–72，176，200，201–2；weaknesses，衰落，89；*xiangzhen qiye*，乡镇企业，62. See also cooperatives; decollectivization; local government 参见公司；去集体化；地方政府

Collier, David，大卫·科利尔，12n，13

Collier, Ruth Berins，露丝·科利尔，13

commercialization: of agriculture，商品化：农业~，56；of banks，银行，173–76. See also decollectivization; industry; market 参见去集体化；工业；市场

communes，公社，45；brigades in system of，~系统的大队，19；central regulation and，中央管制和~，139；disbanded，解体，23；income paid to，给~的收入，20；ownership by，公社所有权，18. See also township 参见乡镇

communism: and economics，社会主义：和经济，2，3–4，10，11，191；and local officials' power retention，和地方官员的权力保留，3，74，89，191；"plan ideological" governments，"计划意识形态"

政府, 7; statist view and, 国家主义观点和, 9. See also Chinese Communist Party; Leninist systems 参见中国共产党;列宁体制

community services. See services, local 社区服务,见地方服务

competition: bank, 竞争:银行, 176–77, 178; contract bidding, 合约招标, 25; and corporate good, 和共同体善, 118; local cadre networks assisting, 支持~的地方干部网络, 123; "plan rational" capitalism/Chinese "industrial policy" and, "计划理性"资本主义/中国"工业政策"和, 7; rising challenges (1990s), 上升的挑战(1990年代), 80, 81, 89, 92; state–owned vs. rural industry, 国有工业与乡村工业的~, 166

conglomerates (*jituan*), forming (1990s), 集团, 组成~(1990年代), 81, 85, 88n, 93

connections, 关系, 115, 135–36; *guanxi* for resources, 资源关系, 117, 123–27; "horizontal linkage" (*hengxiang lianhe*), 横向联合, 117, 134; in symbiotic private–collective–state relationship, 在共生的私营–集体–国家关系中的, 133–37, 202–3. See also associations; contracting 参见社团;承包

consignment selling (*daixiao*), 代销, 137

construction: banks assigned to, 建设:服务~的银行, 176; extrabudgetary funds for, ~的预算外资金, 163, 165; investigations of, ~调查, 150; nonbank loans for, ~的非银行贷款, 183; taxes, 税, 21, 55

Construction Bank, 建设银行, 173, 176–77, 178, 179

consumption tax (*xiaofei shui*), 消费税, 54

contracting (*chengbao*), 承包, 17, 23–34, 46–54 各处, 74, 80; fees, 费, 24, 46–47; leasing vs., 租赁 vs. ~, 81, 82; legalities, 合法性, 27, 156–57; new structures instead of (1990s), 取代~的新结构(1990年代), 81; responsibility systems, 承包制, 79, 155; revenue–sharing, 收入分成, 29–34, 32–33 表1; in state–private symbiosis, 国家–私营共生关系中的~, 134–37; weaknesses, 衰落, 89, 91–92

controls. See administrative controls; investigations; regulation 控制。见行政控制;调查;管制

cooperatives: credit, 合作社:贷款, 109, 115, 120–21, 132, 166–84 各处; sales and marketing, 销售和市场, 176; savings and loan, 存款和借贷, 122, 183, 188; shareholding (*gufenzhi*), 股份制, 73, 81, 84–85, 93, 188

corporate good, 公司财产, 118

corporations (*gongzi*): forming, 公司:组建~, 81, 85, 88n, 93, 202–3; local corporate state like large multilevel, 类似大型多层级~的地方法团政府, 102

corporatism, 法团主义, 11–13, 97; corporate good, 公司财产, 118; of local control, 地方控制的~, 152–59, 162–90; redistributive, 再分配的, 79–80, 97–98, 201–3. See also collective ownership; local state corporatism 参见集体所有;地方政府法团主义

corruption：bank，腐败：银行，179；individual（*tanwu*），贪污，151 – 52，154；in licensing，许可发放中的～，128；and local cadres' attitude toward economic reforms，和地方干部对经济改革的态度，3 – 4，6；misappropriation of public funds（*nuoyong gongkuan*），挪用公款，151 – 52；village，村，157 – 59. See also crime 参见犯罪

costs：collective vs. private ownership，成本：集体所有 vs. 私人所有的成本，88 – 93；debts written off as，作为～注销的债务，181；factory closure，工厂关闭，171；production，产量，80 – 81，169. See also interest rates；prices 参见利率；价格

county：audited，县：审计，150 – 51；banks，银行，100 表 4，104，106 – 7，114，120 – 22，131 – 32，150 – 51，158 – 59，173 – 83 各处；budget allocations to townships，分配给乡镇的预算，29n，108，144；cadre evaluation offices（*ganbu kaohe bangongshi*），干部考核办公室，49；cadre power，干部权力，74 – 76；and central regulation in Maoist period，和毛时代的中央管制，139，190；collective ownership，集体所有，58，74 – 76，133，147，148，177；coordination（*xietiao*）role/corporate headquarters，协调作用/法团司令部，103 – 7；economic commission，经济委员会，100 表 4，165；economic reform committee（*jingji tizhi gaige weiyuan hui*），经济体制改革委员会，157；and extrabudgetary revenues，和预算外收入 42 – 43，53，55，144，164 – 66，184，190；finance investment companies（*caizheng touzi gongsi*），财政投资公司，131；foreign trade companies，外贸公司，101 表 4，104；industrial – commercial management bureau，工商管理局，88n，100 表 4，129，190；investment at level of，公司层面的投资，75 – 76，90，103，131；land management bureau（*tudi guanli ju*），土地管理局，101 表 4，178；leadership，领导权，103 – 4；local state corporatism，地方法团主义，99 – 115，100 – 101 表 4，153；magistrate（*xianzhang*），县长，100 表 4，103 – 4，142；"major investigation office"（*dajiancha bangongsi*），大检查办公室，147；meetings，会议，124 – 25；nonbank support funds from，来自～的非银行支持资金，184 – 87，185 表 7 和表 8；party secretary（*xian dangwei shuji*），县党委书记，100 表 4，103 – 4，142，153，209；planning commission，计划委员会，100 表 4，165；poor，贫穷的，38；price bureau，物价局，147；as principals，作为委托人的，153；property rights relations，财产权利关系，73，75 – 76，87 – 91，133；and rapid development，和告诉发展，96；residual，剩余，42 – 45，53；resources，资源，104 – 7，110 – 11 表 6；revenues，收入，27 – 47，55，75，90；science and technology commissions，科学技术协会，101 表 4，186 – 87；successfully industrializing，成功工业化的，58，124；tax bureau，税务局，100 表 4，106 – 7，144 – 48，153，185 – 86；village representation，村代表，112. See also audit bureau；finance bureaus；rural enterprise management bureau, county 参见审计局；财政局；县乡镇企业管理局

credible commitment, 可信承诺, 10 – 11, 47 – 52, 195 – 96

credit: associations, 信用（贷款）: ~社, 131 – 32; bank, 银行, 47, 67, 87, 107, 114 – 15, 119 – 22, 131 – 32, 172 – 77; cadre power and, 干部权力和, 114, 120; cooperatives, 合作社, 109, 115, 120 – 21, 132, 166 – 84 各处; erosion of central control over, 对中央贷款控制的侵蚀, 172 – 82; limit, 限制, 121 – 22; non – bank, 非银行的, 182 – 84; plan, 计划, 174 – 75; preferential treatment, 优待, 133, 156; ratings for, 等级, 121 – 22, 156, 159, 168 – 69; retrenchment (1988 – 89) and, 紧缩（1988 – 89）, 80, 166 – 67, 172 – 89, 198; state – allocated, 国家分配的, 119 – 22; tight, 收紧的, 80; township vs. village, 乡镇 vs. 村, 114 – 15. See also debt; interest rates; loans 参见债务；利率；贷款

crime: economic, 犯罪：经济, 145 – 59. See also corruption; law 参见腐败；法律

Cultural Revolution, 文化大革命, 142

Daqiuzhuang, 大邱庄, 46n; factory manager income, 企业经理收入, 27; grain production constraints, 粮食产量限制, 60; specialized agricultural teams, 特种农业队, 79; Yu Zuomin, 禹作敏, 50, 114

debt: bad, 债务：坏账, 90 – 91, 120, 166n, 169 – 70, 181 – 82; erasing, 取消, 181 – 82; local redistribution of, 分配, 70, 71, 98; "triangular," 三角债, 169 – 70. See also credit 参见信用（贷款）

decollectivization, 去集体化, 56, 58; agriculture, 农业, 8, 18, 19 – 27, 67, 78; cadre power after, ~之后干部的权力, 76, 89, 91, 113 – 14; fiscal flows altered by, ~改变的财政流, 14, 18, 19 – 27; labor after, ~之后的劳动, 77 – 78; peasant disturbances after, ~之后的农民反抗, 200 – 201; townships as communes before, ~之前作为公社的乡镇, 45. See also commercialization; private ownership 参见商品化；私人所有权

democratization, 民主化, 112, 201

Deng Xiaoping, 邓小平, 8

development: bureaucratic compliance in, 发展：~中官僚系统的服从, 3 – 10, 14, 17 – 18, 139 – 60, 162, 170 – 72, 189 – 90, 197 – 98; commercial agriculture, 经济作物的, 56; and extrabudgetary revenues, 和预算外收入, 40, 53; incentives as key factor in, ~中激励作为关键因素 56 – 57; in local fixed expenditures, 地方固定支出, 30; logic of collectively owned, 集体所有的逻辑, 65 – 80; NIC, 新兴工业化国家, 3, 4, 57, 96, 102, 113, 135; political constraints on, ~的政治约束, 59 – 61; and retrenchment (1988 – 89), 和紧缩（1988 – 89）, 167 – 68; and revenue – sharing terms, 和收入分成条款, 29 – 30, 51; state – led, 国家主导的, 3 – 10, 14 – 15, 89, 93 – 99, 113, 115, 137 – 38, 192 – 93; strategies of, ~策略, 28, 58 – 94, 133, 192, 210; village profits for，~的村收益，27n. See also growth, economic; industry 参见经济增长；工业

East Asian NICs. See newly industrializing countries (NICs), East Asian
东亚新兴工业化国家。见新兴工业化国家，东亚
Eastern Europe，东欧，2, 57 198, 201; depoliticization of enterprises, 企业的去政治化，56; lack of institutional support, 制度支持不足, 4; privatization, 私有化, 10; Solidarity, 团结工会, 199n
economic commissions: county, 经济委员会：县, 100 表4, 165; township, 乡镇, 46–47, 72, 75, 90, 97n, 100 表4, 108–9, l12n, 116, 121, 125, 147, 158, 181
economic elite: collective ownership and, 经济精英：集体所有和, 74–75; private ownership and, 私人所有和, 99, 128, 134
"economic miracle," 经济奇迹, 1–2
economic results: and lines of authority, 经济结果：和权力线, 143; local officials' political promotion tied to, 系于~的地方官员的政治晋升, 104; successful growth, 成功的增长, 58, 76, 78, 80, 91–93, 113–15, 117, 200. See also growth, economic; output; production 参见经济增长；产出；产量
economic retrenchment (1988–89), 经济紧缩（1988–89）, 80, 129, 162, 166–90, 198
economic retrenchment (1993), 经济紧缩（1993）, 172n

egalitarianism, 平等主义, 7, 77, 117–19
elections, village, 选举, 村, 112, 201n
enterprise management committee: village, 企业管理委员会：村, 26n, 100 表4, 102, 113, 142. See also rural enterprise management bureau, county 参见县乡镇企业管理局
enterprises: on agricultural schedule, 企业：农业~, 78; bankrupt (pochan), 破产, 88, 89, 90–91; banks as, 作为~的银行, 173–76; as "cash registers" of local authorities, 作为地方政府"提款机"的~, 47; changes (1985–1995), 变迁（1985–1995）, 82–83 表3, 89; corporatization of, ~的集团化, 81, 85, 88n, 93, 202–3; depoliticized, 去政治化, 56; family, 家庭, 67; in information hierarchy, 在信息等级中, 124; key–point, 关键因素, 147, 156; large–scale, 大规模, 86–87, 90, 133; local cadre power over, 地方干部对企业的权力, 74, 97–98; losses (kuisun), 亏损, 89–90; merged (jianbing)/closed (daobi), 兼并/倒闭, 170–71; number of collective/private township/village (1980s), 集体所有/私人所有~数量 乡镇/村所有~数量（1980年代）, 67n; number of commune/township, 公社/乡镇所有企业数量, 67n, 108n; "prefectural advanced enterprise," "优先发展的企业", 156; punishment of economic infractions in, ~中经济侵害的惩罚, 153–59; ratings of, 企业等级, 121–22, 156, 159, 168–69; reinvestment of profits in, ~利润的再投资, 25, 97–98; retained enterprise

funds，企业截留资金，43，54；retrenchment（1988–89）and，紧缩（1988–89），80，166–90；self-raised funds，自主筹措的资金，71–72，183，187–89；sold，变卖的，88，89，91，92，128；targets，目标，49，75，115，116–17，168；taxes on，~ 税，34–47，55，76，89，151，181. See also contracting; development; entrepreneurs; industry; ownership; plans; technology 参见承包；发展；企业家；工业；所有权；计划；技术

entrepreneurs，企业家，10；associations，协会，43，129–31，132，137；"entrepreneur"（qiyejia）title for successful officials，成功官员的"企业家"头衔，78，114；individual（geti），个体，86n，170；local governments as，作为~的地方政府，2–3，50，73，114，123–27，193；management fee（geti guanli fei），个体管理费，50；political interest group，政治利益集团，13–14；small，小的，66，67，133；as "underground snakes,"作为"地头蛇"的，74. See also enterprises; licensing; private ownership 参见企业；许可；私人所有

Evans, Peter，彼得·埃文斯，4，192

expenditures: commune factory，支出：公社企业，45；extrabudgetary revenue，预算外收入，163–66，184，190；fixed，固定的，30–34；illegal distribution，非法分配，151；monitoring，监管，140，149，151；tax reforms（1994）and，财税改革（1994）和，55–56. See also budget allocations to local governments; income; subsidies; taxes 参见给地方政府的预算分配；收入；补贴；税

exports, from rural industry，出口，从农村企业，1，80，167n，169n

extrabudgetary revenues（yusuanwai zijin），预算外资金，38–43，163n，182，189–90；ballooning，暴增，57；central government（1982–1994），中央政府（1982–1994），40 图 2；central government levies on local，中央政府向地方政府征收的 ~，52–53，140，162；county and，县和，42–43，53，55，144，164–66，184，190；expenditure of，~ 的支出，163–66，184，190；finance of administrative institutional units（xingzheng shiye danwei caizheng），行政事业单位财政，164；local finance（difang caizheng），地方财政，164；local government（1982–1994），地方政府（1982–1994），38–42，40 图 2，162–66，190；Maoist period，毛时代，38–39，48–49；regulation of，监管，162–66，190；"second budget"（dier yusuan），第二预算，190；sources（1981–1990），资源（1981–1990），44 图 4；state enterprise finance（guoying caizheng），国营企业财政，164；tax reforms（1994）and，财政改革（1994）和，54–56，140，162，190；township，乡镇，45–46，53，108

factories. See enterprises; industry 工厂，见企业；工业

family: enterprises with，家：企业和 ~，67；extraordinary resources from，来自家庭的超常资源，67–69；local government as，作为 ~ 的地方政府，154，

157. *See also* households 参见家户

federalism, 封建主义, 197

fees, 费, 38; *bunong bufu jijin*, 补农补副基金, 46n; collectors of, 收费者, 50; contract, 承包, 24, 46 – 47; on county bureau loans, 县贷款, 107; Individual Entrepreneurs Association, 个体户协会, 43; management, 管理, 43, 46 – 47, 50, 79, 121n; research, 调研, 208n; during retrenchment (1988 – 89), 紧缩期间 (1988 – 89), 171; *tiliu*, 提留, 21, 23n, 45, 79, 146, 151n; *tongchou*, 统筹, 45; township, 乡镇, 45, 46 – 47; village, 村, 45, 112n, 133. *See also* rent; surcharges 参见租金; 额外费用

Fewsmith, Joseph, 傅士卓, 11n

finance bureaus, 财政局, 43, 100 表 4, 104, 109, 144 – 55, 163 – 65, 167; budget section (*yusuan gu*), 预算股, 164, 165; "consolidated planning office" (*zonghe jihuachu*), 综合计划处, 164; "develop agriculture" fund (*nongye fazhan zijin*), 农业发展基金, 184; extrabudgetary expenditures records (*yusuanwai shouzhibiao*), 预算外收支表, 164; extrabudgetary fund control, 预算外资金控制, 163 – 66, 184, 190; "extrabudgetary fund management office" (*yusuanwai zijin guanlichu*), 预算外资金管理处, 164; extrabudgetary section (*yusuanwai gu*), 预算外股, 164 – 65; "finance support fund" (*caizhengfuchi zijin*), 财政扶持资金, 184 – 85; nonbank capital sources, 非银行资金来源, 107, 184 – 87; North China County loans, 华北县贷款, 185 表 7; revenue plans from, 来自~的收入计划, 75, 116; "support agriculture" fund (*zhinong zhouzhuanjin*), 支农周转金, 184 – 85; technology development fund (*keji fazhanjijin*), 科技发展基金, 186n; township, 乡镇, 50, 100 表 4, 109, 147

Finance Ministry, 财政部, 29n, 31n, 163, 173

fiscal reforms, 财政改革, 2 – 3, 14, 18 – 58, 159 – 60, 198, 211 – 17; commercialization of banks, 银行行业化, 173 – 76; contracting, 承包, 23 – 34, 32 – 33 表 1, 46 – 54 各处; corporate financing, 法团财政, 97 – 98; "eat in separate kitchens" reform, "分灶吃饭" 改革, 28; evolution of financial management system, 财政管理体制的演进, 213 – 16 表 12; local state corporatism, 地方政府法团主义, 102, 160; residual rights and fiscal flows, 剩余索取权和财政流, 27 – 47, 51 – 52; retrenchment (1988 – 1989), 紧缩 (1988 – 1989), 80, 129, 162, 166 – 90; revenue sharing, 收入分享, 29 – 56, 32 – 33 表 1, 211 表 10, 212 表 11; tax reforms (1994), 财税改革 (1994), 54 – 56, 140, 162 – 63, 190, 194. *See also* banks; credit; expenditures; income; resources; revenues; subsidies; surplus; taxes 参见银行; 信用; 支出; 收入; 资源; 收入; 补贴; 剩余; 税

Fujian: "fake collectives," 福建: "假集体", 63, 133; lumpsum system revenues, 总额体制财政收入, 52n; private enterprise, 私营企业, 58, 63 – 64, 67 – 70, 85, 133; resources, 资源, 87

General Auditing Administration, 审计总署, 150n

Gerschenkron, Alexander, 亚历山大·格申克龙, 65 – 66

Gorbachev, Mikhail, 米哈伊尔·戈尔巴乔夫, 196

government: property rights protected from expropriation by, 政府：政府保护以免滥用的财产权, 10. See also bureaucracy; central government; intervention, government; Leninist systems; local government; Maoist period; policies; state 参见官僚机构；中央政府；介入, 政府；列宁体制；地方政府；毛时代；政策；国家

grain: and contracting, 粮食：和承包制, 24; after decollectivization, 去集体化之后, 20, 78; Maoist period, 毛时代, 6, 18, 179; political constraints on, 对~的政治限制, 59 – 60, 78; production, 生产, 6, 18, 21, 59 – 60, 78, 179; urban/rural households registration and, 城市/农村户口登记和, 107 – 8n, 112n

Great Leap Forward, famine during, 大跃进, 期间的饥荒, 6, 198

growth, economic, 增长, 经济, 1 – 10, 81, 191; corporatism and, 法团主义和, 12; depoliticization of enterprises for, 企业为~而进行的去政治化, 56; evolutionary, 渐进的, 93 – 94, 137 – 38; Japan (1960s & 1970s), 日本（1960 年代和 1970 年代）, 24; politics and, 政治和, 2 – 11, 50, 56 – 60, 66 – 68, 74 – 80, 104, 113, 161, 191 – 203; private enterprise (1990s), 私营企业（1990 年代）, 85 – 87, 98 – 99; without privatization, 无私有化, 10, 56, 62 – 65, 194; and property rights, 和财产权, 10 – 11, 17 – 57, 193 – 96; rapid, 高速, 2 – 3, 5, 11, 15, 19, 52n, 94, 95 – 138, 191, 192; retrenchment (1988 – 89) and, 紧缩（1988 – 89）和, 168 – 70; rural industry (1980s), 乡镇企业（1980 年代）, 61 – 65, 80; state – allocated credit targeting, 国家设定的贷款目标, 119 – 22; successful, 成功的, 58, 76, 78, 80, 91 – 93, 113 – 15, 117, 200. See also development; incentives 参见发展；激励

Guangdong: Engineering and Equipment Supply Company, 广东：工程和设备供应公司, 127; job bonding, 工作绑定, 72n; lump – sum system revenues, 总额体制收入, 52n; officials and special visas, 官员和特别签证, 127; private enterprises, 私营企业, 86n; tax cuts, 税收减免, 37

guanxi: for resources, 关系：为资源, 117, 123 – 27. See also connections 参见关系

guarantors, loan, 担保者, 贷款, 121, 122 – 23n, 158, 177n

guesthouses, 寄宿式宾馆, 209 – 10

Guizhou, local taxes, 贵州, 地方税, 21

Guo Xiaolin, 郭小林, 34n, 55n

Hebei, private enterprises, 河北, 私营企业, 86n

Heilongjiang, cadres powerless, 黑龙江, 干部无权, 76n

He Kang, 何康, 167 – 68
Henderson, Jeffrey, 杰弗里·亨德森, 7n
Holz, Carsten, 卡斯滕·霍尔茨, 75n
Hong Kong, product copying near, 香港, 产品复制临近的 ~, 127
horizontal (*kuai*) rule, 水平（块）管理, 28, 141
"horizontal linkage" (*hengxiang lianhe*), industrial, "横向联合", 工业的, 117, 134
households: five – guaranteed, 家户, 五保户, 25n; household production, 家庭生产, 14, 19, 20, 137; specialized farm, 特种种植, 79; urban/rural registration, 城市/农村户口登记, 107, 108n, 112n, 133; worker per, 每个 ~ 的工人, 77. See also family 参见家
Huang, Yasheng, 黄亚生, 143n, 150n, 160, 167
Hunan, private enterprise, 湖南, 私营企业, 58n

incentives, 激励, 6, 7 – 8, 11, 14 – 15, 137 – 38; for agricultural work, 对农业工作的 ~, 78 – 79; and central control, 和中央控制, 166; contracting system and, 承包制度和, 23 – 34, 46 – 54n, 74; intervening, 介入, 59 – 61; key factor in development, 发展的关键因素, 56 – 57; in local state corporatism, 在地方政府法团主义中的 ~, 153, 159 – 60; property rights as, 作为 ~ 的财产权, 10, 17 – 57; residuals' potency as, 作为 ~ 的剩余效能, 44 – 45, 47 – 58; village vs. other levels, 村 vs. 其他层级, 112. See also decollectivization; fiscal reforms 参见去集体化; 财税改革
income: agricultural vs. nonagricultural, 收入: 农业 vs. 非农业, 1, 77 – 78; agriculture, 农业, 1, 14, 19 – 20, 77 – 78; brigade, 大队, 19; categories, 范畴, 48; commune factory, 公社工厂, 45; contracting, 承包, 25 – 27; decollectivization and loss of, 去集体化和 ~ 损失, 19 – 27; factory manager, 厂长, 26 – 27, 92n, 202; factory manager vs. worker, 厂长 vs. 工人, 26; head of Association of Individual Entrepreneurs, 私营企业家协会的领导, 130n; higher in areas with rural industry, 乡镇企业集中地区较高的 ~, 61; increases in wages (1990s), 工资增长（1990 年代）, 90; investigation target, 调查目标, 147; local cadres, 地方干部, 48 – 50, 77n, 78, 107; local officials' power and sources of, 地方官员的权力和收入来源, 191; local payroll budget, 地方工资支出预算, 30; local redistribution of, ~ 的地方再分配, 70, 191, 202; national (*guomin shouru*), 国民收入, 39n; "nested principal – agent model" and, "嵌套的委托 – 代理模型" 和, 153; production team members, 生产队社员, 67; property rights to, 18, 对 ~ 的财产权, 19 – 20; during retrenchment (1988 – 89), 紧缩期间（1988 – 89）, 171; socialist egalitarian distribution of, ~ 的社会主义平等主义再分配, 7; state cadres working at local level, 在地方工作的国家干部, 30; surplus, 剩余, 18, 20; and tax cuts, 和税收减免, 38; tax on enterprise, 企业税, 34 – 47, 55, 76,

149，151，167，172，181；tax on individual（*geren suode shui*），个人所得税，55；tax reforms（1994）and，税制改革（1994），55；unreported funds/"small treasure chests"（*xiaojin ku*），非上报的资金/"小金库"，152；village officials，村干部，109－12. *See also* bonuses；profits；residual；revenues 参见奖金；利润；剩余；财政收入

Individual Entrepreneurs Association（*geti xiehui*），个体企业家协会，43，129－31，137

Individual Entrepreneurs and Private Business Economic Fund（*geti siying jingji jijin hui*），个体私营经济基金会，132

Industrial Commercial Bank（*gongshangyinhang*），工商银行，173，176，177，178

industrial policies：China（*chanye zhengce*），产业政策：中国，7，115－22；Japan，日本，7，24，116，118，119；NIC，新兴工业化国家，7，116n，118，119

industry：Maoist period，工业：毛时代，7；tax revenue（1952－1994），财税收入（1952－1994），41 图3. *See also* enterprises；industrial policies；rural industry 参见企业；产业政策；乡镇企业

inflation，通货膨胀，7，166－67，196－97

information：bureaucratic sources，信息：官方来源，123－27，132－34；and communist planning and control，和共产党计划与控制，198；local internal，地方内部的，155－56；market，市场，132－34；technical，技术的，123－27，132－34. *See also* investigations；networks 参见调查；网络

infrastructural investment：local，基础设施投资：地方的，21－23，78－80. *See also* agriculture；services，local 参见农业；地方服务

inputs，投入，4，117－22，133－34；and cadre power，和干部权力，113，115；production 产量，80，106，118－19；retrenchment（1988－89）and，紧缩（1988－89）和，80，168，169，172－77. *See also* budget allocations to local governments；capital；credit；labor；resources；subsidies 参见对地方政府的预算分配；资本；信用；劳动；资源；补贴

institutions，制度，2－3，14－15，123；changes，变迁，8－9，56－57，94，161，192，194；interviews focused on，针对~问题的访谈，208；Maoist period，毛时代，95－99，115－27；North on，诺斯论~，9n，193，196n. *See also* decollectivization；fiscal reforms；incentives；local state corporatism 参见去集体化；财税改革；激励；地方政府法团主义

interest groups，利益集团，13－14，129－31. *See also* associations 参见协会

interest rates：bank vs. credit cooperative，利率：银行 vs. 信用社，120，121；for bank depositors，银行储户的~，177；on county bureau loans，对县财政贷款的~，107，186n；on enterprise funds，对企业资金的~，72，73；on nonbank credit，对非银行资金的~，183；retrenchment（1988－89）and，紧缩（1988－89）和，166－67，168，173，177

intervention，government：credit allocation，

119–22; in local state corporatism, 在地方政府法团主义中的, 102, 112–13, 134–38; Maoist period, 毛时代, 7; in market economies, 在市场经济中, 4; in "plan rational" economy, 在"计划理性"经济中, 7; and state–private symbiosis, 和国家–私人共生, 134–37, 202–3; and successful economic development, 和成功的经济发展, 3–10, 65–66, 91–93, 113–14. See also incentives; ownership; reforms, economic; regulation 参见激励; 所有权; 经济改革; 管制

interviewing, 访谈, 205–10; guerrilla, 游击队, 207; limitations, 局限, 209–10; locations/dates/numbers, 地点/时间/人数, 206 表9; procedure, 程序, 207–9; sample, 样本, 206–7

investigations, 调查, 144–54, 160; ad hoc, 特别的, 146–48; announced audits, 事先宣告的审计, 148–49; contested decisions, 有争议的决议, 149n; county "major investigation office" (dajiancha bangongsi), 县"大检查办公室", 147; county tax office investigative team (jicha dui), 县税务稽查队, 144–45; "high-level supervision" (gaozeng jiandu), "高层监督", 145; "major investigation on taxes, finances, and prices" (shuiwu caizheng wujia dajiancha), 税务、财政和物价大检查, 147; misconduct uncovered by, ~发现的不当行为, 149–57; "propaganda" stage, "宣传"阶段, 146; and punishment, 和处罚, 153–57; scheduled, 常规~, 146–47; self-examination (zicha) stage, "自查"阶段,

150; township tax office "investigative group" (jicha zu), 乡镇税务稽查组, 145. See also audit bureau; finance bureaus; regulation; tax bureaus 参见审计局; 财政局; 管制; 税务局

investment: in agriculture, 投资: 农业, 21–23, 22 图1, 25, 78–79; county-level, 县级, 75–76, 90, 103, 131; fixed capital, 固定资产, 86–87; guanxi for, 吸引~的关系, 117; investigations of, ~调查, 150; local infrastructural, 地方基础设施, 21–23, 78–80; protecting, 保护性, 157–59; reinvestment of profits, 利润再投资, 25, 97–98; retrenchment (1988–89) decreasing, 紧缩(1988–89)降低~, 167; by state (1949–1978), 国家~(1949–1978), 69n. See also capital; credit; loans; resources; shareholding 参见资本; 信用; 贷款; 资源; 股份制

"IOU problem," "白条问题", 180

"iron rice bowl," "铁饭碗", 31, 171

Japan: "administrative guidance," 日本: "行政指导", 24, 118, 119; industrial policy, 产业政策, 7, 24, 116, 118, 119; "plan rational" capitalism, "计划理性"资本主义, 7; state-led development, 国家主导的发展, 3, 113

Jiangsu: collective enterprise selling, 江苏: 集体企业售卖, 88n; experimental model, 经验模式, 52; fixed-rate responsibility system (1977–1980), 固定比例责任制(1977–1980), 48n; private enterprise resisted, 74. See also Wuxi 参见无锡

job bonding system, 工作绑定机制, 72, 188. *See also* labor 参见劳动

Johnson, Chalmers, 查莫斯·约翰逊, 3n, 7, 24

kinship network: extraordinary resources from, 家族网络：来自～的超常资源, 67-69. *See also* family 参见家

labor: benefits (*fuli*), 劳动：福利, 25, 76; bonuses, 奖金, 25; collective vs. private, 集体 vs. 私营, 92; and corporate good, 和公司财产, 118; corvee (*yiwu gong*), 义务工, 23, 133; costs (1990s), 成本（1990年代）, 80; after decollectivization, 去集体化之后, 77-78; disciplining, 规训, 92; enterprise funds borrowed from, 借自劳动力的企业基金, 71-72, 188; food rations for workers, 工人的食物配额, 45; individual (*geti*) and private enterprises, 个体和私营企业, 86n; job bonding system, 工作绑定机制, 72, 188; in large-scale private enterprises, 大型私营企业的～, 86-87; levy on enterprise workers, 加于企业工人的, 46n; lump sum (*daizi ruchang*) funds from, 来自工人的带资入厂资金, 71-72; migrant, 移民, 69; peasants in rural enterprise, 乡镇企业的农民工, 66; population of rural, 农业人口, 77; private hiring bans, 私人雇佣禁令, 73; regional differences, 地区差异, 62; during retrenchment (1988-89), 紧缩期间（1988-89）的, 171; rural enterprise (1978-1990), 乡镇企业（1978-1990）, 1-2; rural industrial employee numbers by ownership type, 按所有权分类的乡镇企业雇工人数, 62, 64 图 6; state-owned enterprises (1952-1986), 国有企业（1952-1986）, 1-2; surplus, 剩余, 4; unskilled, 无技术的劳动力, 67, 77-78

land: contracting of, 土地：～的承包, 24; easy acquisition of, ～的轻易取得, 133n; finance bureau control, 财政局控制, 144n; ownership, 所有权, 18-20. *See also* agriculture; property 参见农业；财产

land management bureau (*tudi guanli ju*), county, 土地管理局, 县, 101 表 4, 178

Latin America, late-industrializing countries, 拉丁美洲, 低工业化国家, 96

law: contract, 法律：合同, 27; property rights, 财产权, 10, 194, 195; Village Organic, 村委会组织法, 201n; violating (*weifa*), 违法, 145-59. *See also* crime; punishment; regulation 参见犯罪；处罚；管制

leadership: local, 领导权：地方的, 103-4, 108-9, 112-15, 147, 201. *See also* authority; bureaucracy; political elites; power; state 参见权威；官僚机构；政治精英；权力；国家

leasing (*zulin*), 租赁, 81-84, 88n, 89, 93

Leninist systems, 列宁主义体制, 2, 4, 18-19, 191; local state corporatism and, 地方政府法团主义和, 13, 14, 97, 192, 199; and officials' power, 和官员权力, 3, 74, 89, 191. *See also* communism; Eastern Europe; Maoist period; Russia 参

见共产主义；东欧；毛时代；俄罗斯
Liaoning: interviews in, 辽宁：在～的访谈, 207; private enterprises, 私营企业, 86n
licensing, 许可, 86, 109, 128–29, 130; assistance with, 许可的帮助, 115, 133; certification (*zhengming*) for, ～证, 129; management fee (*geti gongshang yehu guanli fei*) for, 管理费（个体工商业户管理费）, 43
loans: bank, 贷款（借款）：银行, 67, 71, 87, 90–91, 106–7, 114, 120–22, 158, 166–82 各处; cadre power and, 干部权力和, 114; center from localities, 来自地方的中央借款, 53; circulation fund, 周转资金, 167n, 169n, 181, 188; from collective members, 来自集体成员的～, 72–73; county-level, 县级, 107, 109, 114, 120–22; credit cooperative, 信用社, 115, 120–21, 172n; deposits and, 存款和, 174–75; guarantors, 担保人, 121, 122–23n, 158, 177n; localities from collective enterprises, 集体企业的位置, 71; nonbank, 非银行, 182–89, 185 表 7 和 8; payoffs before tax assessment (*shuiqian huankuan*), 税前还款, 106–7; renamed as contributions, 改为捐赠的借款, 53; retrenchment (1988–1989) and, 紧缩（1988–89）和, 80, 166–69, 172, 179–89; village self-reliance and, 村自筹和, 115. See also credit; debt; interest rates 参见信用；债务；利率
local government, 地方政府, 5, 8–10; agents becoming principals, 代理人变成委托人, 161–90, 196–97; appropriation of central controls, 中央控制的拨款, 159–90, 196–99; cadre income and bonuses, 干部收入和奖金, 48–50, 75, 77n, 78, 107, 159; cadre power, 干部权力, 3, 11, 74–80, 89, 91–93, 97–98, 112–15, 178–79, 191–92, 199; central government levies on extrabudgetary revenues of, 中央政府给予～的预算外收入, 52–53, 140, 162; and central regulation, 和中央管制, 15, 139–90, 196–99; contracting, 承包, 23–27, 50–51, 74; corporate control by, ～的法团控制, 152–59, 162–90; de facto ownership by, ～事实上的所有, 18–19; entrepreneurship of, ～的企业家身份, 2–3, 50, 78, 114, 123–27, 193; extrabudgetary revenues (1982–1994), 预算外财政收入 (1982–1994), 38–42, 40 表 2, 162–66, 190; "facade of compliance," "表面服从", 139–40, 197–98; as family, 作为家庭的, 154, 157; horizontal (*kuai*) rule, 水平（块）管理, 28, 141; interviewing, 访谈, 207–8, 209; leadership, 领导权, 103–4, 108–9, 112–15, 147, 201; lines of authority, 权力线, 141–52; Maoist period, 毛时代, 5, 6, 18–19, 48, 66, 182, 189, 198; minimal compliance, 最低限度服从, 140, 141, 159–60, 162, 189–90; *nomenklatura* system, 官员名录制度, 143–44, 153, 160; privatization promoted by, ～倡导的私有化, 11, 85–89, 91, 99, 128–37, 202–3; privatization resisted by, ～反对的私有化, 73–76, 91;

quasi-corporate organization，准公司组织，97；and rapid development，和高速发展，5，96，191；rational actors/bounded rationality，理性行动者/有限理性，7，59；recognitions for industrially successful officials，对成功发展工业官员的认知，78，102，114；redistribution，再分配，70，71，79–80，97–98，187–89，201–2；regulatory agents in，～中的监管代理，15，143–59；residual rights，剩余索取权利，14，19，23–57，89，98，112，153，194；resources at disposal of，掌管的资源，10，66–73，76，104–7，109，110–11 表6，161–90；response to economic reforms，对经济改革的反应，3–10，11，14–15，74–80，113–14，191–99；and retrenchment（1988–89），和紧缩（1988–89），80，167–68，170–72，179–90；revenue sharing，财税分成，29–56，32–33 表1；selective compliance，选择性服从，170–72；tax break generosity，慷慨税收减免，36–47；technological challenges，技术挑战，81；*xiangzhen qiye* ownership by，～的乡镇企业所有权，62. *See also* budget allocations to local governments；bureaucracy；county；infrastructural investment；local state corporatism；township；villages 参见 对地方政府的预算分配；官僚制度；县；基础设施投资；地方政府法团主义；乡镇；村

local state corporatism，地方政府法团主义，11–14，95–138，191–203；adapting to private enterprise，适应于私人企业，128–37，194；and central control in transitional system，和转型体制下的中央控制，198–99；and central-local relations，和中央-地方关系，139–90，196–99；consequences for central control，中央控制的后果，161–90，196–98；defined，清晰的，11–13，97；economic duties，经济责任，105 表5；interests and collusion，利益和共谋，178–82；local control，地方控制，152–59，162–90，196–99；three levels，三个层级，99–102，100–101 表4

Lowi, Theodore，西奥多·洛维，9

magistrate（*xian zhang*），county，县长，县，100 表4，103–4，142

Mathon, James E.，詹姆斯·马松，12n

management：bonuses，管理：奖金，26；citizen management board（*minguanhui*）over credit cooperatives，信用社民管会，120n；credit cooperative ratio management（*bili guanli*），信用社比例管理，174；decentralized，去中央化，74–75；enterprise funds from，来自～的企业层资金，72；evolution of China's financial management system，中国财政管理体制变革，213–16 表12；of extrabudgetary funds，对预算外资金的～，163–66，190；factory manager income，厂长的收入，26–27，92n，202；factory manager responsibility system（*changzhang zeren zhi*），厂长责任制，25，26；fees，费，43，46–47，50，79，121n；financial service center management committee（*jinrong fuwu suo guanli weiyuan hui*），财政服务所管理委员会，183；forms（1990s），～形式

（1990年代），80–93；local governments' restricted rights to, 地方政府限制的管理权，19；local officials intervening in, 地方官员干预~，92–93，102，113；new structures (1990s), 新结构（1990年代），81–85，128；private entrepreneurs' fee (geti guanli fei), 个体管理费，50；residual rights separated from rights of, 从~权中分离出来的剩余索取权，24–25；unified (tongyi guanli), 统一管理，174，190. See also bureaucracy; contracting; regulation 参见官僚机构；承包；管制

Maoist period, 毛时代，59，95–99，199；attitude (biaoxian) in, ~的表现，6，154–55；banks, 银行，119–20，173，182；central regulation in, ~的中央刚管制，139，140，162，189–90，197–98；collective production (three decades), 集体产品（三个年代），67；and credible commitment, 和可信承诺，48；Daqiuzhuang in, ~的大邱庄，114；divide-and-rule strategy, 分而治之策略，197；"eating from one kitchen" in, ~"吃大锅饭"，28；economic efficiency undermined by ideology of, 意识形态损害的经济效率，6–7；Fujian and Wenzhou financially neglected, 福建和温州财政被忽视，69；illegal practices, 非法实践，179；infrastructural investment in, ~的基础设施投资，21–22；institutions as foundation of local state corporatism, 作为地方政府法团主义基础的制度，95–99，115–27，138，192；intersecting lines of authority, 权力交错线，141，143；local cadres in, ~的地方干部，5，6，18–20，48，66，182，189，198；number of township-level enterprises, 乡镇层面企业数量，108n；passive resistance in, ~的被动抵抗，18，161，189，200；personalization of authority, 权威的私人化，66，198；principal-agent theory and, 委托-代理理论和，17–18；reporting system, 报告制度，75；residuals in, ~的剩余，47–49；rural industrial precariousness in, ~的乡镇企业危机，166n；state-owned industries, 国有企业，34–35；successful economies and political status in, ~的成功经济和政治地位，113；township industrial base, 乡镇工业基础，108；within-budget vs. extrabudgetary funds in, ~的预算内vs.预算外资金，38–39

March, James G., 詹姆斯·马奇，159；"satisficing," "满意度"，60，89

market: information, 市场：信息，132–34；"money market" (zijin shi chang), "资本市场"，176；reintroduced, 再引入，2；during retrenchment (1988–89), 紧缩期间（1988–89），169–70；success of rural industry as result of, 作为结果的乡镇企业成功，4. See also competition; exports; prices; production; profits; sales 参见竞争；出口；价格；生产；利润；售卖

market economy: corporatist vs. free market system, 市场经济：法团主义者vs.自由市场体制，13，199；government intervention in, ~中的政府干预，4；Maoist closure (1957), 毛主义者关闭~（1957），7；Maoist institutions adapted to,

适应市场的毛主义制度, 115 - 27; "plan rational" systems and, "计划理性" 体制和, 7; privatization and transition to, 私有化和向~转型, 193; property rights in, ~ 的财产权, 10; social dislocations in transition to, ~ 转型中的社会混乱, 201 - 2; state symbiosis with, 国家与~ 共生, 134 - 37, 202 - 3. See also capitalism; competition; market; private ownership 参见社会主义; 竞争; 市场; 私人所有权

"market ideological" systems, "市场意识形态" 体制, 7

marketing cooperatives, 市场化合作社, 176

market planning, 市场计划, 115 - 17

"market rational" systems, "市场理性" 体制, 7

market transition theories, 市场转型理论 13 - 14, 199

Marx, Karl, 卡尔·马克思, 178

meetings, official, 会议, 官员的, 124 - 25, 149

mobilization system, China as, 动员体制, 中国作为~, 5 - 6

model status, 模范地位, 114, 126 - 27

Moe, Terry, 特里·莫, 56

monitoring. See investigations; regulation 监控。参见检查; 管制

Montinola, Gabriella, 加布里拉·蒙廷诺拉, 197n

Murrell, Peter, 彼德·穆雷尔, 5

National Association of Individual Entrepreneurs, 个体企业家全国协会, 130n

National Union of Associations of Independents, 独立协会全国联合会, 130 - 31

neoclassical economic theories, 新古典经济学理论, 135

networks: cadre, 网络: 干部, 123 - 27; kinship, 家族, 67 - 69; patron - client, 家族, 66, 136n, 198. See also connections; interest groups 参见关系; 利益集团

newly industrializing countries (NICs), East Asian: development, 新兴工业化国家, 东亚: 发展, 3, 4, 57, 96, 102, 113, 135; industrial policies, 产业政策, 7, 116n, 118, 119; private ownership, 私人所有, 135

nomenklatura system, 官员名录制度, 143 - 44, 153, 160

Nordlinger, Eric, 埃里克·诺德林格, 9n

North, Douglass C., 道格拉斯·诺斯, 9n, 10, 193, 196n

Oksenberg, Michel, 米克尔·奥森伯格, 5ln, 52n

Olsen, Johan P., 约翰·奥尔森, 159

Olson, Mancur, 曼瑟尔·奥尔森, 5

organization: bureaucratic, 组织: 官僚~, 96, 99, 100 - 101 表 4; local government quasi - corporate, 地方政府准法团~, 97; local state corporate, 地方政府法团, 99, 100 - 101 表 4; Maoist, 毛主义, 162; "slack" in, ~ "涣散", 56. See also associations; authority; corporatism 参见协会; 权威; 法团主义

Ost, David, 大卫·奥斯特, 199n

output: China's growth in, 产出: 中国在~上的增长, 1 - 3; by ownership type

(1978－1990), 按所有权分类的 ~ (1978－1990), 65 图 7; rural industry, 乡镇企业~, 1, 65 图 7, 78n, 167－68; total national product (*chanzhi*), 国民生产总值, 39n. *See also* expenditures; growth, economic; production 参见支出; 经济增长; 产量

overseas Chinese, resources from, 海外华人, 来自~的资源, 68, 69

ownership, 所有权, 18－20; and economic growth, 和经济增长, 10, 56, 58, 80, 91－93, 193－96; forms (1978－1990), ~形式（1978－1990）, 62－65, 63 图 5; forms (1990s), ~形式（1990 年代）, 80－94, 98－99; fuzzy differences in, ~上的模糊差别, 195; and information hierarchy, 和信息分层, 124; joint, 联合的, 195; local government de facto, 地方政府事实上的, 18－19; and number of employees (1978－1990), 和雇工人数（1978－1990）, 64 图 6; output by (1978－1990), 产出（1978－1990）, 65 图 7; politics dictating, 政治决定的, 60; semiprivate, 半私有的, 24, 98－99, 109, 131－32, 184; social consequences of changes in, ~变迁的社会后果, 201－2. *See also* collective ownership; private ownership; property rights; state ownership 参见集体所有权; 私人所有权; 财产权, 国有

Park, Albert, 阿尔伯特・帕克, 23n, 31n, 38n

party secretaries, 党委书记, 142－43; county, 县, 100 表 4, 103－4, 142, 153, 209; township, 乡镇, 100 表 4, 108, 114; village, 村, 100 表 4, 102, 112－14, 142, 157－58, 187－88, 209

patron－client relations, 庇护关系, 66, 136n, 198

payments: fixed, 费用: 固定, 30－34. *See also* budget allocation to local governments; expenditures; income; rent; subsidies; surcharges; taxes 参见对地方政府的预算分配; 支出; 收入; 租金; 津贴; 杂费; 税

Pearson, Margaret, 玛格丽特・皮尔森, 136n

peasants: left in agriculture, 农民: 留在土地上的农民, 61, 78－79; agricultural skills limited, 农业技术有限的, 67; banks serving, 银行服务, 120－21, 180; "burdens," "负担," 21, 23, 98; collective borrowing from, 向农民的集体借款, 72－73, 183, 188; and contracting, 和承包制, 24; entrepreneurship, 企业所有权, 66, 67; focus of inquiry shifted from, 对农民的调查焦点, 8; grain production quotas, 粮食生产配额, 59; income paid to, 支付给~的收入, 20; in industrial labor force, 产业工人, 66; "IOU problem," "白条问题," 180; licensing, 许可, 129; and local cadre power after decollectivization, 和去集体化后地方干部的权力, 76; management and residual rights, 管理和剩余索取权, 19, 24; poor, 贫穷的, 21, 61, 200; resisting, 反抗, 18, 21, 200; savings (1979－1994), 存款（1979－1994）, 4, 67, 68 图 8, 87; *tiliu* levied on, 向~征收的提

留，21，79；"unorganized power of，" "~的非组织化权力"，4. See also villages 参见村

Pei, Minxin，裴敏欣，4n

People's Bank of China，中国人民银行，120n，144，167，173–75，178，180

People's Congress，人民代表大会，113，151n，154n

personal relations：importance of，个人关系：重要性，135–36. See also connections 参见关系

"plan ideological" systems，"计划意识形态"体制，7，115–17

"plan rational" systems，"计划理性"体制，7

plans，计划，75，115，116–17；credit，信用/贷款，174–75；for extrabudgetary revenues，预算外资金的~，162–63，165；guidance（*zhidaoxing jihua*），指导性计划，116–17；mandatory（*zhilingxing jihua*），指令性计划，116–17，136；retrenchment（1988–89）and，紧缩（1988–89）和，168；symbiosis with market development，与市场发展的共生，135–36，138. See also central planning 参见中央计划

Poland：privatization，波兰，私有化，10；Solidarity，团结工会，199n

policies，政策，8–9，51–52，196；agriculture supported by industry (*yigong bunong*)，以工补农，21–23，78–79；radical shifts ill Maoist，毛时代的大转变，59；retrenchment（1988–1989），紧缩（1988–89），80，129，162，166–90，198. See also industrial policies；institutions；preferential treatment；reforms, economic 参见产业政策；制度；优待；经济改革

political elites，政治精英，8–9，60，141，191. See also bureaucracy；Chinese Communist Party；leadership；power；state 参见官僚机构；中国共产党；领导权；权力，国家

politics：collective ownership serving interests of，政治：服务~利益的集体所有，74–80；constraints based on，基于~的限制，59–61，73–80；and economic growth，和经济增长，2–11，50，56–60，66–68，74–80，104，113，161，191–203；economic reforms based on，基于~的经济改革，191–203；informal，非正式的，210；monetary skills linked to advancement in，与~进步联系的财政技术，50；reform consequences in，改革的~后果，161，196–98；shareholding serving interests of，服务~利益的股份制，85. See also communism；government；political elites；power；state 参见共产主义；政府；政治精英；权力，国家

population：in poverty，人口：贫困中的，61；rural labor force，农村劳动力，77；shareholding cooperatives，股份制合作社，84

poverty：agricultural regions，贫穷：农业地区，23；county，县，38；peasant，农民，21，61，200；population living in，生活在~中的人口，61

power，权力，8–9；central regulatory/local control，中央管制/地方控制，139–90，196，198–99；decentralized，去中央化

的，96；local cadre，地方干部，3，11，74－80，89，91－93，97－98，112－15，178－79，191－92，199；peasants'"unorganized,"农民"非组织化的~"，4；and state-private symbiosis，和国家－私人共生关系，134－35；village committee，村委会，112. See also authority；leadership；political elites 参见权威；领导权；政治精英

preferential treatment：for bank depositors，优待：对银行储户，177；credit，信用／贷款，133，156；from equal allocation to，从平等分配到~，117－19；retrenchment（1988－1989）and，紧缩（1988－89）和，167；tax breaks，税收减免，36－47，118，133，167n，180；toward collective ownership，针对集体所有的~，60；toward private sector，针对私人所有的~，87，91，133；toward successful villages，对成功村庄的~，114，115

prices：agricultural procurement，价格：农业采购的~，20；inflation，通货膨胀，7，166－67，196－97；refusal to free，拒绝自由定价，2；resource allocation at market，在市场上的资源分配，118－19；during retrenchment（1988－1989），紧缩（1988－89）期间的，169－70；sales taxes depending on，基于~的销售税，186；setting，定价，7. See also costs 参见成本

principal-agent theory，委托－代理理论，6－10，17－18，139－60；from agents to principals，从代理人到委托人，161－90，196－97；"nested principal-agent model,""嵌套式委托－代理模型,"153. See also agents 参见代理

private ownership，私人所有，2，4，10－11，58，62－80，85－87，98－99，195；associations，协会，43，129－31，132，137；banks，银行，119，177，184；and cadre power，和干部权力，89，91－93；collective ownership dominating，集体所有权占主导，60，66；corporatization and，法团化和，85，93，202－3；costs and benefits of collective ownership vs.，集体企业 vs. ~ 的成本和收益，88－93；gradual movement toward growth of，私人所有企业的逐渐增长，60，62－65，93－94，128，138，194；growth possible without，没有 ~ 的可能增长，10，56，62－65，194；individual（geti），个体，86n，170；inducements for，对 ~ 的刺激，131－34；interviewing，访谈，209；investigations of，检查，147，148，149，150；large-scale，大规模，86－87. 133；local government promoting，地方政府鼓励，11，85－89，91，99，128－37，202－3；local state corporatism adapting to，地方政府法团主义对 ~ 的适应，128－37，194；new management structures approximating（1990s），近似 ~ 的新管理结构（1990年代），81，128；NIC，新兴工业化国家，135；number of enterprises（1980s），企业数量（1980年代），67n；political constraints，政治限制，73－80；preferential treatment toward，对 ~ 的优待，87，91，133；rapid growth，高速增长，11，99；reconsidered（1990s），再思考（1990年代），85－87；under "red umbrella,"在"红色保护伞"下，64，

84－85，133；resource allocation changes（1990s），资源分布变迁（1990年底），87；resource limitations（1980s），资源限制（1980年代），67－70；during retrenchment（1988－89），在紧缩（1988－89）期间，170；semiprivate，半私有，24，98－99，109，131－32，184；shareholding，股份制，84－85；state-sponsored，国家赞助的，88，134；symbiotic relationship with collective and state，与集体和国家的共生关系，133－37，202－3；taxes，税收，45，74，89，133，144n，148，186；and technological advances，和技术进步，81，132－34. See also decollectivization；entrepreneurs；licensing 参见去集体化；企业家；许可

product copying，仿制产品，127

production：costs，生产：成本，80－81，169；grain，粮食，6，18，21，59－60，78，179；household，家户，14，19，20，137；inputs，投入，80，106，118－19；Maoist period，毛时代，6，7，18，67；quotas，配额，59，72，75n. See also industry；market；output；plans 参见工业；市场；产出；计划

production teams, agricultural，生产队，农业，18－20，67，79，179

product preference lists，产品偏好列表，116n

product taxes（chanpin shui），产品税，35，156－57，171

profits：after-tax，利润，税后，46，47；agriculture supported by industrial，工业支持的农业，21－23，78－79；collective funds from，来自~的集体资金，71；commune factory，公社工厂，45；contracting remuneration from，来自~的承包报酬，25－27；and corporate good，和公司财产，118；illegal，非法的，149n；illegal distribution of，~的非法分配，151；local cadre power over，地方政府官员对~的权力，74，78，79，97－98；local services funded by，由~资助的地方服务，25，78，79－80，98；Maoist period，毛时代，34－35；and nonbank funds，和非银行资金，189；over-quota，超额，26，47；overreporting，多报的，150，156；redistribution and，再分配和，202；reinvestment of，~的再投资，25，97－98；residual rights and，剩余索取权和，24－25；retained enterprise，企业截留的，43，54；retention（liuli），留利，43；retrenchment（1988－89）and，紧缩（1988－89）和，168，169，171－72；"tax for profit"（ligaishui），"利改税"，34－35，43；technology and，技术和，80－81；underreporting（shaobao），少报的，150，151. See also residual；surplus 参见剩余；盈余

property：destruction of public（langfei sunshi），财产：公共财产浪费损失，152；right to sell，售卖~的权利，18，19，24n；tax on（fangchan shui），房产税，55；village rent from collectively owned，村从集体所有~获得的租金，20. See also land 参见土地

property rights，财产权，18－19，79，89，97；credible commitment/security of，可信承诺/~的安全，10－11，47－52，193－96；and economic growth，和经济增

长,10–11,17–57,193–96;law,法律,10,194,195;private,私人的,7,10–11,193–96;reassigning,再确认,2–3,17–57;over revenue,财税的~,10,17–57,182;right to sell(right of alienation),售卖~的权利,18,19,24n;shareholding clarifying,股份制确认的,85;"socially guaranteed,informal,""社会保障的,非正式的",195;tax reforms(1994)and,税制改革(1994)和,54,194. See also entrepreneurs;ownership;residual rights;revenues 参见企业家;所有权;剩余索取权;财政收入

punishment:and attitude(biaoxian),处罚:和表现,154–55;of economic infractions,经济通胀的~,153–59

Qian,Yingyi,钱颖一,102n,197n

ratings,of enterprises,等级,企业的,121–22,156,159,168–69

rational actors/bounded rationality,理性行动者/有限理性,7,59

receipts:fixed,收入:固定的,30–34. See also revenues 参见财税收入

redistribution,local,再分配,地方的,70,71,79–80,97–98,187–89,191,201–2

reforms,economic,改革,经济的,191;central state setting in motion,中央政府启动的,12,96;consolidation more challenging than initiation of,巩固更具挑战性而非启蒙性的改革,199–200;gradual,渐进的,2,60,62–65,75,93–94,128,137–38,192,194;"groping for stepping stones in crossing the river,""摸着石头过河",192;interviewing and,访谈和,210;and lines of authority,和权力线,141,143;local officials' response to,地方官员对~的反应,3–10,11,14–15,74–80,113–14,191–99;political basis for,~的政治基础,191–203;political consequences of,~的政治后果,161,196–98;privatization not sole path of,私有化非~的唯一道路,10,56;profit retention(liuli),留利,43;redistributive corporatism and,再分配法团主义,79–80,97–98;resource access,资源获得,66–73,87,117–22,182–89;successful,成功的,2–10,58,76,78,80,91–93,113–15,200;tax(1994),税(1994),54–56,140,162–63,190,194;"tax for profit"(li-gaishui),"利改税",34–35,43. See also decollectivization;fiscal reforms;incentives;institutions;local state corporatism 参见去集体化;财政改革;激励;制度;地方政府法团主义

regulation,规制,198,210;center's elite regulators,中央精英规制,155;central-local,中央-地方的,15,139–90,196–99;corporate nature of local,地方~的法团性质,152–59,178–82;credit,信用/贷款,172–77;of extra-budgetary funds,预算外资金的~,162–66,190;limits of central control,中央控制的局限,189–90,196;local appropriation of central controls,中央控制的地方挪用,159–90,196–99;Maoist,毛主义,139,140,162,189–90,197–

98; nonbank capital avoiding, 非银行资本免除～, 183, 187; test of central control, 中央控制的检验, 166 – 72; violating (*weiji*), 违纪, 145 – 59. See also investigations; law; management; punishment 参见检查; 法律; 管理; 处罚

Renshou, peasant resistance, 仁寿, 农民反抗, 200

rent: contract fee, 租金: 承包费, 24, 46 – 47; contractor's remuneration and, 承包者报酬和, 25 – 27; fixed, 固定的, 25 – 26; floating, 浮动的, 25, 26; new management structures (1990s) and, 新管理结构 (1990 年代) 和, 81 – 84; during rencnchment (1988 – 89), 紧缩 (1988 – 89) 期间, 171; underreporting profits and, 少报的利润和 151; villages collecting, 村征集的～, 20. See also fees 参见费

rent seeking, 寻租, 97 – 98

research and documentation, 研究和文献, 205 – 10. See also interviewing 参见访谈

residual, 剩余, 27, 160; county, 县, 42 – 45, 53; creating, 创造, 27 – 28, 47; defining, 定义, 29 – 36; maximizing, 最大化, 36 – 47, 55 – 56, 57; new management structures (1990s) and, 新管理结构 (1990 年代) 和, 81 – 84; "slack," "涣散," 28, 56; township, 乡镇, 45 – 47, 53. See also profits; residual rights; surplus 参见利润; 剩余索取权; 盈余

residual rights, 剩余索取权, 23 – 58; fiscal flows and, 财政流和, 27 – 47, 51 – 52; of local government, 地方政府的, 14, 19, 23 – 57, 89, 98, 112, 153, 194; and management rights, 和管理权, 24 – 25; potency as incentive, 作为激励的效能, 44 – 45, 47 – 58; and principle - agent model, 和委托 - 代理模型, 153; strategy for getting ahead, 上进的策略, 28; tax reforms (1994) and, 财政改革 (1994) 和, 55 – 56

resources: bureaucracy as channel for, 资源: 官僚机构作为～渠道, 123 – 27; change in access to, ～获得的变化, 66 – 73, 87, 117 – 22, 182 – 89; collective, 集体的, 67, 70 – 73, 187 – 89; configuration (1980s), 配置 (1980 年代), 66 – 73; connections for, 利于获得～的关系, 117, 123 – 27, 136 – 37; corporate expanding, 公司扩张, 70 – 73; county, 县, 104 – 7, 110 – 11 表 6; egalitarian distribution of, ～的平等再分配, 7, 117 – 19; enterprise self - raised funds, 企业自筹资金, 71 – 72, 183, 187 – 89; and guidance plans, 和指导计划, 117; at local government disposal, 地方政府控制的, 10, 66 – 73, 76, 104 – 7, 109, 110 – 11 表 6, 161 – 90; local state corporatism and, 地方政府法团主义和, 99 – 102, 104 – 7, 109, 110 – 11 表 6, 118 – 19, 123 – 27, 133 – 37; Maoist period, 毛时代, 162; ownership changes restructuring base of, 引致资源基础再结构化的所有权变迁, 202; preferential allocation, 优先配置, 118 – 19, 133; private, 私有的, 67 – 70, 87; township, 乡镇, 67, 69, 70 – 73, 109, 110 – 11 表 6, 114 – 15, 182 – 83, 187 – 89; village, 67, 69, 70 – 73, 110 – 11 表 6, 113,

114 – 15，187 – 89. See also banks；budget；capital；income；information；investment；loans；revenues；savings；subsidies；technology 参见银行；预算；资本；收入；信息；投资；借贷；财政收入；存款；杂费；技术

responsibility systems，责任制，43；contract，承包，79，155；factory manager (*changzhang ziren zhi*)，厂长责任制，25，26；Jiangsu fixed – rate（1977 – 1980），江苏固定比例~（1977 – 80），48n

retrenchment（1988 – 89），80，129，162，136 – 90，198

retrenchment（1993），紧缩（1993），172n

revenues，财政收入，51 – 52n；from agriculture and industry（1952 – 1994），从工农业获得的~（1952 – 1994），41 图 3；county，县，27 – 47，55，75，90；divided，分立的，48，51，54 – 56；from factories in shortterm difficulty，从短期困难企业获得的~，171 – 72；fixed – rate system，固定比例制度，52n；illegal retention of，非法截留，140；local government rights over，地方政府对~的权力，10，14，19，24 – 25，27 – 57；local governments accused of rent seeking，被责以寻租的地方政府，97 – 98；local governments not reporting to upper levels，不向上级汇报~的地方政府，21n，34n；local governments turning over to upper levels，地方政府向上级缴纳的~，6，19，29 – 35；lump – sum system，固定额度制度，52，188；minimum base，最小基数，55，57；monitoring，监管，140；national within – budget，预算内国家~，39n；nontax，非税~，38，46 – 47，52n，55，78，171 – 72；over – quota，超额，29 – 30；ownership changes restructuring base of，引致~基础再结构化的所有权变迁，202；plans，计划，116；political constraints and，政治约束和，59，60；in poor agricultural regions，贫困农业地区的~，23；production team ownership of，~的生产队所有权，19 – 20；property rights over，对~的财产权，10，17 – 57，182；responsibility contract payment（*chengbao renwu*），承包任务，155；"safety net,""安全网，"30 – 31；sharing，分享，29 – 56，32 – 33 表 1，211 表 10，212 表 11；state – owned enterprises，国有企业，34 – 35；state quotas，国家配额，18，53；surplus，盈余，6，10，14，19，25，28 – 52；*tiliu*（retained funds），提留，21，23n，45，79，146，151n；total – revenue – sharing system，财政总额分成制度，35n，52；township，乡镇，23，27 – 53，98，108；village after decollectivization，去集体化之后的村，20 – 21；*zhuan xiang jizi*（special funds），专项集资，21n. See also extrabudgctary revenues；fees；receipts；rent；residual；surcharges；taxes；within – budget funds 参见预算外财政收入；费；收入；租金；剩余；杂费；税；预算内资金

rural enterprise management bureau，county，乡镇企业管理局，县，100 表 4，104，109，125，126，158；on after – tax profits，乡镇企业管理局，县，97n；on difficulties of collective ownership，集体所有

企业的困难, 81n; planning, 计划, 116; and ratings of enterprises, 和企业等级, 121n; technical assistance, 技术支持, 132

rural industry, 乡镇企业, 8, 9, 199 – 203; agriculture supported by (*yigong bunong policy*), 以工补农政策, 21 – 23, 78 – 79; changes (1985 – 1995), 变迁 (1985 – 1995), 82 – 83 表 3, 89; competition with state-owned enterprises, 与国有企业的竞争, 166; evolutionary, 渐进的, 93 – 94, 137 – 38; exports from, ～的出口, 1, 80, 167n, 169n; grain production vs., 粮食生产 vs. ～, 59 – 60; growth (1980s), 增长 (1980 年代), 61 65, 80; "horizontal linkage" (*hengxiang lianhe*), "横向联合", 117, 134; incentives for developing, 发展的激励, 17 – 57, 137 – 38; income surpassing agricultural, 超过农业收入, 1, 77 – 78; local government entrepreneurship in, ～中地方政府的企业家身份, 2 – 3, 50, 78, 114, 123 – 27, 193; local officials' power strengthened by, 由～加强的地方官员的权力, 191 – 203; Maoist period precariousness of, 毛时代～的危机, 166n; meetings to develop, 发展～的会议, 124 – 25; output, 产出, 1, 65 图 7, 78n, 167 – 68; ownership forms (1978 – 1990), 所有权形式 (1978 – 1990), 62 – 65, 63 图 5; ownership forms (1990s), 所有权形式 (1990 年代), 80 – 94, 98 – 99; plans and targets, 计划和目标, 49, 75, 115, 116 – 17, 135 – 36, 138; political constraints, 政治约束, 59 – 61, 73 – 80; rapid growth, 高速增长, 2 – 3, 5, 15, 19, 95 – 138, 191, 192; regional differences, 地区差异, 61 – 62; retrenchment (1988 – 89), 紧缩 (1988 – 89), 80, 129, 162, 166 – 90, 198; successful, 成功的, 58, 76, 78, 80, 91 – 93, 113 – 15, 117, 200; variation and evolution in, ～的多种类型和发展, 58 – 94. *See also* collective ownership; contracting; enterprises; labor; management; private ownership; profits 参见集体所有权; 承包; 企业; 劳动; 管理; 私人所有权; 利润

Russia, 俄罗斯, 2, 57, 192, 198, 201; depoliticization of enterprises, 企业的去政治化, 56; Gorbachev reforms, 戈尔巴乔夫改革, 196; lack of institutional support, 制度支持不足, 4; privatization, 私有化, 10; and revenue sharing, 和财政收入分成, 30, 51; strong ministerial system, 强内阁体制, 96

sales: consignment selling (*daixiao*), 售卖: 代销, 137; cooperatives, 合作社, 176; of enterprises, 企业的～, 88, 89, 91, 92, 128; management fee based on, 基于销售的管理费, 46; right to sell property, 出卖财产的权利, 18, 19, 24n

sales taxes, 销售税, 35 – 36, 55, 171; circulation taxes (*liuzhuan shui*), 流转税, 35 – 36, 76, 171; house, 房屋, 144n; temporary traders, 临时商贩, 186

Sartori, Giovanni, 乔瓦尼·萨托利, 12n

"satisficing," "满意度", 60, 89

savings: bank deposits of, 存款: 银行存款,

174, 175, 177, 180; bonds, 股票, 73; credit cooperative funds from, 来自~的信用合作社资金, 121; finance bureau extrabudgetary funds, 财政局预算外资金, 165; nonbank capital raised from, 从~筹集的非银行资本, 188–89; peasant (1979–1994), 农民（1979–1994）, 4, 67, 68 图 8, 87

savings and loan cooperatives, 存贷合作社, 122, 183, 188

Schmitter, Philippe, 菲利普·施密特, 11, 13

schools, village–funded, 学校, 村资金举办的, 79–80

Schurmann, Franz, 弗朗茨·舒尔曼, 197

science and technology commissions, county, 科技委员会, 县, 101 表 4, 186–87

Scott, James, 詹姆斯·斯各特, 18

self–examination (*sicha*), 自查, 150

Selznick, Philip, 菲利普·赛尔兹尼克, 197n

services, local: collective profits underwriting, 服务, 地方的：集体利润支付的, 25, 78, 79–80, 98, 202; county, 县, 104; in local fixed expenditures, 在地方固定支出中的, 30, 34; local government to enterprises, 地方政府对企业的, 97; retained enterprise funds, 截留的企业资金, 43

Shaanxi: fiscal reform impacts, 陕西, 财政改革的影响, 23n; increased revenue growth, 不断增长的财政收入增长, 31n, 38n

Shandong: auctioning of enterprises, 山东：企业拍卖, 88; diverse revenue arrangements, 各种财政措施, 31; interviewing in, 在~的访谈, 207; job bonding, 工作绑定, 72n, 188; leasing, 租借, 84; management fee, 管理费, 46n; number of township–level enterprises, 乡镇层次企业的数量, 108n; party secretary term, 党委书记条款, 103–4; private sector, 私营部门, 74, 85–86, 130n, 186n; retirement pay, 退休费, 76n; during retrenchment (1988–89), 紧缩（1988–89）期间, 169–70, 172; savings plans, 存款计划, 73n; village factory manager's salary, 村办企业厂长工资, 26

Shanghai: levies, 上海：征收, 46n; technical assistance in, ~的技术支持, 132; township/village enterprise assets, 乡镇/村企业资产, 69–70n

shareholding (*gufenzhi*), 股份制, 73, 81, 84–85, 93; cooperatives, 合作制, 73, 81, 84–85, 93, 188; in credit cooperatives, 在信用合作社, 120n

Shenyang: specialized farm households, 沈阳：特种作物种植户, 79; village–funded education, 村办教育, 80

Sichuan: industrial cooperative relationships, 四川：产业合作关系, 117; interviews in, 在~的访谈, 207; management fee, 管理费, 46n; peasant resistance, 农民反抗, 200; private enterprise, 私营企业, 58n

Simon, Herbert, 赫伯特·西蒙, 60n; "satisficing," "满意度," 60, 89

Skocpol, Theda, 斯科克波, 斯达, 196

"slack," "涣散," 28, 56. *See also* residual 参见剩余

索 引

socialism: fiscal reform opposition, 社会主义: 反对财政改革, 30; gradual transition from, 从~渐进式转型, 94; grain as "key link," 粮食作为"关键环节", 59n; "plan ideological" systems, "计划意识形态"体制, 7, 115–17; redistributive, 再分配的, 201–2; relational contracting in reforming, 在改革~过程中的理性合约, 136. See also central planning; collective ownership; communism 参见中央计划; 集体所有, 共产主义

society: "civil," 社会: "公民的", 199; "honeycomb" nature of rural, 农村~的"蜂巢状"特征, 199; reforms' success attributed to, 改革成功归功于~, 4; "societal takeover," "社会性起飞", 4, 199; statist view, 国家主义者观点, 4, 9

Solinger, Dorothy, 苏黛瑞, 135–36

Songjiang, township/village enterprise assets, 松江, 乡镇/村企业资产, 69–70n

Soviet Union. See Russia 苏维埃, 见俄罗斯

spending. See expenditures 花费, 见支出

Stalin, Joseph, 约瑟夫·斯大林, 5

standards of living: rural industry affecting, 生活标准: 农村工业影响的, 61. See also income; poverty 参见收入; 贫困

state: credit allocations targeting growth, 国家: 为争取增长进行的贷款分配, 119–22; credit cooperatives, 信用合作社, 132; development led by, ~主导的发展, 3–10, 14–15, 89, 93–99, 113, 115, 137–38, 192–93; investment (1949–1978), 投资 (1949–1978), 69n; monopoly, 垄断, 7; privatization sponsored by, ~监管的私有化, 88, 134; revenue quotas, 财政收入配额, 18, 53; "strong," "强", 9; taxes paid to, 付给~的税收, 23–24, 27, 36–47; vertically integrated, 垂直整合, 11–12, 28, 141, 199. See also bureaucracy; Chinese Communist Party; government; institutions; Leninist systems; Maoist period; state corporatism; state ownership 参见官僚机构; 中国共产党; 政府; 制度; 列宁主义体制; 毛时代; 政府法团主义; 国有

State Administration for Industry and Commerce, 国家工商管理局, 130–31

state corporatism: defined, 政府法团主义: 明确的, 13. See also local state corporatism 参见地方政府法团主义

State Council (*Guowuyuan*), 国务院, 29n, 121, 147, 157, 163, 164n

state ownership (*quanmin suoyou*), 全民所有, 2, 4, 18, 195; audited, 审计, 147; and bank choices, 和银行选择, 177; and budget constraints, 和预算约束, 168; competing with rural industry, 与乡镇企业竞争, 166; labor (1952–1986), 劳动 (1952–1986), 1–2; revenues, 财政收入, 34–35; symbiotic relationship with private sector, 和私营部门的共生关系, 133–37, 202–3; and underpayment of taxes, 和付税不足, 155

State Planning Commission, 国家计划委员会, 116n

State Statistical Bureau, 国家统计局, 77n

"statist" view, "国家主义"观点, 4, 9

Stepan, Alfred, 阿尔弗雷德·斯泰潘, 13n

stockpiling, during retrenchment (1988–

89），囤积，紧缩（1988 – 89）期间，169 – 70

subsidies：for agriculture, 补贴：给农业的，21 – 23, 78 – 79; from collective profits, 从集体利润征收的，78, 79 – 80, 98; fixed, 固定的，30 – 34; selectively targeted, 选择性确定的，118 – 19; tax reforms（1994）and, 税制改革（1994）和，54, 55; to townships, 给乡镇的，108; village officials not receiving, 村官没收到的，109; village profits for, 支付~的村利润，27n, 79 – 80. See also budget allocations to local governments; payments 参见分配给地方政府的预算；支付

surcharges, 杂费，23, 38; ad hoc, 特别的，21, 46, 47, 71; on residual, 对剩余的，53; *tiliu.* 提留，21, 23n, 45, 79, 146, 151 n. See also fees; taxes 参见费；税收

surplus, 盈余，27; income, 收入，18, 20; labor, 劳动，4; revenue, 财政收入，6, 10, 14, 19, 25, 28 – 52. See also profits; residual 参见利润；剩余

symbiotic relationship, private – collective state, 共生关系，私营 – 集体国家的，133 – 37, 202 – 3

tax bureaus, 税务局，101n, 144 – 51, 155, 167; county, 县，100 表 4, 106 – 7, 144 – 48, 153, 185 – 86; North China County loans, 华北县贷款，185 表 8; township, 乡镇，100 表 4, 144 – 45, 147, 150

taxes：agricultural, 税收：农业，20, 41, 45, 55 – 56, 75n, 78 – 79, 144n; agri-culture and industry revenue（1952 – 1994），农业和工业财政收入（1952 – 1994），41 图 3; bonus（*jiangjin shui*），奖金税，53; categories, 分类，217 表 13; circulation（*liuzhuan shui*），流转税，35 – 36, 76, 171; on collective ownership, 向集体所有企业征收的，35 – 47; construction, 建设，21, 55; consumption（*xiaofei shui*），消费税，54; contractor paying, 承包者支付的，23 – 24; county, 县，55, 75 – 76, 89, 106; direct, 直接的，52 – 56; enterprise income（*qiye suode shui*），企业所得税，35 – 47, 55, 76, 149, 151, 167, 172, 181; exemptions, 免除，36 – 37, 133; failure to pay（*loushui*）/evasion/fraud, 漏税/避税/骗税，140, 148, 154; individual income（*geren suode shui*），个人所得税，55; industrial – commercial（*gongshang shui*），工商税，34, 35 – 36, 37, 38, 41, 76, 144n, 171 – 72; intentional underpayment（*loushui*），漏税，154; investigating/monitoring, 检查/监管，140, 146 – 48; limited indirect, 有限间接的，52 – 56; loan payoffs before tax assessment（*shuiqian huankuan*），税前还款，106 – 7; local, 地方的，38, 44 – 45; minimal compliance, 最低限度服从，140, 160; orchard and forest products, 果园林木产品税，144n; overreporting, 高报的，156; preferential breaks, 优惠减免，36 – 47, 118, 133, 167n, 180; on private enterprises, 向私营企业征收的，45, 74, 89, 133, 144n, 186; product（*chanpin*），产品税，35, 156 – 57, 171; property (*fangchan shui*), 房产税, 55; reforms (1994), 改革 (1994), 54–56, 140, 162–63, 190, 194; during retrenchment (1988–89), 紧缩期间 (1988–89), 167, 171–72; selffinance basic construction fund (*zichou jiben jianshe jijin*), 自筹资本建设基金, 53; slaughter, 屠杀, 55; state, 国家, 23–24, 27, 36–47; state energy transport key projects fund (*guojia nengyuan jiaotong zhongdian jianshe jijin*), 国家能源交通重点项目建设基金, 53; "tax for profit" (*ligaishui*), "利改税", 34–35, 43; township, 乡镇, 35–36, 54, 74, 107; turnover/business (*yingye*), 营业额/营业, 35; underpayment, 缴付不足, 150, 151, 154, 155; urban maintenance and construction (*chengshi jianshe shui*), 城市建设税, 55; value-added (*zengzhi shui*), 增值税, 35–36, 54; village, 村, 20, 21, 27, 35–36, 42, 112; wage adjustment (*gongzi tiaojie shui*), 工资调节税, 53. See also revenues; sales taxes 参见财政收入; 消费税

technology: assistance with, 技术: 技术支持, 115, 126, 127, 132–34; bureaucracy as source of, 作为技术来源的官僚机构, 123–27, 132–34; county science and technology commissions, 县科技委员会, 101 表4, 186–87; county technology development fund (*keji fazhan jijin*), 县科技发展基金, 186n; extrabudgetary funds for, 发展~的预算外资金, 163; information, 信息, 123–27, 132–34; standards rising. 标准提升, 80–81

Tiananmen, "天安门", 169n
Tianjin: factory tours for customers and investors, 天津: 为消费者和投资者组织的工厂参观, 117; interviews in/outside, ~内/外的访谈, 207; Planning Commission, 计划委员会, 116n; tax cuts in county outside, 市外县城的税收减免, 37, 38
tiliu, 提留, 21, 23n, 45, 79, 146, 151n
Tong, James, 汤维强, 51 n, 52n
totalitarianism, 极权主义, 197
tours, enterprise, for customers and investors, 参观, 企业, 为消费者和投资者组织, 117
township, 乡镇, 45; as agent for county, 作为县的代理人的, 107; auctioning of enterprises, 拍卖企业, 88, 91; bad debt, 坏账, 90; banks, 银行, 109, 120–21, 122; cadre power, 干部权力, 76; collective funds, 集体资金, 70–71, 187–89; collective ownership, 集体所有, 27–47, 58–80, 88–93, 170–72, 176, 181, 201, 202; contracting, 承包, 74; credit associations (*jijinhui*), 基金会, 131–32; credit/savings and loan cooperatives, 贷款/存款和借贷合作社, 109, 120–21, 122, 132, 182–84; dominance of publicly owned vs. private enterprises, 公有企业对私营企业的优势, 4; economic commission, 经济委员会, 46–47, 72, 75, 90, 97n, 100 表4, 108–9, 112n, 116, 121, 125, 147, 158, 181; economic work, 经济工作, 105 表5, 108–9; extrabudgetary revenues, 预算外收入, 45–46, 53, 108; finance bu-

reau, 财政局, 50, 100 表 4, 109, 147; financial service center (*jinrong fuwu suo*), 金融服务所, 182–83; financial service center management committee (*jinrong fuwu suo guanli weiyuan hui*), 金融服务所管理委员会, 183; independence, 独立, 102n; industrial-commercial management office, 工商管理所, 49–50, 100 表 4, 129, 147; industrial profits paid to, 付给～的工业利润, 25n; leadership, 领导权, 108–9; leasing, 租借, 84; local state corporatism, 地方政府法团主义, 96–115, 100–103 表 4; meetings, 会议, 124–25; number of enterprises, 企业数量, 67n, 108n; party secretary, 党委书记, 100 表 4, 108, 114; vs. private enterprises, 对私营企业, 74; private enterprise suborganizations, 私营企业下级组织, 130; and rapid development, 和高速发展, 23, 96, 108; as regional headquarters, 作为地方司令部的～, 107–9; residual, 剩余, 45–47, 53; resources, 资源, 67, 69, 70–73, 109, 110–11 表 6, 114–15, 182–83, 187–89; retrenchment (1988–89) and, 紧缩 (1988–89) 和, 168, 169–72, 182–84, 187–89; revenues, 财政收入, 23, 27–53, 98, 108; successfully industrializing, 成功工业化, 58, 80; taxes, 税收, 35–36, 54, 74, 107; tax office, 税务所, 100 表 4, 144–45, 147, 150; township head (*xiang [zhen] zhang*), 乡 (镇) 长, 100 表 4, 108, 120–21n, 125; "township leading group" (*xiang lingdao xiaozu*), "乡领导小组", 147;

xiangzhen qiye ownership by, ～所有的乡镇企业, 62; *zhen* qualification, 镇资格, 108n. See also communes 参见公社

trade associations, 贸易协会, 134; All-China Federation of Industry and Commerce (*quanguo gongshang lianhui*), 全国工商联会, 129n; Individual Entrepreneurs Association (*geti xiehui*), 个体协会, 43, 129–31, 137; professional trade groups (*hangye xiaozu*), 行业小组, 130

United States: Internal Revenue Service employees, 美国: 国内财政收入服务雇员, 144; security checks on government employees, 政府雇员的安全检查, 143n

use rights, 使用权, 48–50

value-added taxes (*zengzhi shui*), 增值税, 35–36, 54

vertical (*tiao*) integration, 垂直 (条) 整合, 11–12, 28, 141, 199

Village Organic Law, 村组织法, 201n

villages: as agents for county and township, 村: 作为县和乡代理人的～, 109; auctioning of enterprises, 企业拍卖, 88, 91, 92; bad debt, 坏账, 90, 169–70; as brigades, 作为大队, 19; cadre power, 干部权力, 76, 112–15; collective funds, 集体资金, 70–71, 187–89; collective ownership, 集体所有, 50, 58–80, 88–93, 112, 170–72, 176, 200, 201–2; committee (*cunmin weiyuan hui*), 村民委员会, 100 表 4, 112; as companies, 作为公司的, 109–15; contracting, 承包, 23–27, 74; corporatization of enterprises，企业的法团化，85，93；corruption，腐败，157–59；cunban qiye ownership by，~所有的村办企业，112；decollectivization and loss of income to governments of，去集体化和村委会失去收入，19–27；dominance of publicly owned vs. private enterprises，公有对私营企业的优势，4；elections，选举，112，201n；enterprise management committee，企业管理委员会，26n，100表4，102，113，142；fees，费，45，112n，133；grain production constraints on，对~的粮食生产限制，59–60；group head (zuzhang)，组长，137；leadership，领导权，112–15，201；leasing，租借，84；local state corporatism，地方政府法团主义，96–115，100–101表4；management rights，管理权，24–25；meetings，会议，124–25；model status，模范地位，114，126–27；number of enterprises (1980s)，企业数量 (1980年代)，67n；officials' salaries，官员工资，50；party cell (dangzhibu)，党支部，129；party secretary，党支部书记，100表4，102，112–14，142，157–58，187–88，209；profits funding community services，资助共同体服务的利润，25，79–80；and rapid development，和高速增长，5，96，108，112；residual rights，剩余索取权，23–27，98，112；resources，资源，67，69，70–73，110–11表6，113，114–15，187–89；retrenchment (1988–89) and，紧缩 (1988–89) 和，168，169–72，182–84，187–89；self-reliance of，~的自我依赖，102n，114–15；success-fully industrializing，成功工业化，58，76，78，80，91–93，113–15，124，200；taxes，税，20，21，27，35–36，42，112；tiliu (retained funds)，提留，21，23n，45，79，146，151n；village committee chairman (cunmin weiyuan hui zhuren)，村委会主任，100表4，112；village head (cun zhang)，村长，112，113；xiangzhen qiye ownership by，~所有的乡镇企业，62. See also brigades；local government；peasants 参见大队；地方政府；农民

Vogel, Ezra，傅高义，120n，141n

wages. See income 工资，见收入
Wank, David，王达伟，195
Weingast, Barry，巴里·温格斯特，10，197n
welfare. See services, local 福利，见服务，地方的
Wenzhou. "fake collectives,"温州："假集体"，63，133；nonbank capital sources，非银行资金资源，183–84；private enterprise，私营企业，58，63–64，67–70，85，133，134；resources，资源，87；township/village enterprise assets，乡镇/村企业资产，70n
Whiting, Susan，谢淑丽，69–70n
Williamson, Oliver，奥利佛·威廉姆森，136
within-budget funds (yusuannei zijin)，预算内资金，38–42，39表2，45，54，144，190. See also sales taxes 参见销售税
Wong, Christine，黄佩华，31n，77n
workers. See labor 工人，参见劳动力

World Bank：on closures of "high polluters," 世界银行：关闭"高污染企业"，170n; on extrabudgetary revenues，预算外资金，43n; on nonagricultural rural labor force，非农农村劳动力，2n; and redistributive corporatism，和再分配法团主义，79; on revenue from profits from state-owned enterprises，来自国有企业利润的财政收入，34n; on tax rates，税率，37; on village self-raised funds，村自筹资金，187

Wuxi：labor force discipline，无锡：劳动力培训，92; Light Industrial Research Institute，轻工业研究所，126; private enterprise，私营企业，85; rural industry supporting farming，乡镇企业扶持农业，21-22; worker benefits，工人福利，76n

xiangzhen qiye，乡镇企业，62. *See also* rural industry 参见乡镇企业

Xu, Chenggang，许成刚，102n

Yang, Dali，杨大利，172n

Yan Yunxiang，阎云翔，76n

Yueqing, township/village enterprise assets，乐清，乡镇/村所有企业资产，70n

Yunnan, local officials hiding enterprises，云南，地方官员瞒报企业，34n

Yu Zuomin，禹作敏，50，114

Zhejiang：overseas resources，浙江：海外资源，69; private enterprises，私营企业，86n; tax cuts，税收减免，37

Zhu Rongji，朱镕基，155，172n

Zouping, number of township-level enterprises，邹平，乡镇级企业数量，108n

Zweig, David，崔大伟，5n，88n

Zysman, John，约翰·齐斯曼，14